AF474105

MORIN-JEAN

# LE DESSIN DES ANIMAUX EN GRÈCE D'APRÈS LES VASES PEINTS

Préface de M. EDMOND POTTIER



HENRI LAURENS, PARIS

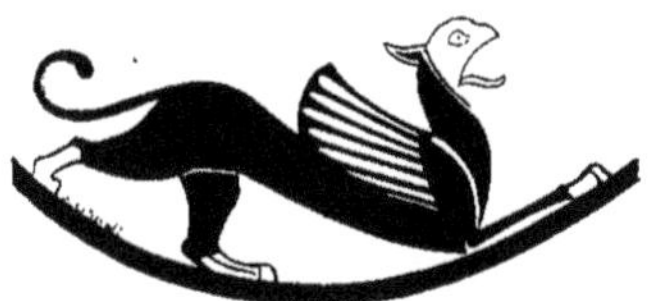

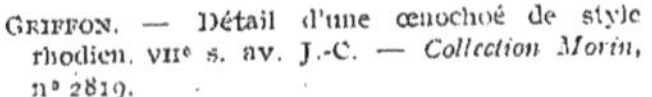

GRIFFON. — Détail d'une œnochoé de style rhodien, VIIe s. av. J.-C. — *Collection Morin*, n° 2819.

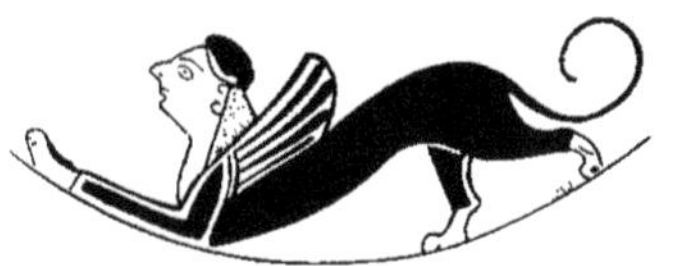

SPHINX. — Détail d'une œnochoé de style rhodien, VIIe s. av. J.-C. — *Louvre. Salle A*, n° 320.

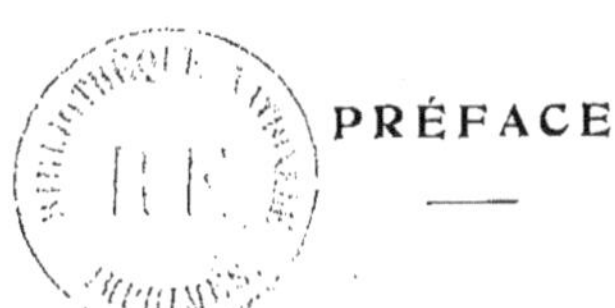


# PRÉFACE

*J'ai accepté de présenter ce livre au public parce que c'est une thèse passée à l'École du Louvre et parce qu'il me semble nécessaire d'expliquer le caractère assez particulier de ce travail, un peu différent de ce que l'on cherche ordinairement dans un mémoire d'archéologie. Cette thèse a été composée et écrite par un artiste. J'en avais proposé le sujet à M. Morin-Jean, qui suivait mon cours depuis plusieurs années, car depuis longtemps je voyais là une occasion d'ajouter un beau chapitre à l'histoire de l'art antique. Mais c'est lui qui en a conçu et exécuté le plan et il en a tiré autre chose qu'une monographie scientifique telle qu'elle eût été réalisée, par exemple, par un de nos élèves sorti de l'École normale et candidat à l'École d'Athènes. L'auteur a observé et rédigé en artiste encore plus qu'en archéologue et en érudit, bien que ses travaux antérieurs nous aient donné la preuve qu'il est très préparé à des études de science proprement dite. Mais celui-ci est dû en particulier à l'excellent dessinateur et copiste de vases grecs que M. Morin a voulu être en cette circonstance.*

*Je suis loin de m'en plaindre, car j'estime que des dessinateurs précis, observant minutieusement les détails et retraçant lentement tous les traits de l'œuvre antique, ont beaucoup de choses à nous apprendre sur les particularités que notre œil néglige ou voit trop rapidement. J'en ai déjà fait l'expérience avec un autre de mes élèves, artiste fort estimé*



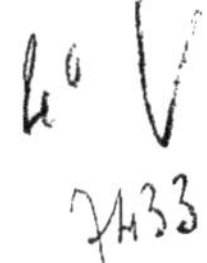

*dans le monde archéologique, M. Devillard. M. Furtwaengler, dans son grand ouvrage sur la* Griechische Vasenmalerei, *s'est fort bien trouvé de sa collaboration avec M. Reichhold dont les notices techniques figurent à côté des siennes. De même, si nous pouvions inspirer à quelque jeune chimiste de se consacrer entièrement aux nombreux problèmes soulevés par l'industrie des vases antiques, nul doute que notre science en tirerait un bénéfice certain et considérable.*

*M. Morin-Jean a donc réalisé dans son livre une œuvre double où le dessinateur a au moins autant de part que l'archéologue. Contrairement à l'usage, ses dessins ne sont pas une illustration du texte ; mais, comme il le dit lui-même, ils sont le point de départ de son travail, la partie essentielle qu'accompagne un commentaire écrit. On sera sensible, je crois, à la netteté précise et consciencieuse de ses relevés, au scrupule qu'il a eu de ne jamais dessiner d'après une gravure ou même une photographie, mais de tout tirer directement d'originaux calqués et copiés par lui. En rangeant chronologiquement ces reproductions si fidèles, on a la surprise de voir évoluer naturellement et librement le style grec, de saisir les différences des écoles, les systèmes particuliers à chaque fabrique. Les conclusions archéologiques naissent toutes seules de ces comparaisons. L'auteur a essayé de les fixer en quelques traits sobrement indiqués ; parfois même il a eu recours à des sortes de tableaux synoptiques pour rendre plus nettement sa pensée. S'il paraît en ce sens pencher vers un exposé un peu trop systématique et trop rigoureux, qu'on n'oublie pas que c'est pour mieux démontrer la pénétration réciproque des écoles, pour ne pas juxtaposer les fabriques et ne pas les présenter trop isolées les unes des autres.*

*Cette étude sur les animaliers de la céramique grecque, qu'il a poursuivie dans des détails fort minutieux et pour laquelle il a exploré beaucoup de musées, me semble aboutir à des résultats d'un grand intérêt. D'abord elle nous confirme dans l'idée que nous avons raison de parler de styles régionaux et d'écoles. Les questions de centres de fabrication restent indécises, mais elles sont, à mon avis, de moindre importance. L'essentiel est de constater que, même en tenant compte des influences réciproques, un ouvrier ionien ne dessinait pas comme un corinthien, ni un béotien comme un attique. On est même surpris qu'il ait pu exister chez les potiers grecs de si notables différences dans la pratique de l'art du dessin. En second lieu, un principe domine toutes les écoles grecques : la représentation conventionnelle et quasi abstraite de l'animal. Sans doute, tous ces artistes observent bien la nature, mais on peut dire qu'aucun ne dessine « d'après nature » au sens rigoureux où les modernes entendent ce mot. L'interprétation est toujours si large, si libre, si éloignée de la réalité vraie, qu'on se trouve en présence d'une véritable transformation réfléchie et voulue. Dans ce sens, le céramiste reste toujours et avant tout « un décorateur ». C'est un trait essentiellement grec. L'idéalisme impénitent qui est au fond de chacun d'eux ne leur permet pas de voir la nature autrement que transformée et adaptée aux besoins et à la volonté de l'homme. Pour la même raison, ils ne choisissent parmi les animaux à reproduire que ceux qui, pour des motifs divers, intéressent directement la vie de l'humanité. Nous ne concevons plus l'art de cette façon ! Mais cette façon est la raison d'être et le fond même de l'esthétique grecque.*

*Quand le livre de M. Morin-Jean ne nous apporterait que ces quelques démonstrations, ce serait assez pour dire que c'est un bon livre.*

E. POTTIER.

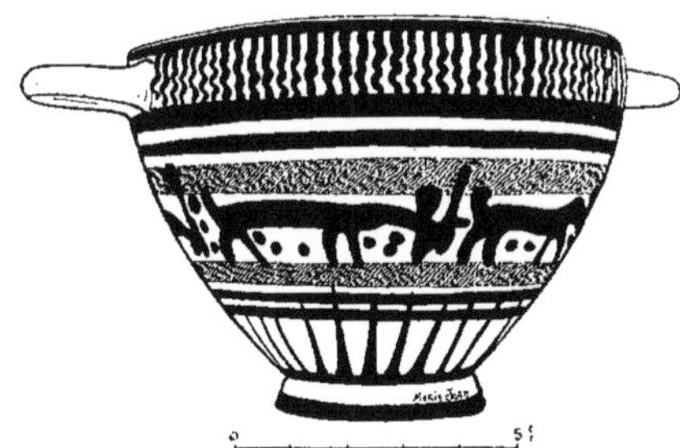

Skuphos proto-corinthien, VII^e s. av. J.-C. — *Collection Morin*, n° 1661.

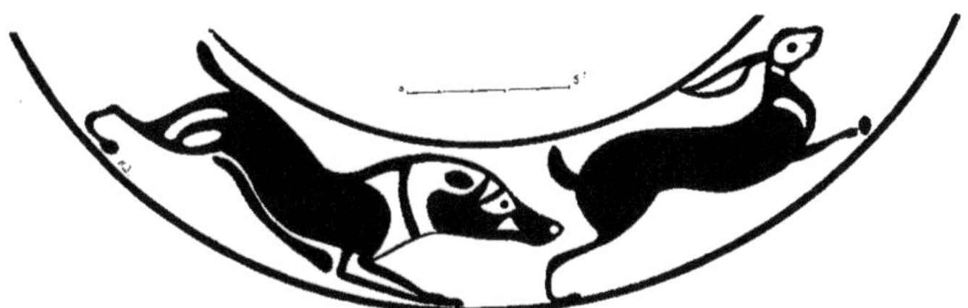

LA CHASSE AU LIÈVRE. — Détail d'une amphore rhodienne. VIIe s. av. J.-C. — *Louvre. Salle A*, n° 329.

# INTRODUCTION

Mon but, en écrivant ce livre, n'est pas d'étudier les animaux au point de vue du rôle historique ou religieux qu'ils ont joué dans l'antiquité. Je veux les examiner en peintre. Mon travail est avant tout une critique d'art, une analyse des œuvres considérées en elles-mêmes, relativement à la technique, à la composition, à l'expression et à l'exécution. C'est une étude sur les styles, sur les divers procédés employés par les anciens pour dessiner les animaux. J'ai essayé, dans la limite du possible, de reconnaître les caractères distinctifs des écoles, de surprendre les peintres céramistes dans l'exercice de leur art, de les suivre dans l'emploi de leurs formules.

Je ne prétends pas, dans cette voie un peu neuve, avoir fait autre chose qu'un essai, avec l'espoir de rendre service aux artistes et aux amis du passé. Aux collectionneurs pour qui la crainte des faux est la perpétuelle obsession, j'ai voulu montrer le parti pratique que l'on peut tirer de l'étude du style des animaux. Bien connaître la façon dont les Grecs s'y prenaient pour dessiner un animal, c'est savoir différencier les fabriques et les ateliers, c'est pénétrer dans l'esprit grec, c'est se mettre à l'abri des faussaires. Pour reconnaître l'authenticité d'une figurine de terre cuite, l'étude du style prime tout. Elle est plus utile encore que l'examen de la terre et des procédés de fabrication. Il en est de même pour les vases. L'art antique a un cachet spécial que l'on n'oublie plus lorsqu'on a appris à le connaître.

Mon texte, dans sa forme, réclame toute l'indulgence du lecteur. Comme dans tous les travaux de pure esthétique, les idées qui y sont exposées peuvent paraître quelquefois manquer de précision.

Partout j'ai tenu à laisser à mes notes la saveur d'impressions directes résultant de l'examen des objets. Dans ces notes les animaux sont principalement étudiés au point de vue de la forme, de l'interprétation conventionnelle, de l'expression, de la fonction dans le décor, de la comparaison avec les manifestations artistiques des autres peuples et des autres âges, de la survivance de certaines formules à travers les siècles.

Mon livre n'étant pas un texte éclairci par des images, mais plutôt des documents expliqués par un texte, j'ai apporté le plus grand soin à l'exécution des dessins. Mes illustrations ont la concision nécessaire à toute reproduction scientifique. Elles sont débarrassées de ces hachures, de ces traits inutiles qui encombrent tant de dessins et servent seulement à « faire joli ». Aucune n'a été exécutée de seconde main, d'après des livres, les emprunts entraînant fatalement à répéter et quelquefois à grossir les erreurs déjà commises.

Toutes les facilités pour étudier et dessiner les vases du Louvre m'ont été données par mon professeur, M. Edmond Pottier, en qui j'ai trouvé un puissant appui ; je suis heureux de lui en exprimer ma profonde reconnaissance.

Mes informations sont puisées aux meilleures sources. Le Louvre, auquel nul musée ne peut être comparé pour la richesse et la variété des types, a fourni plus des trois quarts des illustrations de ce travail. J'ai trouvé de précieux matériaux à la Bibliothèque nationale (Cabinet des médailles) qui possède une collection de premier ordre, malheureusement peu visitée, au musée Guimet, au Petit Palais

(Collection Dutuit), aux musées de Compiègne et de Boulogne-sur-Mer, au British Museum, aux musées de Münich et de Vienne. J'ai complété enfin ma documentation par des croquis pris soit dans mes propres collections, soit dans celles que des amateurs à qui j'adresse ici mes biens vifs remerciements, ont eu l'amabilité de m'ouvrir.

L'idée de dessiner les animaux est peut-être aussi vieille que l'humanité. A l'époque géologique dite *quaternaire* ou *pleistocène*, les troglodytes du Périgord savaient déjà tracer, à l aide d'un burin de silex, la silhouette vraie et vivante d'un mammouth, d'un renne ou d'un bison. Chose plus curieuse encore, ils savaient dessiner le cheval au galop, dans l'attitude réelle que la photographie instantanée a révélée.

En Égypte, dès le cinquième millénaire, nous voyons sur la stèle du Roi Zet, découverte à Abydos et conservée au Louvre (1), un épervier ou un faucon dont la facture est d'une énergie intense : c'est l'expression forte d'un art déjà sûr de ses effets.

De bonne heure, les Chaldéens montrèrent d'étonnantes aptitudes dans le dessin des animaux (2). Un grand nombre de leurs créations se sont transmises, à travers l'Ionie grecque et l'Orient chrétien, jusqu'aux artistes du moyen âge et des temps modernes. Leurs formules héraldiques ont passé, presque sans changement, dans le christianisme (lion de saint Marc, aigle de saint Jean, taureau de saint Luc), et dans le blason (léopards à tête de face, lions issants, griffons, aigles à deux têtes, etc.)

Étant donné le but que je voudrais atteindre, le dessin des ani-

(1) Bonne reproduction dans JEAN CAPART, *L'Art égyptien. Deuxième série*, pl. 101. Bruxelles, 1911.

(2) La fréquence du décor zoomorphe aux périodes archaïques n'est pas uniquement due à des préoccupations esthétiques ; il faut faire entrer en scène d'autres facteurs : le luxe, le pouvoir, la propriété, la religion. L'animisme et la magie sont à l'origine de presque toutes les manifestations artistiques des primitifs et des sauvages. Avec le temps, les idées magiques perdent de leur force mais laissent, tant leurs racines sont profondes des traces jusqu'aux époques les plus récentes.

maux est plus intéressant à étudier chez les Grecs que chez la plupart des autres peuples. Dès l'origine, en effet, les Grecs, grâce à leur esprit essentiellement mobile, ont constamment éprouvé le désir de renouveler leur technique. On peut distinguer, pendant les périodes archaïques, une foule de tendances que l'on pourrait appeler *d'ateliers*, de traditions dans le sentiment et l'exécution, de doctrines personnelles ou empruntées, formant un mélange de styles et d'influences de toute sorte. Il y a là des distinctions difficiles à saisir et plus difficiles encore à faire entrer dans les cadres rigides d'une étude didactique. Pendant que des céramistes représentent dans leurs poses familières les animaux qu'ils ont journellement sous les yeux, cherchent à saisir la démarche lente du bœuf, le dandinement de l'oie, l'élégance un peu fluette de la biche, d'autres préfèrent les combinaisons purement décoratives dans lesquelles l'animal, qu'ils n'ont quelquefois jamais vu, est emprunté à des monuments indigènes ou étrangers, déjà stylisés et réduits à l'état de formules.

Chaque école a ses proportions, son *canon*. Dans certains ateliers, les dessinateurs se complaisent dans la minutie, dans l'analyse du détail. Dans d'autres, ils ont un *faire* plus large et plus synthétique. Au cours du VI^e siècle, les manifestations locales, jusqu'alors plus ou moins divergentes, se fondent dans l'école attique vraiment grecque. Le décor zoomorphe se raréfie, avec le V^e siècle, au profit de la figure humaine sur laquelle se concentrent tous les efforts des peintres.

La décadence de l'Italie méridionale nous fait assister à une renaissance du décor animal. Nous verrons sur les plats du IV^e siècle défiler tous les poissons qui entraient pour une si large part dans l'alimentation des peuples anciens riverains de la Méditerranée (1). Le dessin en est si précis qu'on peut souvent déterminer les espèces. Ceux qui ont exécuté ces peintures tenaient surtout à être exacts, et leur œuvre apparaît un peu, pour nous, comme l'illustration d'un cours d'ichthyologie méditerranéenne.

(1) Consulter à cet égard le *Dictionnaire des antiquités grecques et romaines*, de MM. DAREMBERG et SAGLIO, t. I, p. 1162.

Mais, me dira-t-on, puisqu'il s'agit d'analyser des œuvres d'art au point de vue de l'art lui-même, pourquoi choisir, comme pièces justificatives, des produits céramiques dus à des ouvriers d'assez basse condition, des dessins industriels souvent médiocres et lâchés, plutôt que les œuvres du grand art ? C'est que les œuvres du grand art font presque complètement défaut. Le peu qui nous est parvenu forme une base trop fragile pour construire notre raisonnement.

A la condition de ne pas oublier que l'artisan est toujours resté inférieur aux modèles qui l'entouraient, on peut fort bien utiliser ses produits pour essayer de ressusciter le grand art grec à jamais disparu.

L'ouvrier décorateur de poteries n'invente rien. Il examine les fresques des temples, les œuvres plastiques, les étoffes brodées, les objets de métal ciselé et s'en inspire comme un Xanto, travaillant dans sa *Bottega* d'Urbino, s'inspire, au XVIe siècle, des dessins de Raphaël. Mais s'il nous est encore permis d'admirer les œuvres des maîtres de la Renaissance, il n'en est pas de même de celles des maîtres grecs. Les œuvres des grands artistes de l'antiquité sont très rares et les produits industriels qui en sont l'écho sont pour nous d'autant plus précieux. C'est même parce que la céramique est un écho, un reflet, qu'on peut s'expliquer la présence, malgré l'esprit si peu routinier des Grecs, de ces copies de copies, de ces répliques de répliques, qui montrent le même animal dans la même attitude depuis les origines de l'art grec jusque bien après son extrême décadence.

Je n'ai pas l'intention d'apporter, aux questions que je veux tenter de résoudre, une solution définitive. Les éléments qui entrent dans la formation d'une école, d'un style, d'une recette d'atelier, sont extrêmement complexes et difficiles à discerner. Pour les trouver nous ne pouvons interroger que les produits puisque les renseignements font défaut sur les producteurs. Avoir l'ambition de faire un travail définitif serait méconnaître la lourdeur de la tâche.

Le choix même de la méthode de critique à employer est délicat à faire. Il n'existait pas en Grèce d'*animaliers* au sens où nous entendons ce mot dans l'art moderne. Juger le dessin industriel des animaux, tel qu'il apparaît sur les vases antiques, avec l'esprit critique qu'on doit avoir devant une toile de Potter ou un carton de Pisanello, serait faire fausse route. Fustel de Coulanges a dit dans *La Cité antique* : « Nous ne manquons guère de nous tromper sur ces peuples anciens « quand nous les regardons à travers les opinions et les faits de « notre temps. »

N'oublions pas non plus que les peintres grecs ne sont, pour ainsi dire, jamais sortis des *à plat* ni du *trait*. Ils se servent du *trait* pour exprimer les formes, les contours, plus que pour préciser les modelés. Le problème de la lumière et de l'ombre, qui trouve sa plus brillante solution dans un génie comme Rembrandt, ne les préoccupe pas. Mais par le trait seul, nous verrons pourtant que les décorateurs de vases grecs ont su atteindre, du moins dans quelques-unes de leurs œuvres, à un très haut degré de beauté.

Paris, 1910.

*Addendum.* — La zoographie préhellénique a été écartée du présent ouvrage pour plusieurs raisons. D'abord, je n'avais pas au Louvre les documents muséographiques nécessaires et je me trouvais dans l'impossibilité d'appliquer à cette partie de mon travail la méthode de l'étude directe des monuments. Les plus belles pièces de la céramique crétoise sont au musée de Candie que je n'ai pu encore visiter. Ensuite, l'art crétois est tellement différent de l'art grec proprement dit qu'il formerait, au point de vue où je me place, la matière d'un volume aussi important que celui-ci.

Les artistes préhelléniques ont créé des chefs-d'œuvre que les maîtres de la Grèce classique n'auraient pu comprendre. Ils ont choisi leurs modèles dans un monde qui fut presque méconnu plus tard : le monde de la mer. Ils reproduisaient, avec tous les détails pittoresques de leur constitution, les polypes, les coraux, toutes les variétés d'anthozoaires, les coquillages, les méduses diaphanes. Ils représentaient aussi des poulpes très étudiés dans des attitudes variées, ayant souvent des mouvements violents, pourvus de bras couverts de suçoirs et donnant bien l'impression d'êtres mobiles et visqueux.

Ces mêmes artistes peignaient des poissons et leurs études témoignent d'une grande connaissance des particularités de chaque espèce. Ils dessinaient des quadrupèdes : fauves, chèvres sauvages, taureaux cabrés ou galopant, dans des attitudes où l'artiste épris de vie pouvait rendre, à loisir, le jeu des muscles en mouvement. Qu'on examine attentivement l'admirable fresque dite *du Chat* découverte à Hagia Triada (1). Ce n'est pas de l'art grec. On est plutôt tenté de faire un rapprochement entre cette peinture et certaines œuvres égyptiennes de la XII<sup>e</sup> dynastie (2).

(1) Bonne reproduction dans la *Gazette des Beaux-Arts*, juillet 1909, p. 13.

(2) Décoration d'un mur de la chapelle du tombeau du prince Chnumhetep II (Premier empire thébain), Beni Hasan (Lepsius, *Denkmäler aus Ægypten und Æthiopien*). JEAN CAPART *L'Art égyptien*, Bruxelles, 1909, pl. 48.

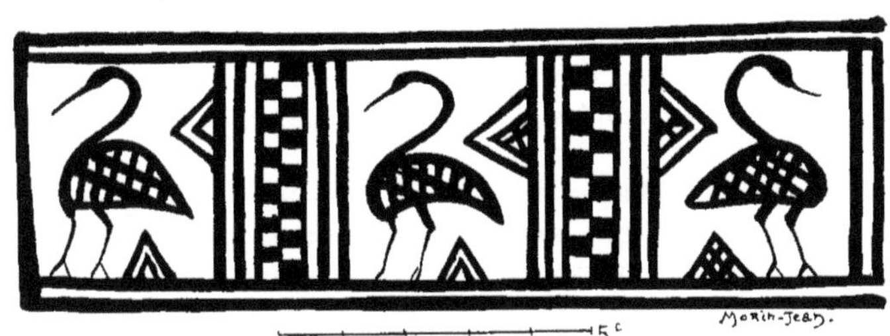

FIG. I. — OISEAUX PEINTS SUR LE COL D'UNE AMPHORE DE STYLE GÉOMÉTRIQUE ATTIQUE.
Environs du VIIIe s. av. J.-C. — *Collection Morin*, n° 1926.

I

## Le dessin des animaux dans le style géométrique.

A la suite des invasions doriennes, événements très obscurs, mouvements de peuples encore mal définis, l'art subit en Grèce une sorte de recul. Après la brillante civilisation mycénienne, nous entrons dans une période de quasi-barbarie qui dura plusieurs siècles. On ne cessa pas de peindre des animaux. Mais à quoi bon, dira-t-on, s'attarder devant ces barbouillages puérils, devant ces figures étranges et grossières, ces silhouettes maladroites? Ils ne méritent pas plus d'être pris en considération que des griffonnages tracés sur les murs par des enfants. Examiné dans ses détails, le travail de ces humbles artisans indique une profonde ignorance des formes et des proportions. Parfois il nous paraît grotesque. Il nous fait souvent sourire. Si, au contraire, on le juge d'après l'effet d'ensemble, on voit qu'il s'en dégage un véritable sentiment artistique. Un oiseau n'est pas seulement un oiseau : c'est un motif alternant avec d'autres motifs ;

c'est une tache décorative d'une forme bien déterminée, qui, jointe à d'autres taches semblables, crée un rythme, et ce rythme est de l'art (fig. 1.)

L'animal est réduit à un schéma, à une formule d'algèbre : sa personnalité se trouve effacée par une esthétique abstraite. Les quadrupèdes paissant, les bandes d'oiseaux aquatiques ne doivent être considérés que comme des thèmes ornementaux à variations sans fin et d'une régularité mécanique. Par l'emploi de ces motifs, si restreints soient-ils, le décorateur obtient cependant des effets qui ne sont pas dépourvus de richesse. Le vase de style géométrique, le cratère, la grande amphore du style Dipylon ne chantent pas une mélodie. Ils donnent l'impression d'une polyphonie où chaque animal n'est qu'un instrument d'orchestre qui joue sa partie. En tenant compte de la valeur artistique de chacun d'eux, on trouvera aisément les qualités synthétiques qui se dégagent des uns et des autres.

Les animaux de style géométrique ne sont pas du tout traités dans le même sentiment sur le continent grec et dans les îles, particulièrement à Chypre. Il faut, de ces vases, former deux groupes que nous allons étudier séparément.

### A. — Style du continent.

Dans les produits continentaux, la caractéristique dominante des figures d'animaux est la rigidité des formes. Les silhouettes sont maigres, schématiques. Elles ne sortent pas du système géométrique rectiligne et sont astreintes à cet égard à des principes diamétralement opposés à ceux auxquels obéissaient les potiers mycéniens.

Il n'est pas jusqu'au répertoire zoographique qui n'ait été lui-même profondément modifié. Le taureau, très abondant à l'époque mycénienne, disparaît presque totalement. Par contre, le cheval se multiplie dans la décoration des vases (fig. 2). Il est difficile de savoir quand et comment cet animal est venu en Grèce (1).

Ce qui est certain, c'est qu'il faut arriver à l'époque dorienne pour voir les céramistes le mettre en première place sur la panse des poteries et reléguer dans les zones accessoires les autres quadrupèdes.

Cela tient à l'importance que prennent alors les guerriers et leurs

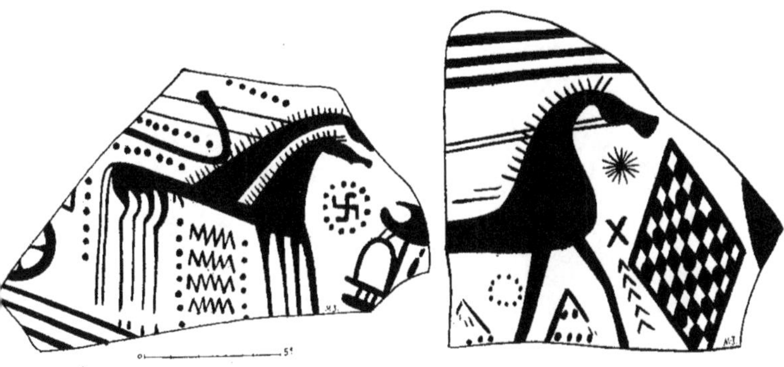

FIG. 2. — CHEVAUX DE CHARS. — Fragments de grands vases attiques de style géométrique. Environs du VIII$^e$ s. av. J.-C. — *Louvre. Salle A*, n$^{os}$ 552 et 553.

chars. Les vases du Dipylon nous donnent une des plus anciennes représentations de ces chars. La voiture, à quatre roues, est attelée de deux chevaux (2). Un aurige, debout à l'avant, tient les rênes (fig. 3).

Les chevaux sont informes. Leur cou est long comme celui d'une girafe. Leur crinière donne l'impression d'une série de clous plantés

(1) En Grèce, le cheval est un animal d'importation. Pour les uns, il semble être venu par la mer. Poseidon, le dieu des flots, est aussi le dieu du cheval, ἵππιος. Pour d'autres, il aurait été amené par la voie de terre et probablement par le nord, le mythe des Centaures se trouvant localisé en Thessalie (*Dictionnaire des antiquités grecques et romaines*, de MM. DAREMBERG et SAGLIO, t. II, p. 795).

(2) Sur un fragment du Louvre (A. 541) on voit un char à trois chevaux. Il y a souvent en effet un cheval de volée attelé à côté des deux autres, pour remplacer celui qui viendrait à être tué dans le combat.

à intervalles réguliers. Leur corps est ridiculement aminci. Leurs jambes paraissent être en fil de fer.

Ces silhouettes de chevaux du Dipylon sont bizarres, étranges, presque informes. Elles sont pourtant pleines de promesses. On passe

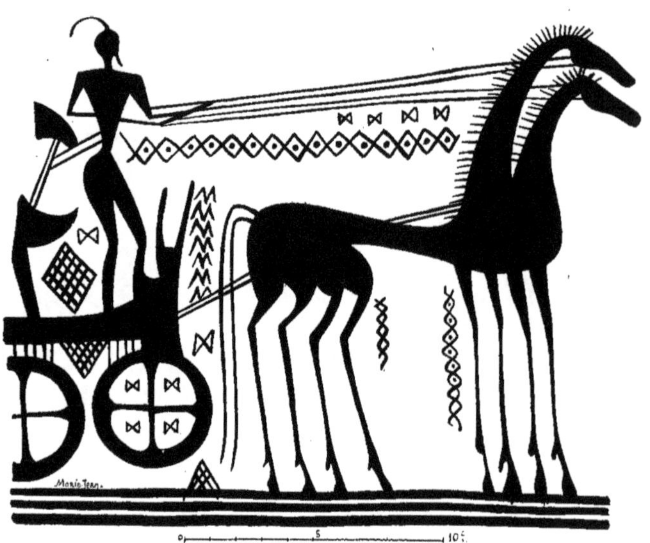


FIG. 3. — CHAR DE GUERRE ATTELÉ DE DEUX CHEVAUX. — Détail d'un grand cratère attique de style Dipylon. Environ du VIII^e s. av. J.-C. — *Louvre. Salle A*, n° 517.

par des enchaînements sans rupture de ces essais maladroits aux beaux chevaux de l'école archaïque du VI^e siècle : alors l'artiste attique devient maître de lui-même, rend le dessin correct, mais sans rien changer à l'attitude générale de l'attelage. Il maintient aussi, dans une certaine mesure, les proportions du canon dorien. L'origine de ce canon ne saurait être trouvée dans un idéal de beauté. Les artisans de cette époque n'eurent jamais cet idéal. La tâche de dessiner un cheval est suffisamment difficile pour accaparer leur attention et absorber toutes leurs facultés intellectuelles. Ils ne sauraient viser à faire une œuvre correcte. Leur maladresse, leur inexpérience

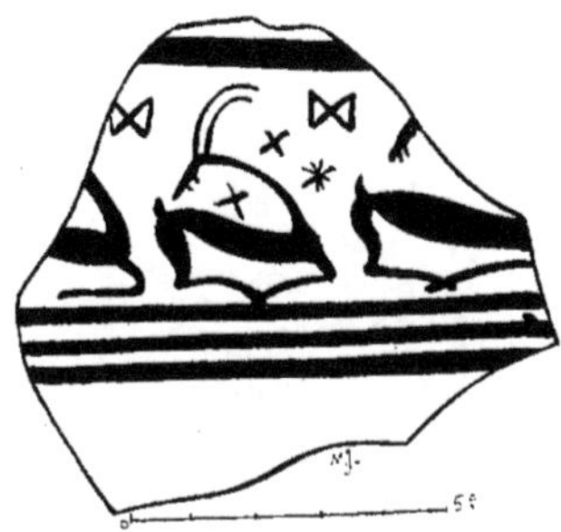

FIG. 4. — BOUQUETINS COUCHÉS. — Fragment d'un grand vase attique de style Dipylon. Environs du VIIIe s. av. J.-C. — *Louvre. Salle A. Vitrine de la Fenêtre.*

les mènent à adopter des proportions erronées. Ils regardent autour d'eux, mais ils ne savent pas rendre ce qu'ils ont vu. Ne pouvant pas arriver à desssiner un cheval d'après nature, ils suivent les contours de son ombre sur le sol ou sur un mur.

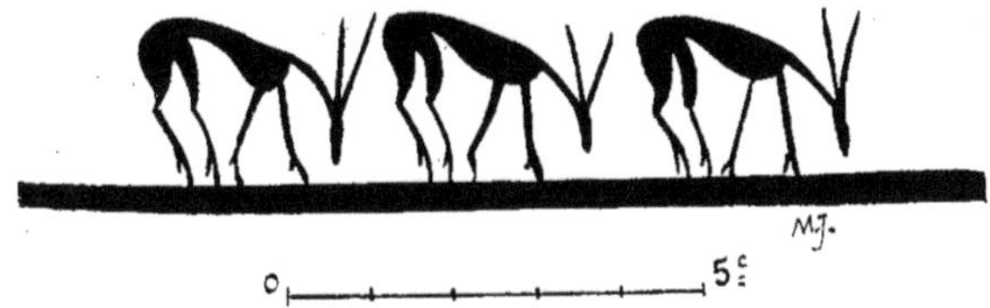

FIG. 5. — BICHES BROUTANT. — Détail d'une amphore attique de style Dipylon. Environs du VIIIe s. av. J.-C. — *Louvre. Salle A* n° 516.

Or, le dessin d'après l'ombre portée est plein d'imperfections et d'erreurs. Pour peu que la lumière frappe obliquement l'objet, il en résulte des déformations considérables, des rétrécissements ou des allongements exagérés que le peintre dorien ne sait pas corriger et qu'il transcrit intégralement (1).

Les mêmes négligences, les mêmes disproportions se retrouvent,

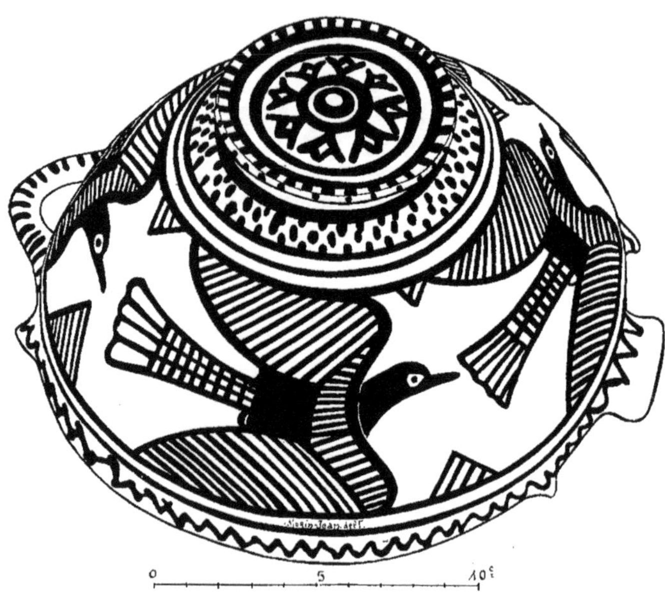


Fig. 6. — Coupe béotienne ornée d'oiseaux volant. — Fin du VIIIe ou début du VIIe s. av. J-C.
*Collection Morin*, n° 1701.

à un degré moindre, il est vrai, dans le dessin des cervidés. Ici, ce sont des bouquetins couchés et tournant complètement la tête (fig. 4) ; là, des biches broutant (fig. 5).

Bouquetins et biches sont généralement de taille minuscule, tracés avec rapidité, faits du bout du pinceau, peints sans détails. Ils se suivent en longues théories, cerclant les vases de grandes

(1) Cf. Ed. Pottier. *Catalog. des vases du Louvre*, p. 575 et suivantes.

dimensions et formant des zones étroites et continues. Leurs jambes sont longues et minces ; leurs proportions sont celles que nous retrouverons au VIe siècle dans l'école des Kleinmeister. Il y a là une preuve de stabilité du goût attique. Les biches des amphores dipyloniennes, discrètement noyées dans l'ensemble du décor, sont seulement esquissées. Plus tard, à l'époque des Anaklès et des Tléson, elles prendront plus d'importance, plus de valeur, plus de relief, mais leur structure ne subira aucun changement.

Le dessin des oiseaux, dans le style géométrique, indique moins

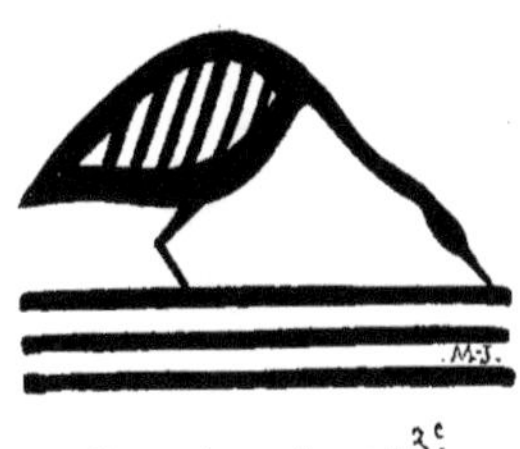


FIG. 7. — OISEAU PICORANT SUR LE SOL. — Détail d'une grande amphore de style Dipylon. *Louvre. Salle A*, n° 516.

d'inexpérience de la part du céramiste. Le parti décoratif qu'on en tire devient assez puissant. Les yeux des volatiles sont visibles ; leurs ailes et leur queue ne forment plus une masse noire opaque ; elles sont faites de combinaisons linéaires plus ou moins variées.

D'une coupe béotienne ornée d'oiseaux volant se dégage un certain charme pour un œil d'artiste (fig. 6). Ce charme provient de l'habileté du décorateur à combiner les lignes dont chacune a son importance et est l'équivalent des notes dans la musique. Notes et lignes concourent ici ou là à créer une jolie harmonie, un bel ensemble artistique. Le thème simple et banal de l'oiseau picorant sur le sol est le symptôme d'une évolution : c'est un retour timide au naturalisme (fig. 7). D'un seul coup de pinceau, par une légère ondulation du cou du volatile, l'artiste a su approcher la vie d'assez près. Par ailleurs, il se confine dans une rigidité géométrique presque désagréable (fig. 8). Là même où il tombe dans cette exagération, on sent qu'il n'a pas complètement dédaigné d'examiner la nature. Il prouve, par la raideur de ce grand cou tendu, qu'il a regardé voler des palmipèdes et des échassiers.

Malgré son caractère grossier, cette image évoque le souvenir de

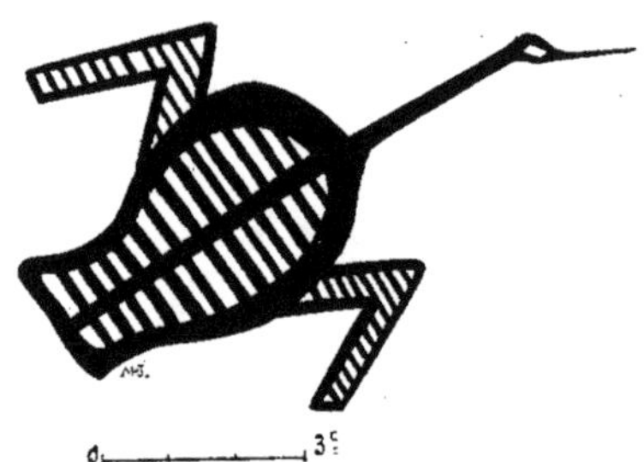

FIG. 8. — OISEAU VOLANT. — Fragment d'un grand vase de style Dipylon. — *Louvre. Salle A*, n° 526.

certains passages de l'Iliade. Avec un peu d'imagination, on peut y voir un spécimen de ces oiseaux que l'hymne homérique fait pulluler et voler tumultueusement dans les prairies d'Asius :

Ἀσίῳ ἐν λειμῶνι, Καϋστρίου ἀμφὶ ῥέεθρα
ἔνθα καὶ ἔνθα ποτῶνται ἀγαλλόμεναι πτερύγεσσι... (1)

B. — STYLE INSULAIRE. — L'ÉCOLE CHYPRIOTE AU PREMIER AGE DU FER.

Il est inutile de s'attarder à la description de ces poteries insulaires de style géométrique courant. Elles sont presque toujours ornées d'oiseaux d'un caractère plus ou moins banal (fig. 9). Ce style se

(1) *Iliade*, chant II, vers 461.

prolonge jusqu'à une époque assez basse et aboutit à des produits tardifs très négligés où les oiseaux et les poissons deviennent à peine reconnaissables (fig. 10).

Laissons de côté ces céramiques insulaires et passons immédiatement aux vases chypriotes. Leur décor est pour nous d'un grand intérêt. Il est la suite logique du mycénien prolongé, représenté au Louvre par une série assez importante de vases. M. Pottier nous

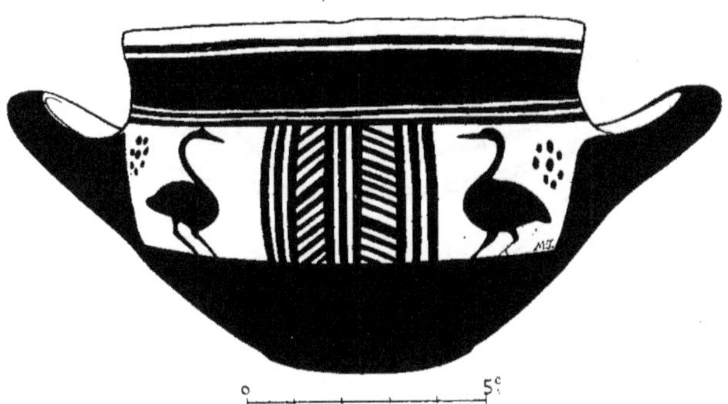

FIG. 9. — VASE ORNÉ D'OISEAUX. — Style géométrique des îles. Début du VII^e s. av. J.-C. *Collection Morin*, n° 2422.

apprend que ces vases peuvent être postérieurs à la guerre de Troie (1). Leur fabrication descend jusqu'au IX^e ou VIII^e s. av. J.-C.

A Chypre, en effet, l'art mycénien a pu se développer plus librement qu'ailleurs, n'ayant pas été arrêté dans son évolution par les invasions doriennes. Ces poteries sont comme les prodromes de la céramique chypriote du premier âge du fer. C'est pourquoi il est utile d'en connaître le style. L'art n'y est pas très développé, mais le dessin n'y est pas tellement enfantin qu'il soit dépourvu de cette liberté d'allure qu'on rencontre habituellement dans les œuvres préhelléniques.

(1) *Bulletin de correspondance hellénique* de 1907, pp. 228-269.

Il y a une certaine intensité de vie dans le rendu de ce taureau

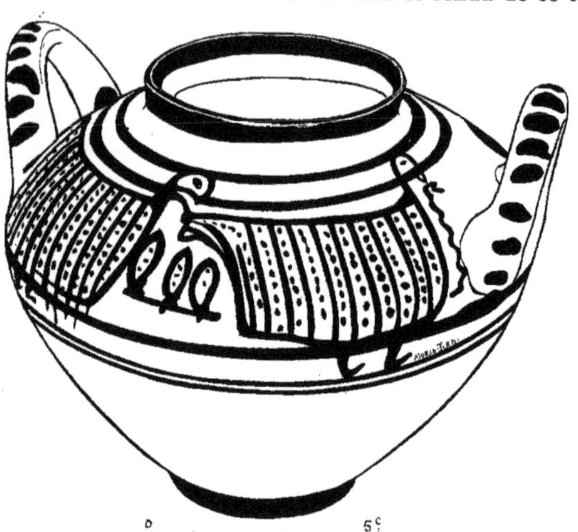

Fig. 10. — Vase orné d'oiseaux et de poissons fortement stylisés. — Style géométrique insulaire. Ile d'Anaphi. — *Collection Morin*, n° 1394.

puissant (fig. 11). Le sujet est champêtre. Le peintre a voulu repré-

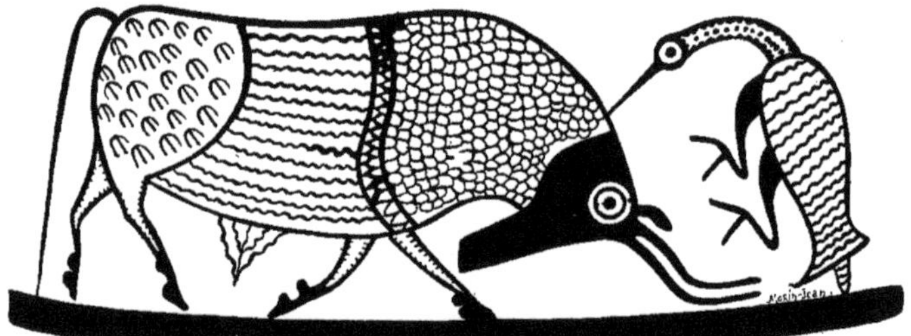

Fig. 11. — Taureau et volatile. — Peinture d'un cratère d'Enkomi (Chypre). Style mycénien prolongé. *British Museum. The First Vase Room. Cases* 14-15.

senter non pas un burlesque combat entre un quadrupède et un volatile, mais tout simplement ces oiseaux qui se perchent sur le dos des bœufs et, à grands coups de bec, les débarrassent de leurs parasites (1). Le dessinateur chypriote a fait l'oiseau beaucoup trop grand et ne l'a pas mis à sa place. Il a été absorbé par l'idée de remplir tous les vides et il a un peu perdu de vue son sujet.

Dans les compositions cypro-mycéniennes d'époque tardive apparaissent des signes extravagants, des combinaisons de points et de

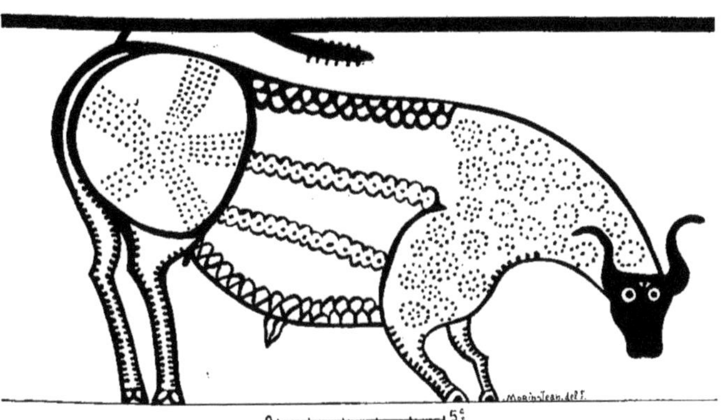

FIG. 12. — TAUREAU A TÊTE DE FACE. — Peinture d'un cratère chypriote. Style mycénien prolongé. *Louvre. Salle A. Vitrine E.*

lignes devant lesquels l'exégète se trouve fort embarrassé (fig. 12). Dans cet exemple, la tête se présente de face sur un corps de profil. Le mouvement était difficile à rendre. L'artiste primitif n'est pas parvenu à le reproduire correctement.

Bien des écoles, même lorsque la science du dessin sera plus développée, se heurteront à cette difficulté sans pouvoir la vaincre de façon plus satisfaisante (2).

(1) Sur une amphore ionienne du VIe siècle conservée au musée de Münich, on retrouve une scène champêtre du même genre (*Griechische Vasen von* Dr FRITZ HŒBER, p. 26, fig. 12 *a*)

(2) L'animal de profil à tête de face fait l'objet d'un très intéressant article de M. POTTIER,

La céramique chypriote du premier âge du fer se place entre 1100 et 600 environ av. J.-C. On la trouve dans les tombes, associée à la fibule à arc et à ressort unilatéral caractéristique de la période dite Hallstattienne.

Au vieux fond mycénien se joint une forte part d'influence orientale, surtout égyptienne ; ce qui s'explique par la position géographique de l'île. Combinant tous ces éléments avec ceux qui leur viennent du continent, les Chypriotes forment un style propre sur lequel la critique ne semble pas s'être encore suffisamment exercée.

Les quadrupèdes, les oiseaux, les poissons que nous allons voir sont étroitement apparentés entre eux. Ils constituent au point de vue esthétique, une famille à part, très éloignée du géométrique rectiligne continental. Plus de divisions en compartiments et en zones. L'animal est comme jeté au hasard sur la panse du vase (fig. 13 et 18). Cette manière d'établir la composition est plus pittoresque, mais elle amène quelquefois des déformations dont l'art attique de la belle époque ne sera pas exempt. En passant sur les courbes d'inflexion du vase, la figure subit une fâcheuse *anamorphose*.

L'artiste chypriote est aussi éloigné de la nature que les décorateurs du continent, mais les déformations de ses animaux sont moins naïves. Il met plus de raffinement dans sa composition décorative. Il cherche ses moyens d'expression dans le développement exagéré

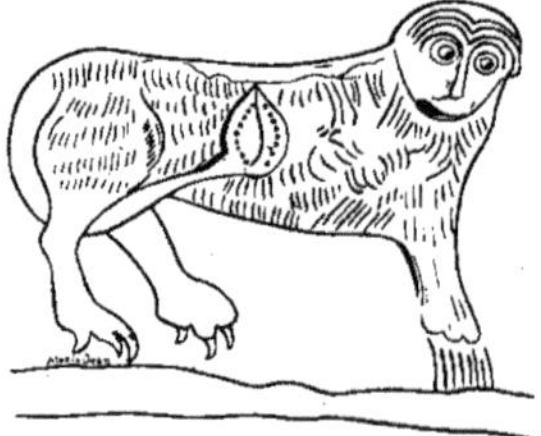

FIG. I.— FAUVE A TÊTE DE FACE.— Détail d'un tympan du haut moyen âge provenant de l'ancienne abbaye de Saint-Germain d'Auxerre. — *Musée lapidaire d'Auxerre* (Yonne).

paru sous le titre « *L'histoire d'une bête* » dans la *Revue de l'Art ancien et moderne*, n° 165, t. XXVIII, 14e année, décembre 1910, p. 419 à 436. Originaire de l'Orient, cette formule a pénétré de bonne heure dans la zoographie grecque, pour se répandre ensuite en Europe où elle s'est maintenue dans l'ornementation des bijoux gallo-romains et mérovingiens (TH. ECK. *Les deux cimetières gallo-romains de Vermand et de Saint-Quentin*, 1891, pl. XV, n° *1a*), des étoffes byzantines (Musée des arts décoratifs à Düsseldorf, ANDRÉ MICHEL, *Histoire de l'art*, t. I, p. 256, fig. 137), des édifices religieux du haut moyen âge (Musée lapidaire d'Auxerre, n° 39. Tympan du xe siècle provenant de l'ancienne abbaye de Saint-Germain d'Auxerre, fig. I).

des courbes. Si les effets qu'il tire de ce procédé sont limités, ils n'en sont pas moins d'une réelle puissance ornementale (fig. 13 à 15). Fréquents sont les exemples où les mouvements de l'animal sont outrés et tumultueux. C'est une conséquence des traditions mycéniennes. On a peine à discerner le cou d'avec la tête dans cette capricieuse figure

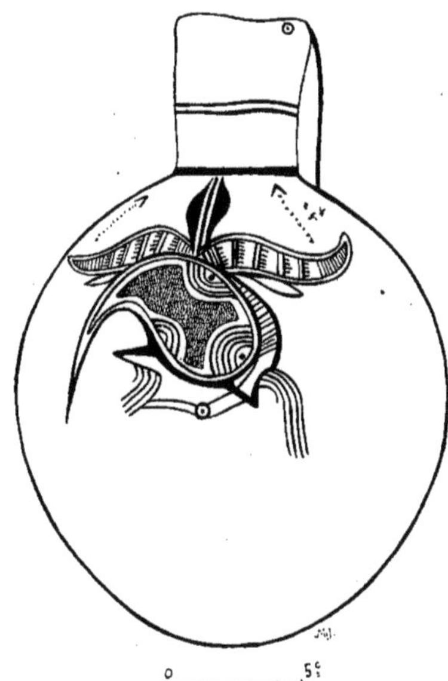

FIG. 13. — ŒNOCHOÉ CHYPRIOTE ORNÉE D'UN OISEAU. — Style géométrique curviligne. Premier âge du fer. — *Louvre. Salle A. Vitrine G.*

d'oiseau (fig. 13). L'artiste pousse l'invraisemblable jusqu'à enchevêtrer le corps du volatile dans un motif floral. Il n'a pas l'air de savoir au juste s'il veut dess ner une plante ou un animal. Il se complaît dans le domaine du symbolisme et de la fantaisie. C'est du pur ornement (1).

(1) Nos enlumineurs calligraphes des x<sup>e</sup> et xi<sup>e</sup> siècles auront, beaucoup plus tard, une façon analogue de concevoir la décoration. Sous leur plume jailliront des ornements qui, toute proportion d'époque gardée, seront conçus dans un sentiment analogue.

Là encore, il existe une influence orientale considérable, et pourtant l'art chypriote de cette époque a sa facture propre.

La manière de faire les pattes des oiseaux en remplaçant les doigts par des lignes parallèles n'est pas exclusivement caractéristique de cette école. C'est une formule orientale que nous verrons employée

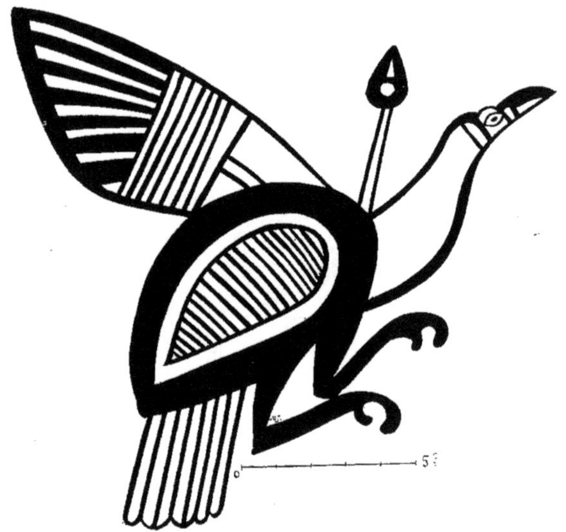

FIG. 14. — OISEAU PEINT SUR UNE ŒNOCHOÉ CHYPRIOTE du premier âge du fer. — *Collection de M. Marguerite de la Charlonie*, à Paris.

aussi par les céramistes étrusco-ioniens du VI^e siècle (fig. 162). Elle est fréquente dans le décor des faïences persanes du moyen âge, et des potiches chinoises. Elle est commune aux écoles éprises de synthèse de la ligne et de la forme.

Autour de la tête des volatiles (fig. 15) sont tracés ces mêmes signes bizarres qu'on a vus sur les poteries cypro-mycéniennes d'époque tardive (fig. 12). Seules les personnes qui s'occupent de la magie dans l'antiquité pourront peut-être éclaircir le problème que fait naître l'emploi de ces cercles radiés, séries de points, flèches, swastikas, zigzags, etc.

Examinons maintenant un poisson et un oiseau imprégnés d'art égyptien (1) (fig. 16 et 17). Le poisson est d'une beauté simple et sauvage. Les moyens que le décorateur a employés ici sont peu com-

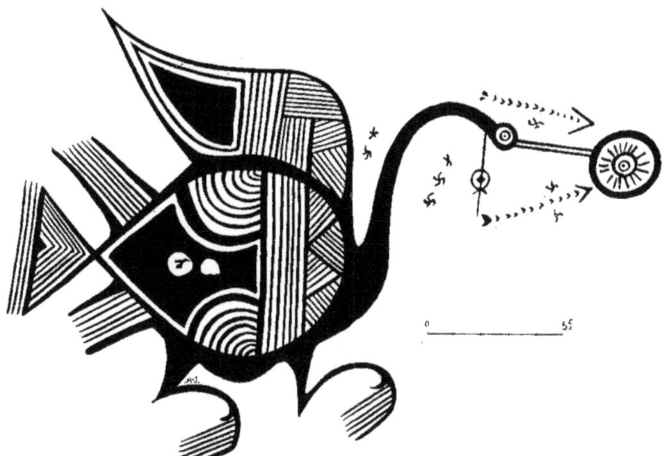

FIG. 15. — OISEAU ACCOMPAGNÉ DE SIGNES SYMBOLIQUES. — Peinture d'une œnochoé chypriote du premier âge du fer. — *Louvre. Salle A. Vitrine J*

pliqués : ils consistent en deux grandes lignes, l'une courbe, l'autre droite, se croisant pour indiquer la queue. Les longues épines parallèles formant les nageoires sont d'un heureux effet décoratif.

L'oiseau est facile à identifier. C'est le *Flamant* ou *Phœnicoptère des anciens* (Phœnicopterus antiquorum) particulièrement abondant dans le bassin oriental de la Méditerranée et dans la vallée du Nil. En dessinant ce palmipède, l'artiste chypriote devait avoir sous les

(1) Sur l'influence égyptienne et orientale dans le décor chypriote à l'époque gréco-phénicienne, voir R. DUSSAUD, *Les civilisations préhelléniques dans le bassin de la mer Egée*, p. 156.

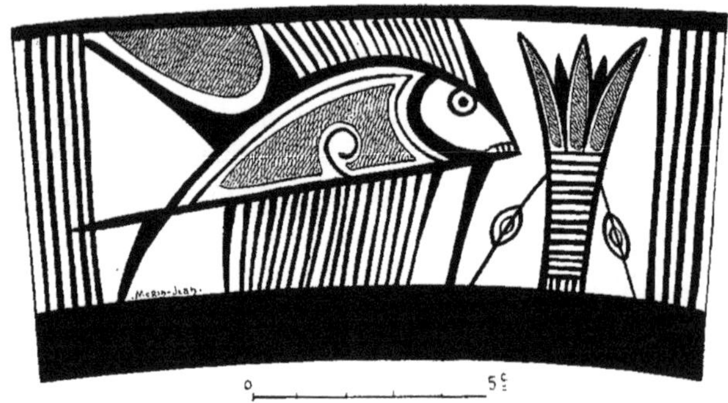

FIG. 16. — POISSON ORNANT UNE COUPE CHYPRIOTE du premier âge du fer. — *Louvre. Salle A. Vitrine G.*

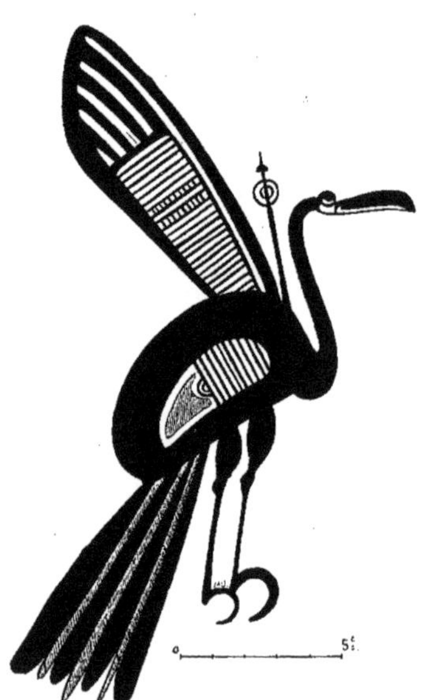

FIG. 17. — FLAMANT OU PHŒNICOPTÈRE DES ANCIENS. Détail d'une œnochoé chypriote du premier âge du fer. — *Louvre. Salle A. Vitrine H.*

yeux un modèle venu d'Égypte, car certains détails nous prouvent qu'il a obéi à un esprit naturaliste que son tempérament ne lui permettait pas d'avoir. Lorsque, livré à lui-même, il peint le bec d'un oiseau, il se soucie peu de sa forme et se contente de tirer deux lignes

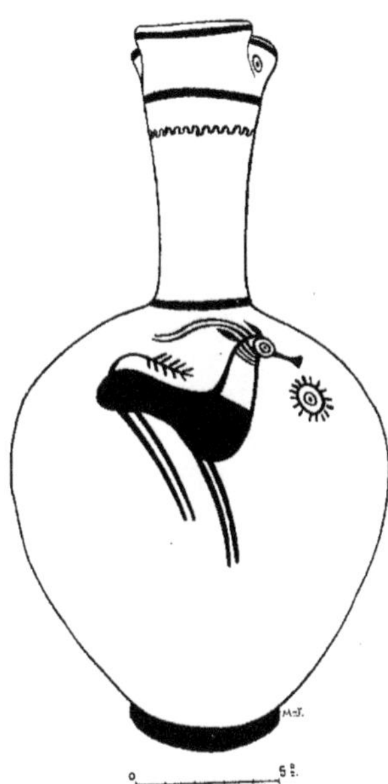

FIG. 18. — ŒNOCHOÉ CHYPRIOTE ORNÉE D'UN BOUQUETIN. Premier âge du fer. — *Louvre. Salle A. Vitrine G.*

droites (fig. 15). Ici, au contraire, c'est le bec qui permet de déterminer l'animal, ce bec caractéristique, plus haut que large, brusquement courbé et comme cassé vers le milieu.

Les figures de quadrupèdes nous ramènent au style chypriote pur. Les jambes d'un bouquetin sont de simples lignes légèrement incurvées. Pas de modelé. C'est l'amour de la ligne pour la ligne.

(fig. 18). La queue est encore plus curieuse ; on croirait voir un petit arbrisseau. La tête est formée de cercles concentriques et le museau tracé d'un large coup de pinceau écrasé à l'extrémité.

Le chien à l'attache est d'un art différent (fig. 19). Un réalisme analogue à celui des céramistes rhodiens s'introduit dans l île de Chypre. On cherche à représenter une race bien déterminée. La tête volumineuse, le cou empâté, l'oreille triangulaire et courte, les pattes médiocrement longues, le train de derrière plutôt grêle, nous permettent aisément de distinguer un *dogue* d'une espèce voisine de ces

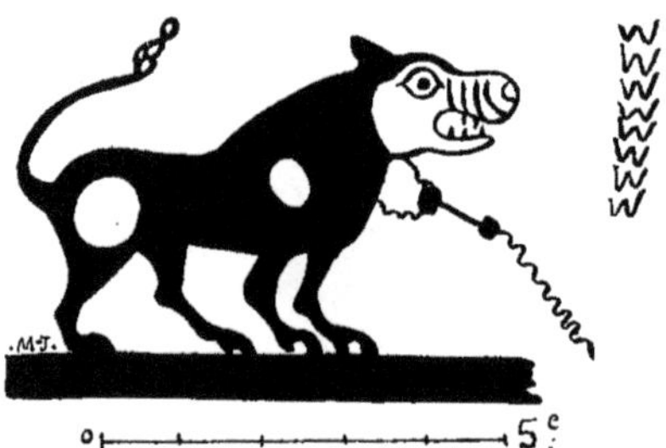


Fig. 19. — Chien a l'attache. — Peinture d'un vase chypriote. — *Louvre. Salle A*, n° 152.

chiens de guerre figurés sur les bas-reliefs assyriens (1). Dans l'exécution de cet animal, il y a simultanéité des deux procédés de la silhouette noire opaque et du dessin au trait sur fond clair. Nous touchons à la technique de l'école rhodienne.

Il n'est peut-être pas inutile, avant de terminer ce chapitre, de résumer en quelques mots les caractères généraux du style chypriote. Ce style est avant tout une décoration fantaisiste dans laquelle l'animal est un thème très modulé. Les formes sont bizarres, l'expression outrée, et pourtant cette étrangeté dans l'emploi des lignes a son charme. Les courbes, élégantes, accentuent la souplesse et la flexibilité des formes.

(1) Sur les chiens de races asiatiques consulter le *Dictionnaire des antiquités*, de MM. Daremberg et Saglio, t. I, p. 879.

C'est un style qui puise sa force dans la négation même du naturalisme.

Les Chypriotes du premier âge du fer n'ont pas été les premiers à pousser à ses extrêmes limites l'interprétation conventionnelle dans

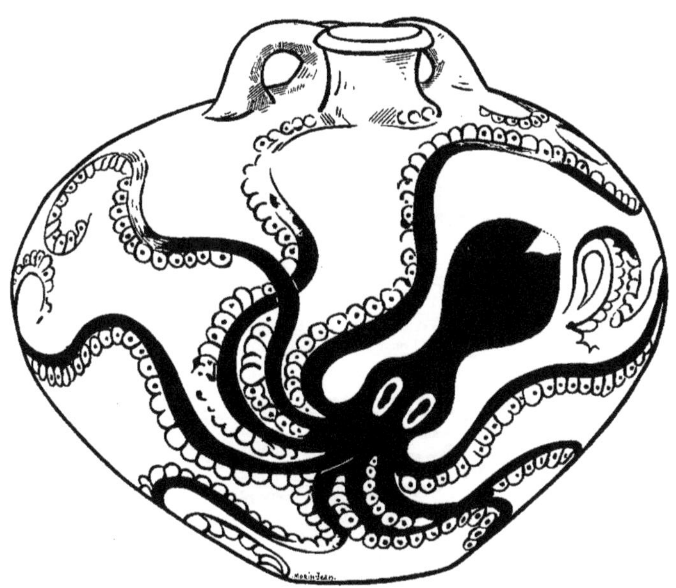

FIG. 20. — VASE A ÉTRIER ORNÉ D'UN POULPE. — Fouilles de Gournia (Crète). — Croquis d'après la grande publication de Harriet Boyd Hawes. — *The american exploration Society*, 1901-1903 et 1904.

le dessin des animaux. Les Mycéniens les ont précédés dans cette voie et ont même connu toutes les étapes qui séparent la fidèle copie de la nature de la pure ornementation. Quelques représentations du poulpe (cet animal si fréquent dans le décor préhellénique) suffisent à le prouver (fig. 20 à 23).

Le spécimen (fig. 20) reproduit d'après le grand ouvrage de Miss

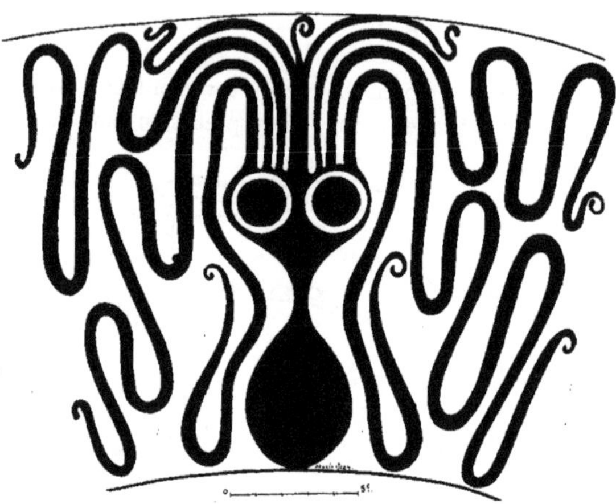

FIG. 21. — POULPE STYLISÉ. — Peinture d'un cornet mycénien trouvé à Rhodes.
*Louvre. Salle A*, n° 276.

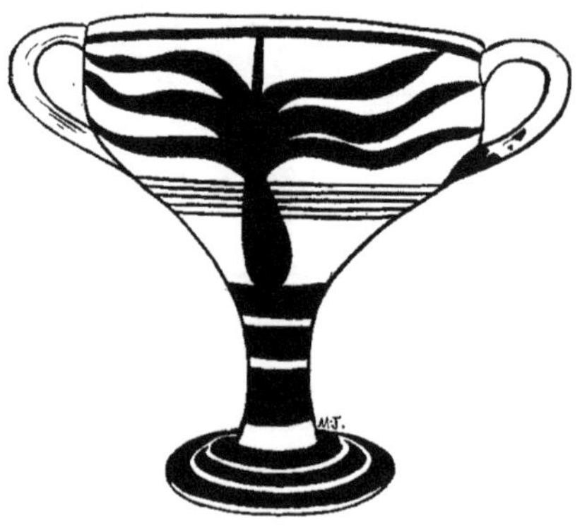

FIG. 22. — COUPE MYCÉNIENNE ORNÉE D'UN POULPE FORTEMENT STYLISÉ. — Rhodes.
*Louvre. Salle A. Vitrine M.*

Boyd sur les fouilles de *Gournia* (1), est d'un réalisme saisissant.

Les tentacules ont des ondulations pittoresques et pleines de vie.

Le type fig. 21 est un premier stade de stylisation. Les bras s'enroulent en spirales monotones, en rubans s'étageant les uns au-dessus des autres, dans un mouvement plus décoratif que réel. Puis, la schématisation s'accentue (fig. 22). Le décorateur, peu soucieux de la vérité, supprime les yeux, les suçoirs et plusieurs tentacules. Le corps prend l'aspect d'une racine pivotante. L'animal tout entier pourrait être aisément confondu avec un motif floral. Enfin l'artiste s'éloigne tout à fait du modèle (fig. 23). Comme le dessinateur chypriote, il semble avoir des yeux pour ne pas voir la nature. Il est abstrait mais il conserve, dans le développement du rythme ornemental adopté, d'incontestables qualités.

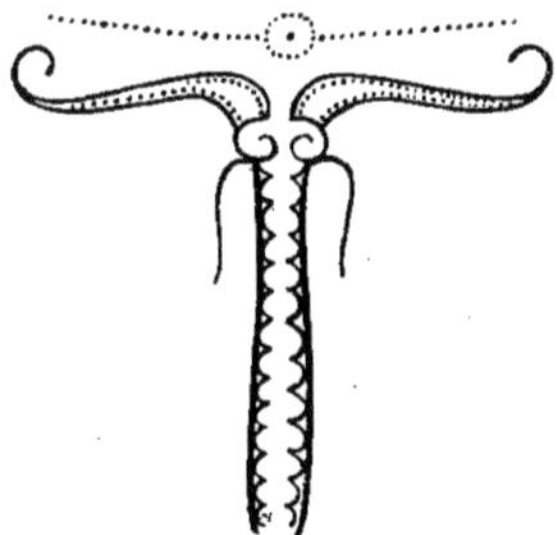

FIG. 23. — ORNEMENT TIRÉ DU POULPE. — Détail d'une coupe mycénienne. — *British Museum. Salle I. Vitrine* 22-23.

(1) Il ne m'a pas été possible d'exécuter ce dessin d'après l'original. Mais, pour la clarté de mon exposé, j'ai pensé utile d'en faire un croquis d'après la planche de l'ouvrage ci-dessus relaté.

## II

## L'école rhodienne.

La grande floraison de la céramique rhodienne a lieu dans le courant du VIIe siècle av. J.-C.

La personnalité des Rhodiens se fait alors jour. Mais cette personnalité échappe un peu à l'exégète. Elle est malaisée à définir car elle n'exclut pas, comme on pourrait le croire, une puissante influence des modèles extérieurs. Les Rhodiens s'inspirent des broderies venues d'Orient (1), ils reproduisent les animaux de l'art oriental.

Pourtant ils savent rester Grecs.

Sont-ils les héritiers directs de cet art barbare connu sous l'appellation de *Style Dipylon* ?

Ce style a eu trop peu de répercussion à Rhodes ; il faut chercher ailleurs et remonter plus haut dans le passé, jusqu'à l'art crétois et mycénien. Cet art, né sous l'influence de l'Orient, mais néanmoins très original par certains côtés, se manifeste à nouveau dans les créations des Rhodiens et les marque de sa séculaire empreinte.

La facture de l'école de Rhodes est aussi difficile à définir que son style. Elle est à la fois naturaliste et stylisée. Un mélange bien dosé de réalisme et de maniérisme fait sa force.

(1) Nous apprenons, par les textes anciens, que les tapisseries grecques étaient orientales ou tout au moins fabriquées à la mode des Orientaux. Euripide emploie l'expression Βαρβάρων ὑφάσματα, significative à cet égard (Texte cité dans un volume de la Bibliothèque de l'enseignement des beux-arts : EUGÈNE MÜNTZ. *La Tapisserie*, p. 35).

Tout en conservant des attitudes familières et une grande vérité d'expression, les figures rhodiennes touchent de très près à l'héraldisme. L'artiste sait rendre les formes avec précision.

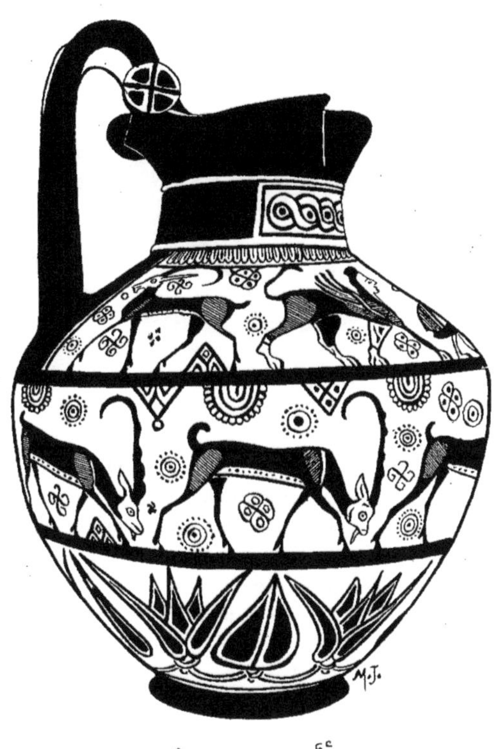


FIG. 24. — ŒNOCHOÉ RHODIENNE A ZONES D'ANIMAUX. — VIIe S. AV. J.-C. — *Louvre. Salle A*, n° 312.

Pourtant, il n'insiste pas sur le détail comme le fera plus tard le peintre des hydries dites de Cære. Il aime les grandes lignes, souples, onduleuses, et se plaît à les conduire autour de la silhouette de son modèle, sans embarras, sans incertitude, sans repentir. Il y a là, avec de profondes modifications dues à l'esprit grec, quelque chose du dessin *enveloppé* des Égyptiens.

Harmonie, eurythmie des lignes, savant équilibre des pleins et

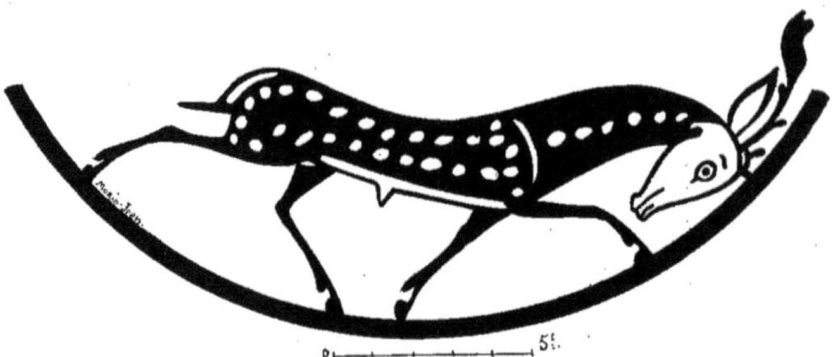

FIG. 25. — DAIM DONNANT DU FRONT SUR LE SOL. — Détail d'une œnochoé rhodienne. *Louvre. Salle A*, n° 315.

des vides, correction et élégance des formes, telles sont les qualités dominantes du décor zoomorphe rhodien.

La disposition des animaux en zones circulaires superposées, qui n'est pas nouvelle dans l'art grec et dont l'origine semble orientale, ajoute à la beauté de ce décor (fig. 24).

C'est un moyen facile d'orner une grande surface sans avoir à chercher une composition d'ensemble, tâche délicate où l'artiste archaïque a plus de chance d'échouer que de réussir (1).

Les zones des œnochoés rhodiennes sont peu variées dans leur ornementation. Les animaux sont quelquefois représentés donnant

(1) Au moyen âge, sous l'influence de poussées artistiques venues d'Orient, le même procédé fut souvent employé dans la décoration des églises. Dans les édifices romans, les tympans des portes sont divisés le plus souvent en deux et même trois registres horizontaux couverts de personnages minuscules. L'usage de ces registres se perpétue à travers l'époque dite « gothique ». Toutes les fois qu'une exception se produit elle est due à un artiste qui a le courage de rompre avec la tradition pour donner à son sujet la dimension de toute la surface à décorer.

du front sur le sol, dans une attitude violente (fig. 25) ou tombant sur les genoux et retournant la tête (fig. 26).

Mais le plus souvent ils broutent et se suivent à la file, dans le même sens (fig. 24). L'impression qui se dégage de ce décor est monotone. Mais cette monotonie, engendrée par l'esprit synthétique de l'artiste rhodien, est tout à fait charmante. L'effort tenté par les décorateurs de vases pour abandonner le procédé de l'ombre opaque et

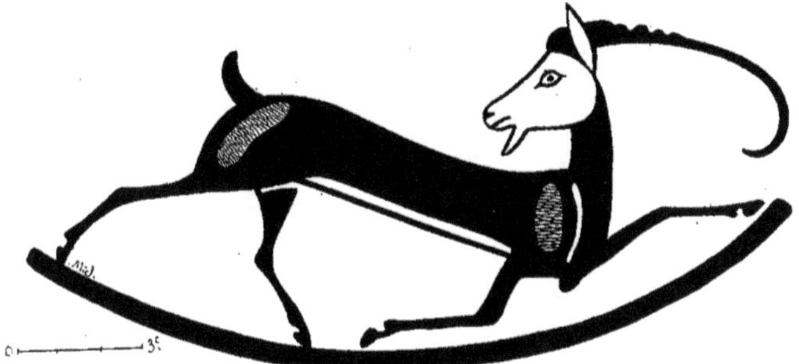

FIG. 26. — BOUQUETIN TOURNANT LA TÊTE. — Détail d'une œnochoé rhodienne. — *Louvre. Salle A*, n° 317

se rapprocher de la grande peinture apparaît nettement dans certaines parties du corps des animaux et dans les têtes dessinées au trait sur fond clair. L'incision, dont les potiers se servirent plus tard, n'est pas encore en usage. On emploie, à sa place, des blancs réservés qui exigent une sûreté de main toute particulière.

La technique de la peinture sur vases se complique et emprunte des formules à une autre industrie, à l'industrie textile.

Le décorateur use de son pinceau de façon à ce que ses représentations paraissent avoir été tissées dans une étoffe. S'il fait un bouquetin, l'animal donne l'impression d'une broderie brune foncée sur fond jaune pâle, dans laquelle un trait épais dessine le museau, la barbe, l'oreille et le dessous du ventre (fig. 27). Les œnochoés rhodiennes nous montrent donc la transposition, sur l'argile, des motifs semés sur les riches tissus dont s'enorgueillissait la Grèce archaïque (1).

Les étoffes devaient affluer sur les marchés de Rhodes. Les plus grands centres de fabrication n'étaient pas loin, sur la côte d'Asie, à Millet et en Phénicie. Rien de surprenant, par conséquent, de voir les céramistes, hommes de métier très humble, imiter ces tissus qui jouissaient d'une si grande renommée. Des objets de différentes na-

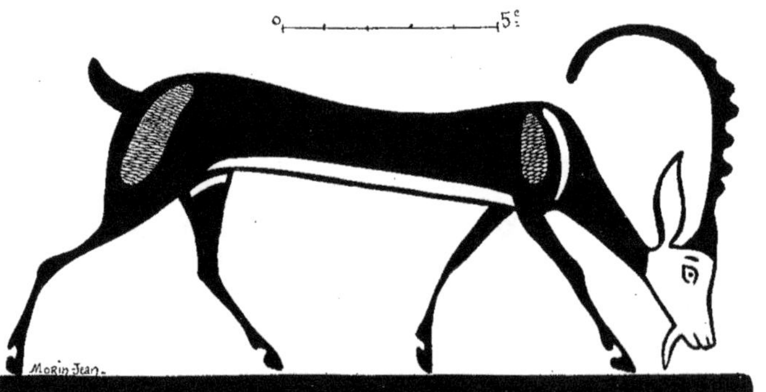


FIG. 27. — BOUQUETIN BROUTANT. — Détail d'une œnochoé rhodienne. — *Louvre. Salle A*, n° 317.

tures, spécialement des objets en métal ciselé, ont encore contribué à faire leur éducation artistique et ils leur ont fourni quelques-uns de leurs éléments décoratifs les plus heureux.

L'artiste rhodien dessine à l'exemple des Orientaux, non seulement les animaux existant dans la nature, lions, bouquetins, daims, taureaux, sangliers, chiens, oiseaux, etc., mais encore les figures allégoriques : sphinx, chimères, griffons. Son travail est pourtant plus qu'un simple reflet de l'art oriental. De cet art il ne s'inspire que pour rendre avec plus de précision encore sa pensée personnelle. Il s'affranchit, en effet, de certaines règles rigoureusement appliquées en

(1) Il n'est pas rare, de nos jours encore, de voir des artistes s'approprier, sans raison pratique, les procédés employés par nécessité, dans un autre art que le leur. C'est ainsi que certains peintres cernent leurs figures d'un large trait noir imitant le sertissage en plomb des vitraux.

Orient, notamment de celles relatives à la démarche des animaux.

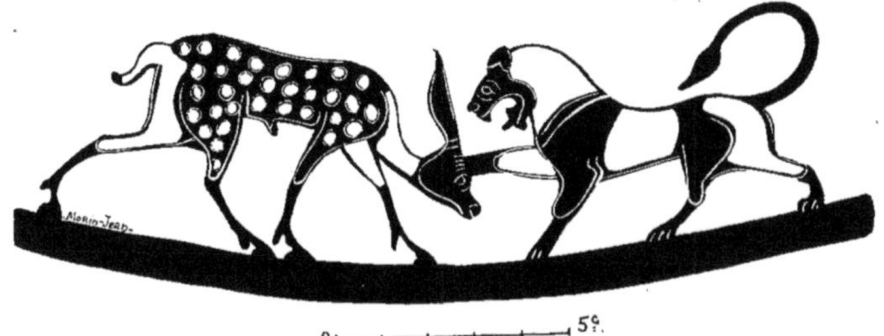

FIG. 28. — FAUVE ATTAQUANT UN DAIM. — (Emploi simultané du dessin au trait et de l'incision. Détail d'un vase de style rhodo-corinthien. — *Louvre. Salle E*, n° 659.

Sur les bas-reliefs de l'Égypte et de l'Assyrie, tous les quadrupèdes

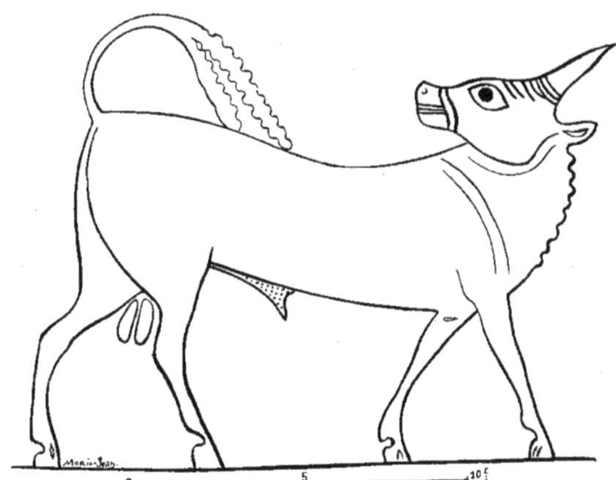

FIG. 29. — TAUREAU MARCHANT L'AMBLE. — Peinture d'un plat rhodien. — *Louvre. Salle A*, n° 306.

sont dans l'attitude hiératique et figée de l'*amble*. Le peintre rhodien préfère le mouvement plus naturel, plus vivant, que les Mycéniens connaissaient déjà fort bien, et qui correspond à l'allure du trot, ou, si l'on veut, au temps fort du pas normal. Pendant que les deux jambes droites se touchent presque par le sabot, celles de gauche s'écartent et sont dans leur maximum d'éloignement (fig. 28).

Il faut avoir un œil assez exercé pour saisir ce mouvement sur nature.

Parmi les animaux peints par les Rhodiens, nous n'en avons trouvé qu'un marchant l'*amble*, le taureau (fig. 29). Une figure comme celle-

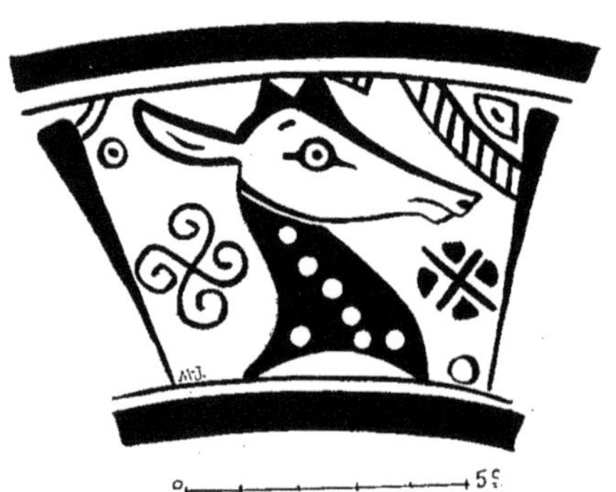

FIG. 30. — ÉTUDE DE TÊTE DE DAIM. — Détail d'une coupe rhodienne. — *Louvre. Salle A*, n° 302.

ci est très instructive pour l'archéologue. Elle montre clairement l'association de deux tendances opposées : l'une, héritière de Mycènes, cherche la vie et le mouvement et apparaît dans le dessin de la tête et surtout de la queue ; l'autre obéit, dans la pose des jambes, aux formules dogmatiques de l'Égypte, formules imposées par une inflexible tradition à laquelle les artistes furent soumis pendant de longs siècles.

Le peintre de Rhodes soigne tout spécialement la tête des animaux. Il en fait même des études isolées (fig. 30 et 31).

Il saisit admirablement le parti décoratif que l'on peut tirer d'une ramure de cerf dont les empaumures s'étalent comme des algues sur le fond d'argile du vase (fig. 32), d'une corne de bouquetin avec

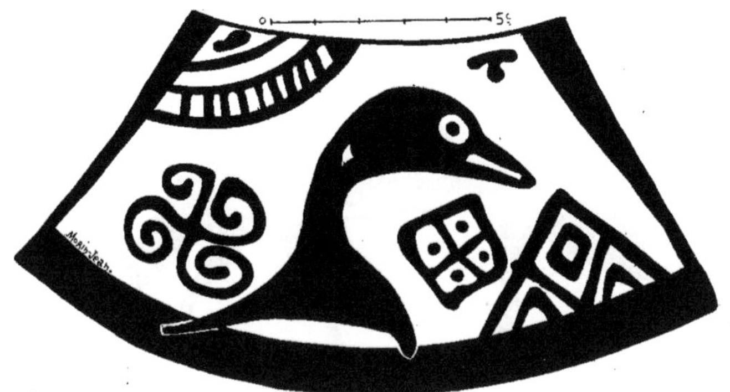

FIG. 31. — ÉTUDE DE TÊTE D'OISEAU. — Détail d'un vase rhodien. — *Louvre. Salle A*, n° 325.

sa belle courbure et ses volumineuses nodosités (fig. 33). Il se préoc-

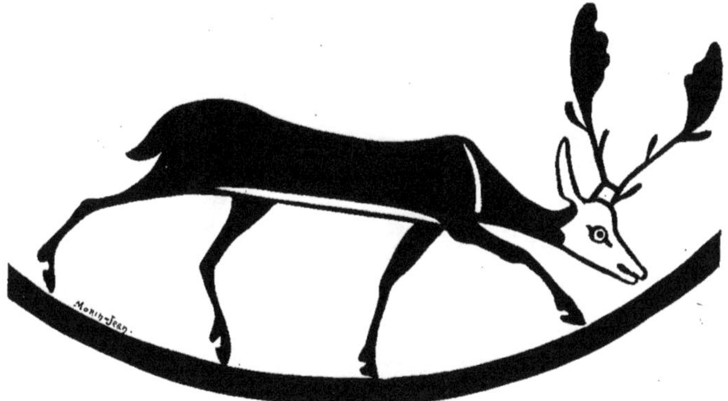

FIG. 32. — CERVIDÉ BROUTANT. — Détail d'une œnochoé rhodienne. — *Collection Morin*, n° 2819.

cupe aussi de varier, dans leur forme, les taches réparties sur le corps du daim et indique, au moyen d'une réserve bien comprise, le poil blanc de l'abdomen (fig. 34).

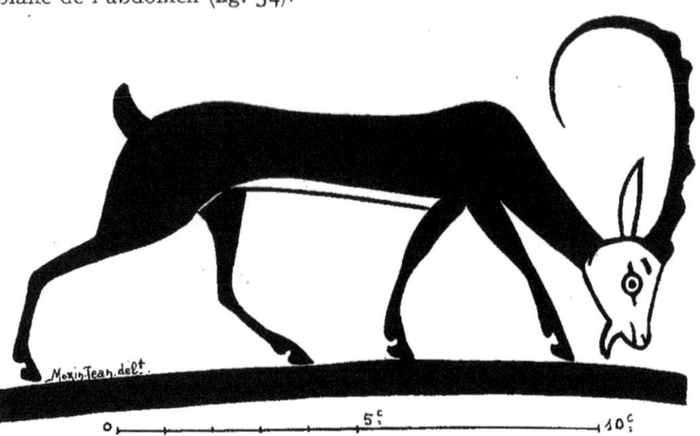


Fig. 33. — Bouquetin paissant. — Détail d'une œnochoé rhodienne. — *Collection Morin*, n° 2819.

Mais, chose étrange, cet artiste si sensible à la forme, si raffiné

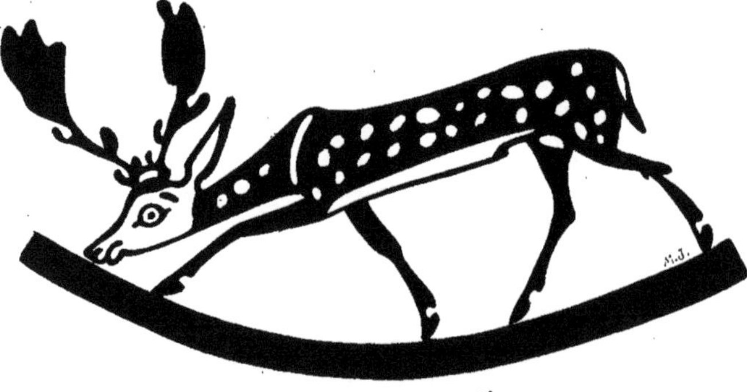


Fig. 34. — Daim paissant. — Détail d'une œnochoé rhodienne. — *Louvre. Salle A*, n° 316.

dans l'exécution d'une tête ou de tout autre détail, s'écarte souvent des proportions réelles lorsqu'il dessine un corps de cervidé (fig. 27). Ce corps est fréquemment trop long par rapport à son épaisseur. Il y a là un *canon* spécial que l'on peut expliquer de deux façons : soit par la recherche d'un sentiment particulier d'élégance, la poursuite d'une idée propre à une race déterminée, soit par la préoccupation d'adapter la forme de l'animal à la surface à orner.

Les zones à décorer étant plus longues que hautes, les artistes

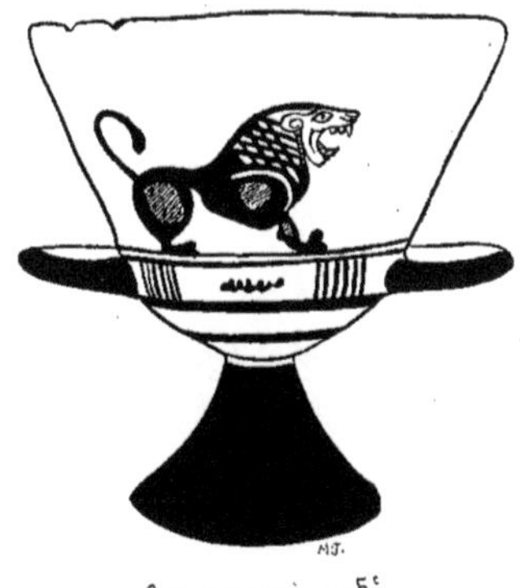

FIG. 35. — COUPE RHODIENNE ORNÉE D'UN LION RUGISSANT. — *Louvre. Salle A*, n° 330.

rhodiens adoptent une esthétique qui leur en fait bannir les animaux ayant de courtes proportions, et allongent les dessins de leurs quadrupèdes de telle sorte que ceux-ci concourent à former une œuvre homogène, à obtenir un ensemble décoratif où tout s'équilibre, où tout se tient.

La même préoccupation artistique se retrouve dans les ateliers de Corinthe et de la Béotie.

Bien que le fauve tienne une assez grande place dans l'art rhodien, on peut cependant dire que les peintres de Rhodes ne l'ont pas étudié d'après nature, mais d'après des intermédiaires orientaux. Les lions sont presque aussi stylisés que ceux de l'école corinthienne. On sent, en les examinant, l'absence complète d'études faites d'après nature (fig. 35).

Là où le céramiste rhodien se montre plus observateur de la

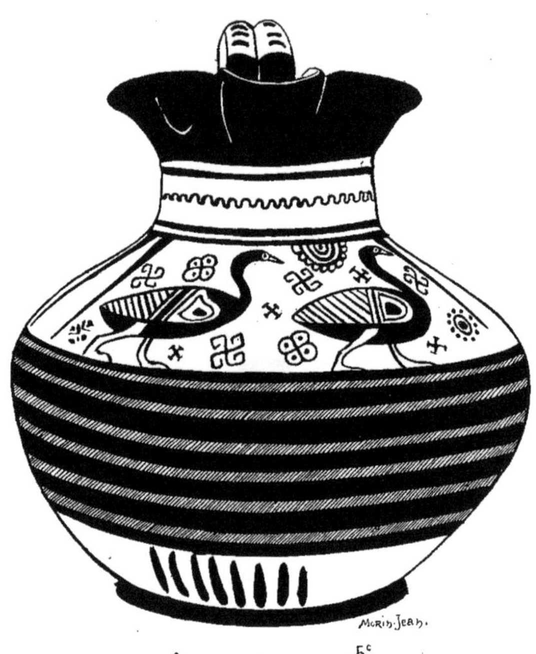


FIG. 36. — ŒNOCHOÉ RHODIENNE DÉCORÉE D'OISEAUX. — *Louvre. Salle A*, n° 322.

nature, plus près de la vérité, tout à la fois plus épris de réalisme et plus imprégné de poésie, c'est incontestablement dans ses études d'oiseaux.

Des oiseaux, il en avait sous les yeux. Il pouvait à son gré en examiner à fond les formes, les allures, les habitudes (fig. 36). Dans cet ordre d'idées, il avait derrière lui toute une lignée d'artistes ayant fait leurs preuves, tant à l'époque où fleurissait le style géométrique

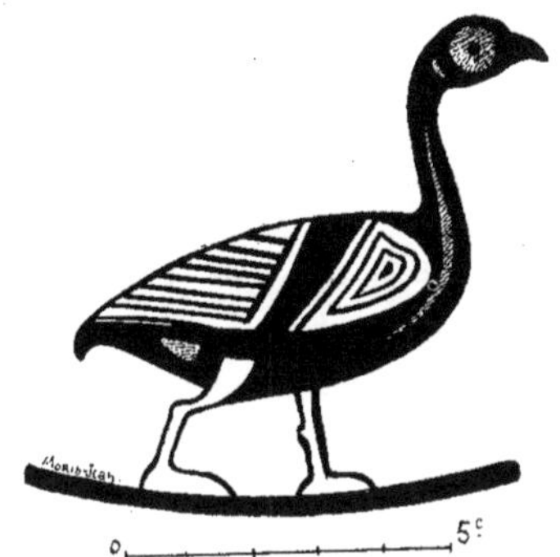

FIG. 37. — OIE. — Détail d'une amphore rhodienne. — *Louvre. Salle A*, n° 326.

des îles que plus anciennement encore, au temps de la prospérité de la civilisation crétoise.

Sans s'être, semble-t-il, donné aucun mal pour cela, le peintre de Rhodes a su découvrir les traits essentiels et caractéristiques de ces humbles volatiles.

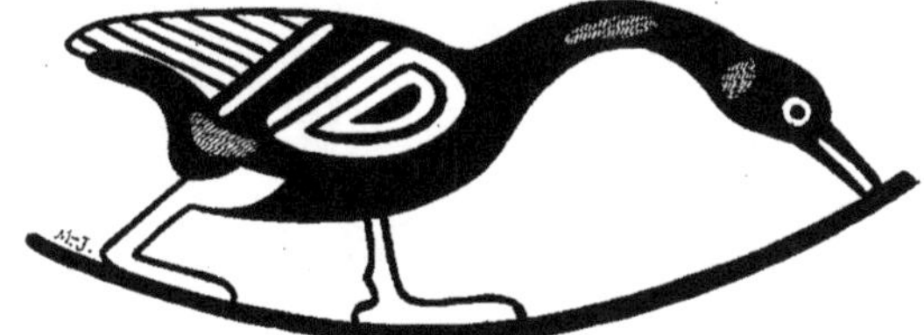

FIG. 38. — PALMIPÈDE BECQUETANT LE SOL. — Détail d'une œnochoé rhodienne. *Louvre. Salle A*, n° 315.

Ici, une grande finesse d'observation se manifeste dans le dandinement de l'oie, dans sa démarche un peu lourde, dans le port prétentieux de son chef (fig. 37). Là, des canards, voraces comme tous leurs congénères, allongent le cou, cherchant leur nourriture dans les détritus jetés sur le sol (fig. 38). Ailleurs, d'autres volatiles ouvrent leurs ailes, prêts à prendre leur vol (fig. 39).

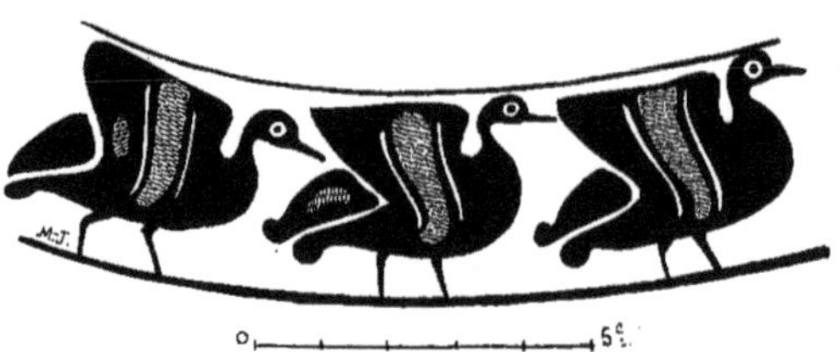

FIG. 39. — OISEAUX OUVRANT LEURS AILES. — Détail d'une œnochoé rhodienne. — *Louvre. Salle A.*

En examinant de près ces oiseaux, une comparaison s'impose. Ils sont traités dans le même sentiment que les oies du Mastaba

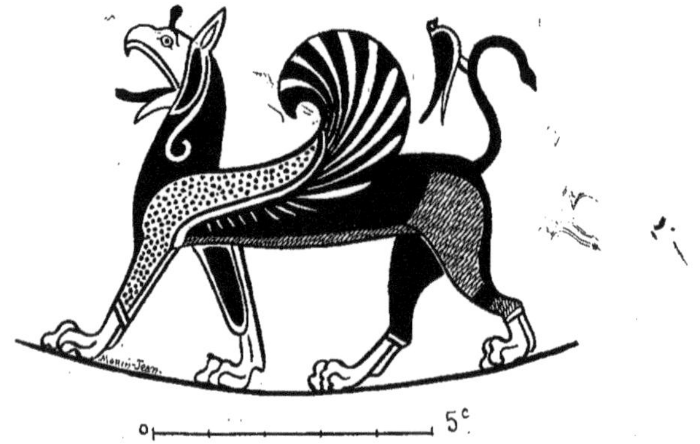

FIG. 40. — GRIFFON A AILE COURBE. — Détail d'une œnochoé de style rhodien. — *Louvre. Salle E*, n° 658.

égyptien de Meidoum qui date de la troisième dynastie (1). Toutefois, les oies de Meidoum sont encore mieux traitées, ce qui prouve que les

(1) On trouvera une bonne reproduction de ces oies dans JEAN CAPART, *Les débuts de l'art en Egypte*, p. 2 et 3, fig. 1 et 2.

Égyptiens avaient acquis une grands perfection dans le dessin des animaux, bien avant l'éclosion de l'art grec.

Si nous passons du domaine de la réalité dans celui de la fantaisie, nous voyons les Rhodiens y évoluer avec autant d'aisance. Leurs animaux fabuleux sont de vrais chefs-d'œuvre. Un goût à la fois sobre et délicat règne dans les moindres agencements de ces figures allégoriques.

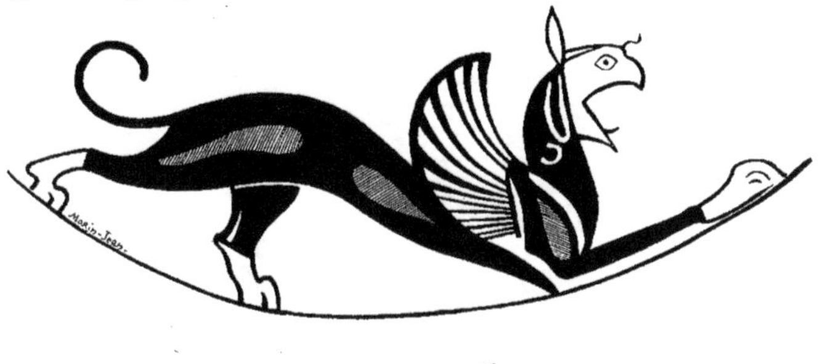

FIG. 41. — GRIFFON RAMPANT. — Détail d'un vase rhodien. — *Louvre. Salle A*, n° 320.

Une des plus soignées paraît être le griffon exécuté sur la belle œnochoé donnée au Louvre par le peintre Lévy (fig. 40). Le céramiste devait avoir sous les yeux un très beau modèle fourni par des broderies ou des objets en métal ciselé. Le dessin des pattes, la disposition harmonieuse de l'aile, la flexibilité du cou, la belle ampleur du bec ouvert, tout révèle une merveilleuse habileté, tout est d'un grand caractère décoratif. Détail curieux, une hirondelle admirablement dessinée est perchée sur la queue du monstre. Elle nous montre le contentement que l'artiste éprouve à revenir à l'étude de la nature. Souvent, sur les œnochoés rhodiennes, le griffon rampe sur le sol, prêt à bondir. La souplesse féline du corps de la bête est fort bien rendue (fig. 41) (1).

(1) Le griffon est d'origine fort ancienne. On le trouve en Chaldée dès l'époque la plus reculée. De là, il passe en Crète, où il orne notamment le palais de Cnossos. Les Grecs le con-

Le sphinx est issu des symboles venus d'Égypte (1). Il est identique au griffon, sauf que le profil humain remplace la tête d'aigle (fig. 42). Mais ce profil nous surprend un peu ; ce n'est pas celui auquel a recours l'art grec en général. C'est un type que les Rhodiens ont dû emprunter à des modèles étrangers.

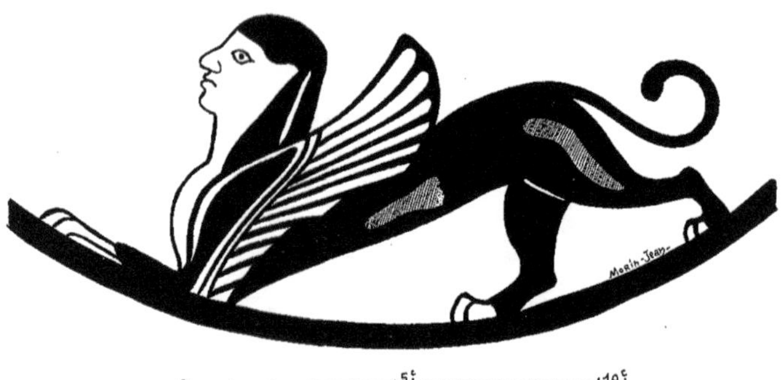


Fig. 42. — Sphinx. — Détail d'une œnochoé rhodienne. — *Collection Morin*, n° 2819.

La chimère inspire les Grecs du VIIe siècle. Ils l'emploient très habilement. La décoration de ce πίναξ en est la preuve (fig. 43). C'est bien le monstre que Bellérophon dut combattre sur l'ordre du roi de Lycie, et qu'Homère décrit ainsi dans l'*Iliade* :

πρόσθε λέων, ὄπιθεν δὲ δράκων, μέσση δὲ χίμαιρα (2).

La tête est exécutée au trait pur. De la gueule, largement ouverte, sort un triple dard. La croupe est fortement relevée ; le train de derrière est formé de grandes et belles courbes. Les cuisses sont longues et les jarrets bas. La queue se termine par une tête de serpent.

servent sans lui faire subir de modification apparente et le transmettent aux Romains. Au moyen âge, il est souvent employé comme symbole décoratif. Les œuvres modernes où il se rencontre encore sont nombreuses et montrent notre attachement inconscient et perpétuel à ces vieilles formules.

(1) Cf. Ed. Pottier, *Catalog. des vases du Louvre*, p. 163, et Heuzey, *Catalog. des figurines de terre cuite du Louvre*, p. 8.

(2) *Iliade*, chant VI, vers 181.

Sur le dos, un protome de capridé se rattache mal à l'ensemble et apparaît un peu comme un autre animal dont le dessinateur aurait omis de tracer le corps et les jambes. Ce dessin montre bien que le

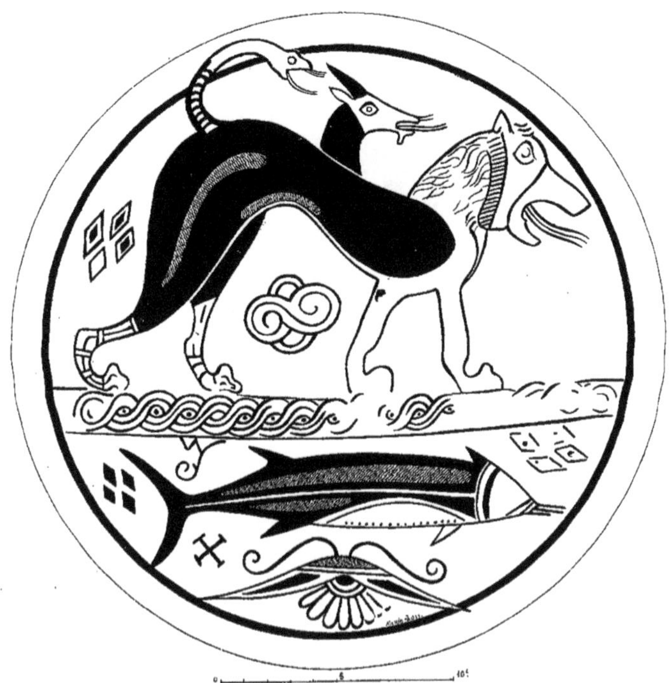

FIG. 43. — CHIMÈRE ET DAUPHIN. — Peinture d'un plat rhodien. — *Louvre, Salle A*, n° 307.

motif oriental d'où les Grecs ont tiré cet animal fabuleux est tout simplement le groupe plus ou moins enchevêtré du fauve dévorant une chèvre.

La chimère a peu évolué dans sa forme. Les détails d'exécution varient suivant les écoles et les ateliers. Mais le thème ornemental reste le même, comme on peut s'en convaincre par l'examen de peintures exécutées sur les coupes attiques du VIe siècle (fig. 44),

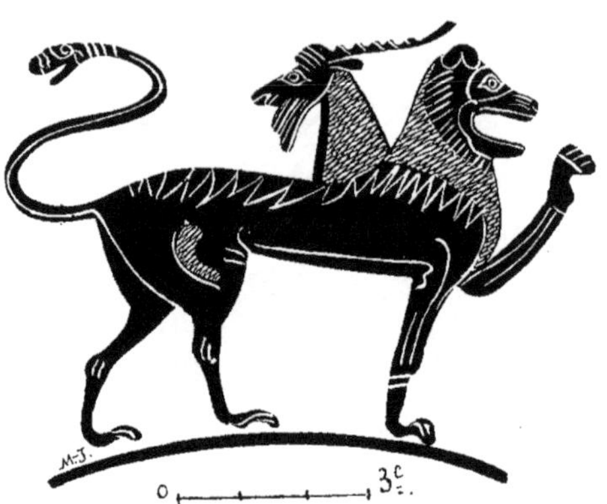


FIG. 44 — LA CHIMÈRE. — Détail d'une coupe attique du VIe siècle av. J.-C., faite dans un atelier appartenant au groupe Exékias-Amasis. — *Louvre. Salle A*, n° 478.

ou sur les plats de la décadence italiote (fig. 45). Le protome de chèvre est toujours mal relié au reste du monstre.

Les Grecs ne sont jamais arrivés, comme ils y sont parvenus pour le centaure, à la formation d'un type de chimère bien compris et harmonieux, où le problème des difficultés des attaches soit ingénieusement résolu (1).

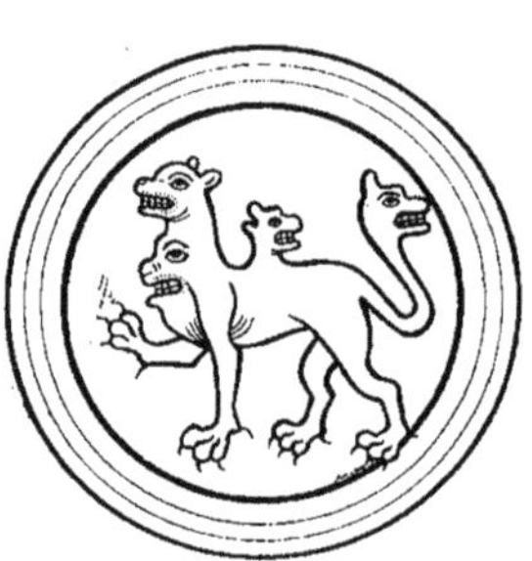

FIG. II. — CHIMÈRE A QUATRE TÊTES. — Fragment d'un plafond du XIIIe siècle ap. J.-C., trouvé à Metz en 1896, dans l'école supérieure des filles. — *Musée archéologique de Metz.*

(1) On retrouve la chimère dans certains monstres de l'époque médiévale. Un dispositif analogue à celui des dessins grecs existe dans un plafond du XIIIe siècle qui est exposé au musée de Metz et provient d'une maison de cette ville. Il se complique toutefois d'une tête qui se greffe par surcroît sur le poitrail du monstre (fig. II).

Le peintre d'animaux de l'école de Rhodes commence par être un naturaliste ; mais il est un naturaliste que le monde animal ne domine jamais. Il synthétise ses observations. Il emploie des formules simples,

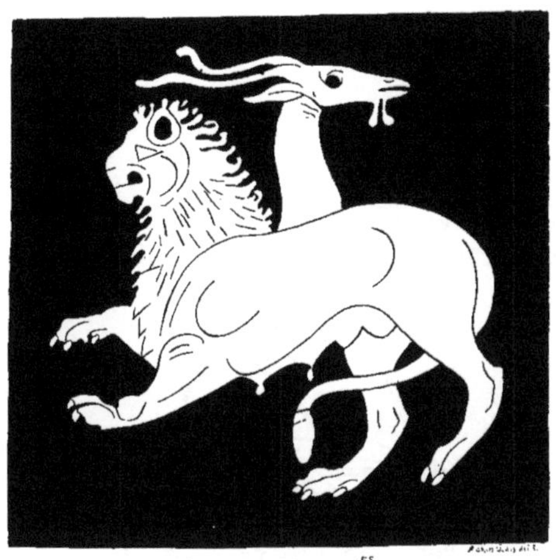

FIG. 45. — LA CHIMÈRE. — Peinture d'une coupe de la décadence. Italie méridionale, IVe siècle av. J.-C. *Louvre. Salle K* n° 362.

élégantes, harmonieuses. C'est aussi un amoureux de la ligne, de la ligne pure et souple. Il évite à la fois la raideur et la mollesse. Enfin, et ce n'est pas le moindre de ses mérites, tout en subissant l'influence des modèles orientaux, il conserve son indépendance et sa liberté.

## III

### L'école corinthienne

Les peintres de vases de l'école de Corinthe avaient une véritable passion pour les animaux. Ce n'est pas à dire pour cela qu'ils les

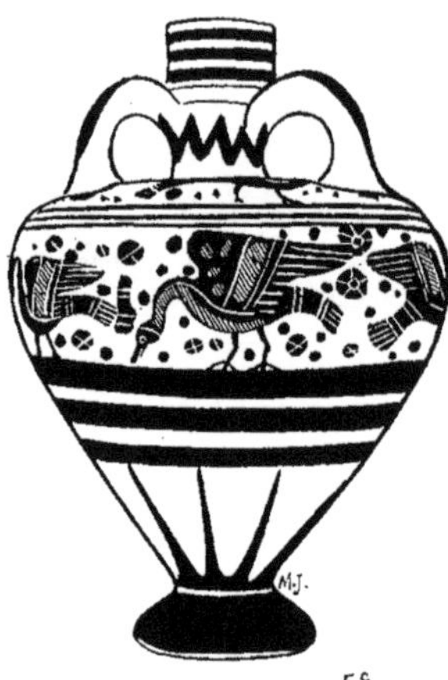


FIG. 46. — AMPHORE CORINTHIENNE A DÉCOR ZOOMORPHE. — Début du VI$^{e}$ s. av. J.-C. — *Louvre. Salle E* n° 442.

aient étudiés de très près. Le *morceau* les intéresse moins que le parti décoratif qu'ils peuvent tirer des formes d'un animal (fig. 46).

Ils sont ionisants par le choix de leurs sujets, par leur goût pour les motifs orientaux, par leur recherche des formes lourdes et épaisses. Mais, dans leur technique même, ils ne se montrent plus tels. Ils n'adoptent pas les formules ioniennes rencontrées à Rhodes, ni celles des hydries dites de Cære.

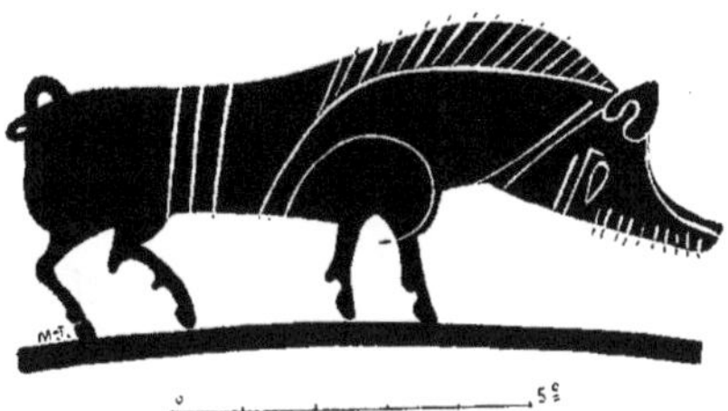

FIG. 47. — SANGLIER. — Détail d'un aryballe corinthien, VI^e s. av. J.-C. — *Collection Morin*, n° 3024 (ancienne collection Farochon).

Le Corinthien, Grec du continent, stylise, géométrise, équilibre les masses, place dans des moules dont il joue avec une habileté consommée un certain nombre de motifs définitifs et donne ainsi à ses

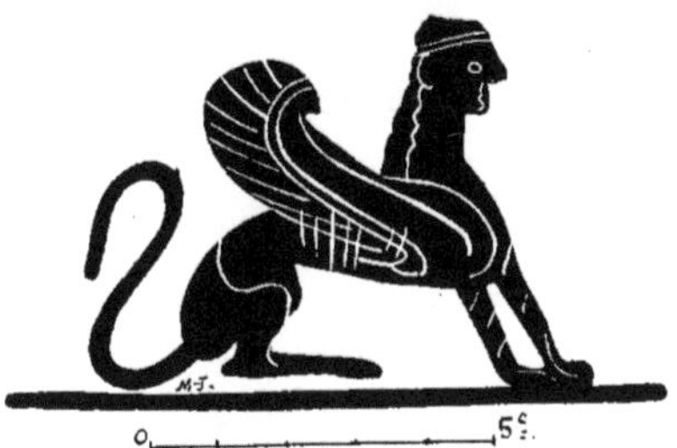

FIG. 48. — SPHINX. — Décor d'un aryballe corinthien du début du VI^e s. av. J.-C. — *Collection Morin* n° 2512.

productions une variété plus apparente que réelle. Son ambition se borne le plus souvent à faire de l'ornementation. Orner une surface, tirer parti des formes d'un vase, se conformer aux divisions architectoniques d'une poterie, cela seul lui importe. Il y a, dans son art, une *polyphonie* analogue à celle que nous avons constatée dans le style Dipylon. Ses formules esthétiques lui ont survécu. Elles étincellent ici et là autour de nous. On les retrouve dans les étoffes, dans les tapis, dans les rideaux, dans les papiers-peints qui ornent nos habitations.

Malheureusement les fabriques de Corinthe ont négligé à l'excès la majorité de leurs produits (fig. 47-48). Les Corinthiens fabriquaient

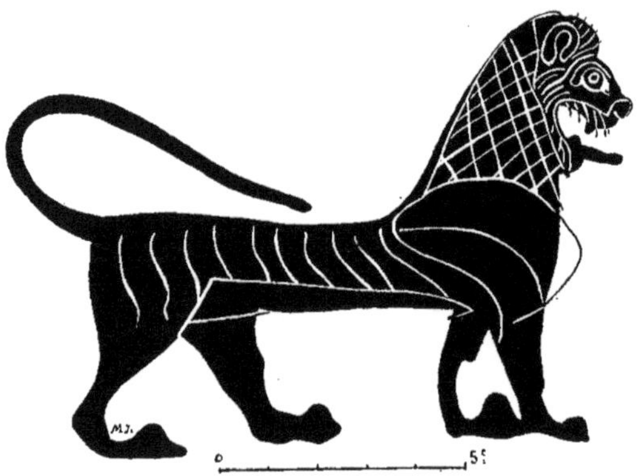


FIG. 49. — LION DE PROFIL. — Détail d'un aryballe corinthien des premières années du VIe s. — *Collection Morin*, n° 1504.

à la fois une très grande quantité de vases. Ils étaient marchands avant tout. La vente de leurs produits était leur objectif principal. La décoration des vases passait au second plan dans leurs préoccupations. Ils faisaient de la *pacotille* et n'avaient pas le loisir de pratiquer un art savant et raffiné.

Sur les poteries corinthiennes, les proportions des animaux varient en raison de la forme des surfaces à orner. Il y a là un canon spécial que j'appellerai volontiers : « *le canon variable d'adaptation* ». On appliquait déjà un canon analogue dans les ateliers rhodiens, où les céramistes allongeaientle corps des quadrupèdes, mais conservaient aux jambes de ceux-ci des proportions normales.

A Corinthe, on adopte constamment le canon variable d'adaptation. Si la surface à orner est horizontale et étroite, le dessinateur donnera à ses animaux des jambes très courtes (fig. 49). Si, au contraire, cette surface est verticale et large, il leur fera des jambes très longues (fig. 50). Le décorateur se soucie peu des proportions vraies d'un animal.

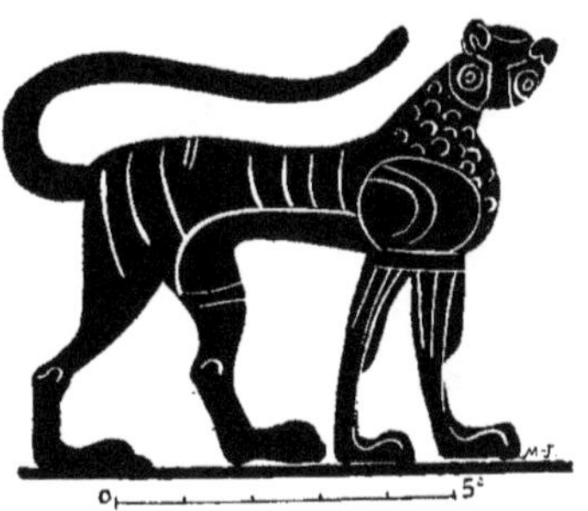

FIG. 50. — FAUVE A TÊTE DE FACE. — Peinture d'un bombylios corinthien. — *Collection Morin*, n° 472.

Pour orner convenablement son vase, et remplir tous les vides, il n'hésite pas à allonger, à raccourcir, à comprimer ou à étirer les quadrupèdes et les oiseaux. Ce procédé donne presque toujours des résultats peu satisfaisants. Les industriels devaient être seuls à en faire usage.

Est-il permis de s'imaginer que les grands peintres aient fait subir au monde animal de telles déformations? Non. Il est presque certain qu'ils ne s'écartaient pas des formes réelles et des justes proportions.

Que sont les peintures des poteries corinthiennes? De l'imagerie populaire et rien de plus. Les œnochoés de grandes dimensions sont couvertes d'animaux familiers analogues à ceux des bergeries de nos enfants. Les sujets sont toujours très simples. Les thèmes, peu variés, se sont maintenus sans modification sensible, pendant tout le temps que dura la fabrication céramique corinthienne.

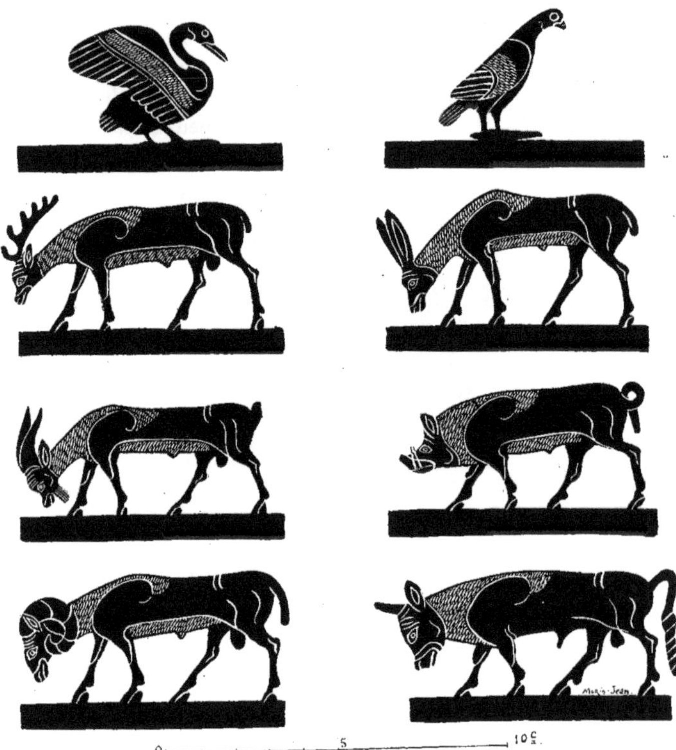


FIG. 51. — OISEAUX ET QUADRUPÈDES. — Détails d'une œnochoé corinthienne du *Louvre. Salle E*, n° 423.

Des animaux de toute sorte : des cerfs, des biches, des bouquetins, des béliers, des taureaux, des sangliers, des oiseaux sont groupés sur le même vase (fig. 51). Quelques-uns ont la tête penchée comme s'ils cherchaient leur nourriture sur le sol. Les quadrupèdes se ressemblent au point d'être identiques, à certains points de vue. Leurs corps et leurs membres sont traités de la même manière. Les retouches en rouge violacé du cou et du ventre ne varient pas de l'un à l'autre. Les

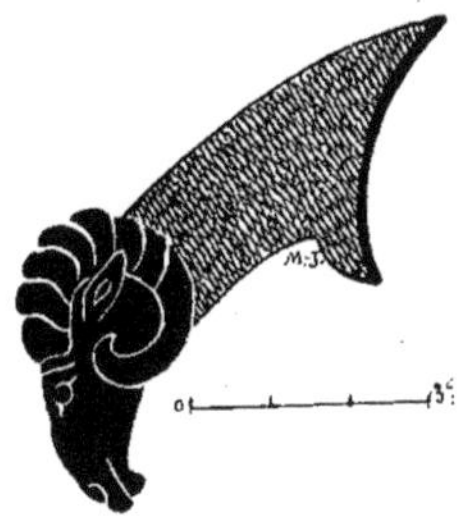

FIG. 52. — TÊTE DE BÉLIER. — Détail d'un cratère corinthien. — *Louvre. Salle E*, n° 628.

différences n'existent que dans les queues et dans les têtes, souvent dessinées avec soin. Cette tête de bélier, d'un galbe délicat, est une des meilleures œuvres corinthiennes (fig. 52).

Tout se réduit, pour l'ouvrier céramiste, à jongler indéfiniment avec un petit nombre d'images, de formules, de procédés.

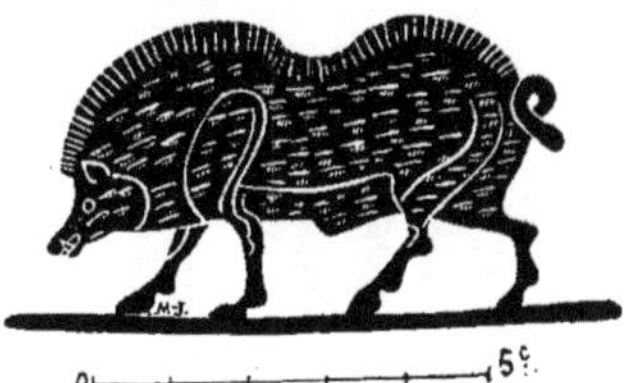

FIG. 53. — SANGLIER. — Peinture d'un aryballe corinthien. — *Louvre. Salle E*, n° 522.

Les vases corinthiens, comme le fait remarquer judicieusement M. Pottier (1), n'ont pas tous été fabriqués à Corinthe même. On en faisait dans des succursales plus ou moins éloignées de la métropole. De là certaines variantes dans le dessin des animaux. En voici des exem-

(1) ED. POTTIER, *Catalog. des vases du Louvre*, p. 421.

ples typiques (fig. 53 et 54). Ces sangliers n'ont pas été exécutés d'après la formule ordinaire. Leur dessin est plus poussé, plus dé-

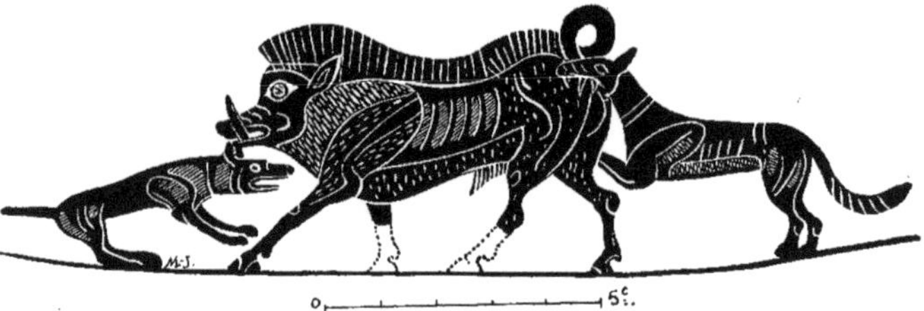

FIG. 54. — LA CHASSE DU SANGLIER DE CALYDON. — Détail d'un aryballe corinthien. — *Louvre. Salle E*, n° 612.

taillé. Il émane directement des écoles de la Grèce asiatique. La silhouette est entièrement couverte de retouches et d'incisions. Les

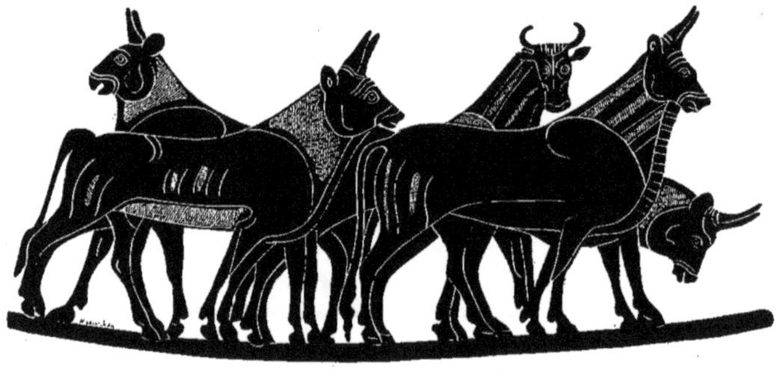

FIG. 55. — TROUPEAU DE BŒUFS. — Détail d'un cratère corinthien. — *Louvre. Salle E*, n° 633.

muscles sont découpés comme ceux d'un écorché et rappellent certaines œuvres des Assyriens.

Ces idées générales exposées, il devient possible de passer en revue les diverses espèces d'animaux dessinées par les Corinthiens.

*Bovidés.* — Les Corinthiens ont placé les taureaux et les bœufs dans l'attitude de l'*amble,* comme l'ont fait les Égyptiens et les Assyriens. Ils les ont quelquefois disposés en groupes et ont cherché, comme les Ioniens, à varier les attitudes (fig. 55). Leur louable tentative n'est pas couronnée d'un grand succès. Ils se sont égarés dans l'enchevêtrement des jambes : on en compte vingt-cinq pour cinq individus ! Les corps sont assez correctement rendus. Les têtes sont

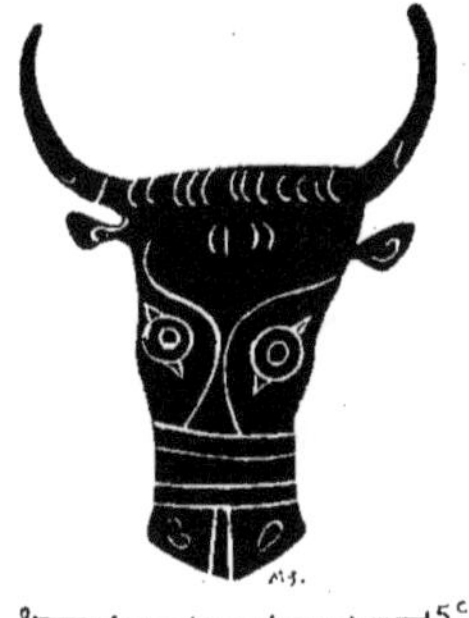

FIG. 56. — TÊTE DE BOVIDÉ VUE DE FACE. — Peinture d'un aryballe corinthien trouvé à Rhodes. — *Louvre. Salle A,* n° 445.

de profil, sauf une qui est tournée de face. Le dessin de cette dernière n'est guère en progrès sur celui des vases mycéniens tardifs (fig. 12), quoiqu'il soit stylisé d'une autre manière. La même infériorité d'exécution se constate dans cette tête de taureau vue de face, peinte sur un aryballe trouvé à Rhodes (fig. 56). Comme ce bovidé est affreux ! Il l'est d'autant plus qu'on est naturellement amené à le comparer à ce superbe animal de profil qui orne un autre aryballe originaire du même pays (fig. 57). Ici, nous sommes en face d'une des meilleures productions de toute l'école. Elle est très puissante parce qu'elle est très vraie. Faut-il supposer que l'auteur de cette superbe image soit allé dans la campagne, comme le fera un Potter, prendre des croquis d'après nature ? Il est plus juste de penser que cette peinture est la copie d'un modèle d'atelier créé par un artiste ayant étudié de près la structure de l'animal.

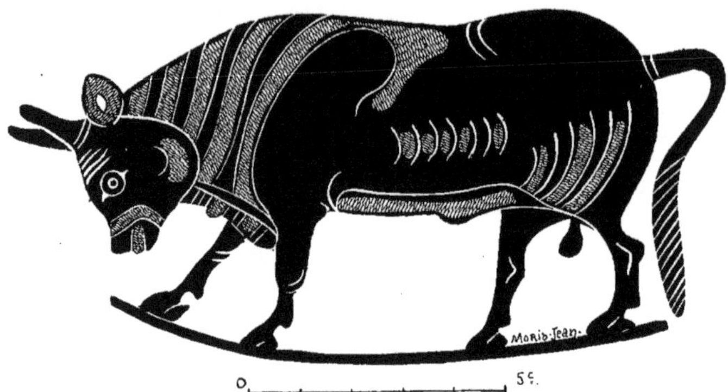

FIG. 57. — TAUREAU. — Détail d'un aryballe corinthien trouvé à Rhodes. — *Louvre. Salle A*, n° 454.

*Bêtes de chasse.* — Les représentations cynégétiques sont fréquentes

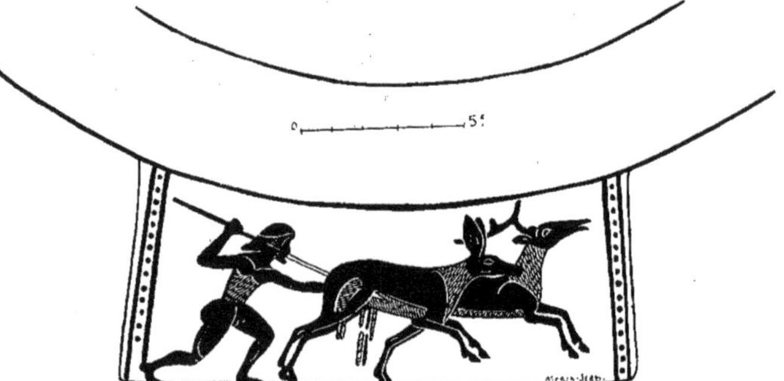

FIG. 58. — CHASSE AU CERF. — Décor du plat de l'anse d'un cratère corinthien. — *Louvre. Salle E*, n° 635.

sur les vases corinthiens. Ici, c'est la chasse célèbre du sanglier de Calydon (fig. 54). Là, une chasse au cerf (fig. 58) qui rappelle certains bas-reliefs assyriens. Ailleurs, c'est une chasse au lièvre, sujet d'origine orientale qui se rencontre souvent dans l'art grec (1).

Tel un *leitmotiv* qui se répète à maintes reprises dans un opéra,

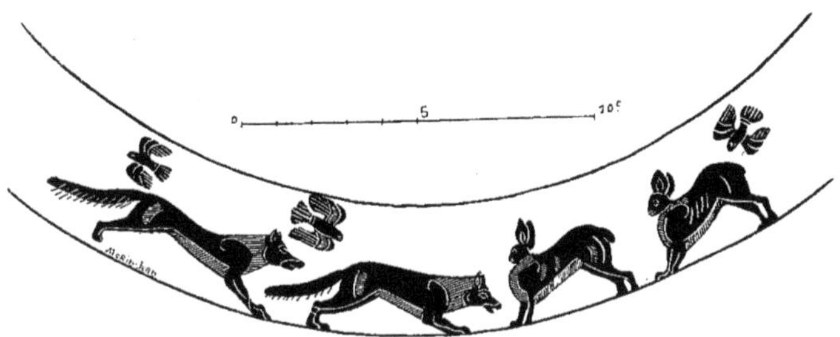

FIG. 59. — LA CHASSE AU LIÈVRE. — Décor du plat de l'embouchure d'un cratère corinthien. — *Louvre. Salle E.*, n° 635.

telle la chasse au lièvre revient sans cesse à travers les âges, comme un obsédant motif de décoration (2).

Tout à la fois bien naïve et bien amusante est cette chasse au lièvre dessinée sur le plat de l'embouchure d'un grand cratère (fig. 59).

(1) Voy. *Bulletin de correspond. hellén.*, de 1893, p. 227 et suiv.

(2) Ce motif se rencontre sur les monuments de la civilisation préhellénique, sur les poteries chypriotes et insulaires du premier âge du fer, sur les vases rhodiens, dans la céramique ionienne, sur les produits attiques en figures noires et en figures rouges (fig. 213), sur les vases de la décadence. Il survit à l'art grec, apparaît sur les monuments et les ustensiles étrusques et romains. Il entre dans la décoration d'objets de l'industrie gallo-romaine. On le rencontre notamment sur un verre à boire du III$^e$ ou du IV$^e$ siècle, exposé au musée de Reims, et publié dans le *Catalogue de M. Th. Habert*, p. 170, n° 4.720 et sur une bouteille de terre vernissée du même musée (*Catalog. Habert*, p. 180, n° 4.839). Il existe aussi sur un manche de couteau du musée de Péronne (fig. III). Il orne les petites frises en relief des poteries rouges de Mégare, d'Arezzo et de la Gaule. Aux XV-XVI$^e$ siècles, on le retrouve sur les faïences de Perse, sur les plats de Rhodes (fig. IV), sur les tapisseries, les cuivres, les ivoires sculptés, etc. Il s'impose aux maîtres de la peinture et constitue le sujet d'un chef-d'œuvre de Wouwermann conservé au musée de Madrid.

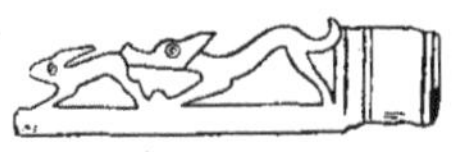

FIG. III. — LA CHASSE AU LIÈVRE. — Manche de couteau en os. Travail gallo-romain. — *Musée de Péronne* (Somme).

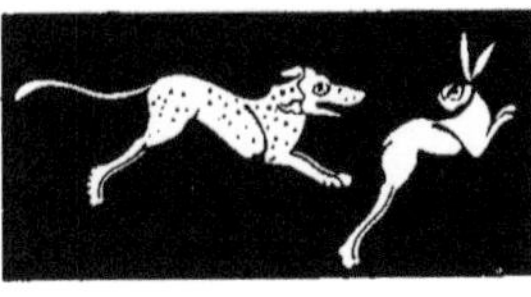

FIG. IV. — LA CHASSE AU LIÈVRE. — Détail d'une faïence de Rhodes. XVI$^e$ s. ap. J.-C. — *Musée de Cluny*. n° 2164.

Deux chiens (on pourrait dire le même chien répété deux fois) courent à la rencontre de deux lièvres placés l'un derrière l'autre. Ces lièvres s'arrêtent brusquement, dressent les oreilles, font le gros dos. Le dessin de ces animaux indique une connaissance assez exacte des attitudes familières aux léporidés. Au-dessus de la scène, dans le champ, volent des oiseaux qui symbolisent la rapidité de la course.

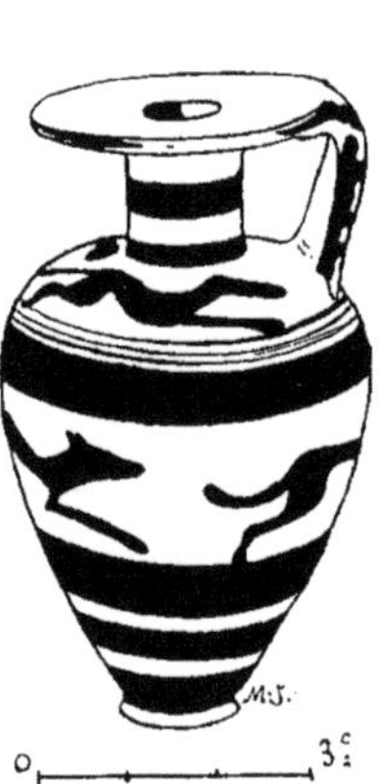


FIG. 60. — PETIT VASE CORINTHIEN ORNÉ DE LA CHASSE AU LIÈVRE. — *Collection Morin*, n° 1474.

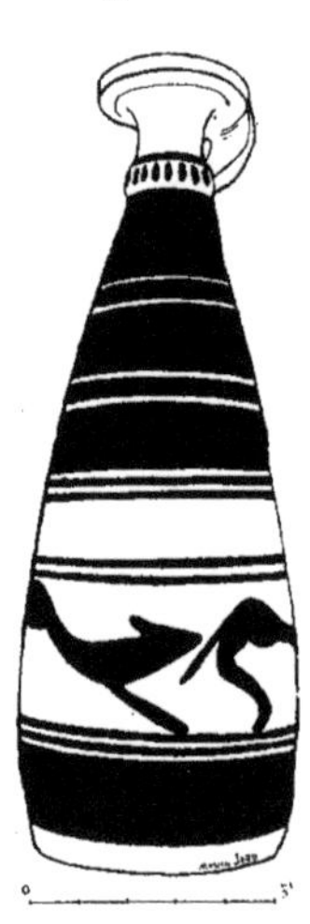

FIG. 61. — VASE DE STYLE CORINTHIEN ORNÉ D'UNE ZONE DE CHIENS COURANT. — *Collection Morin*, n° 2418.

Il était facile, aux peintres grecs, de représenter des lièvres dans leurs poses naturelles. Ces animaux foisonnaient autour d'eux. On en élevait même dans des enclos spéciaux (le Λαγοτροφεῖον des Grecs, le *Leporarium* des Romains).

Très nombreux sont les vases corinthiens de fabrication courante, aryballes et bombylios de peu de valeur, décorés d'une chasse au lièvre sommairement traitée (fig. 60).

Il est presque impossible, dans les compositions lâchées qui forment frises sur ces vases, de distinguer les chiens des animaux qu'ils poursuivent. Souvent même le peintre a omis d'y faire figurer les lièvres (1) (fig. 61).

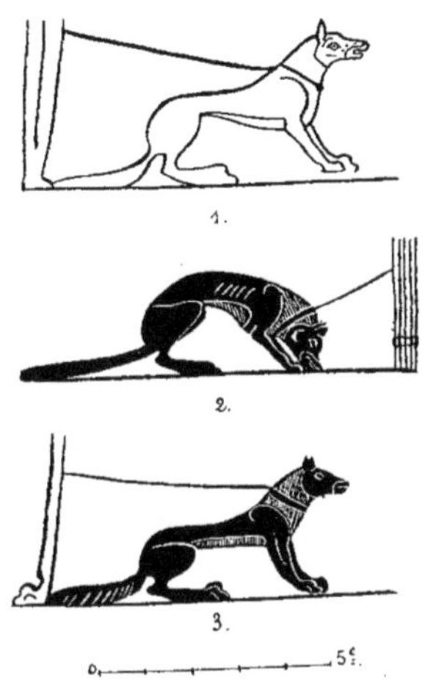


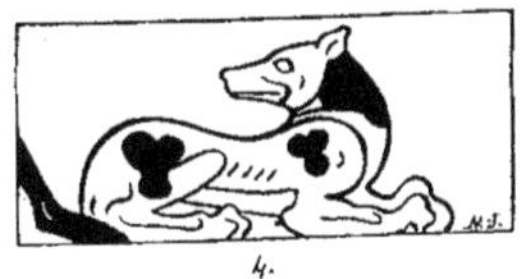


FIG 62. — CHIENS. — Détails de vases corinthiens. — *Louvre. Salle E* (1, 2, 3. Cratère, n° 635; 4. Amphore, n° 640).

*Canidés.* — Les Corinthiens n'ont pas seulement dessiné le chien de chasse poursuivant des lièvres ou attaquant des sangliers, ils ont peint aussi le chien de la maison, le dévoué compagnon de l'homme. On voit ce serviteur fidèle attaché au pied du lit de banquet, attendant

(1) Les mêmes chiens courant existent dès le troisième millénaire avant notre ère, sur les poteries découvertes à Suse par M. de MORGAN (Voy. *Compte rendu Académ.*, 1907, p. 403, fig. 3).

l'os que va lui tendre son maître (fig. 62). Un réalisme familier règne dans ces études et nous ramène une fois de plus à l'ionisme. Le gros chien couché (n° 4) a de larges taches sur le corps et n'appartient pas à la même race que les autres. Le n° 2 est dans une attitude prise sur le vif. Ces poses, expressives et vraies, sont identiques à celles adoptées par les primitifs du xv^e siècle.

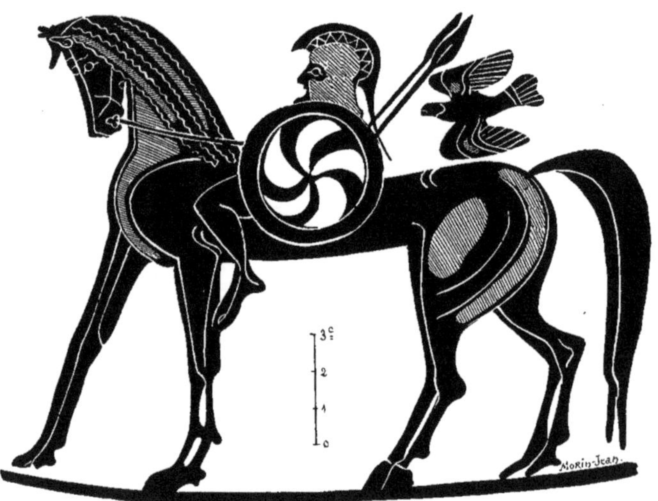


FIG. 63. — CAVALIER CONDUISANT DEUX CHEVAUX. — Détail d'un cratère corinthien. — *Louvre. Salle E n° 630.*

*Équidés.* — Il existe à Corinthe, pour les céramistes, plusieurs façons de faire les chevaux. Ou bien l'on y dessine un animal sec et raide qui fait penser au type géométrique du Dipylon (fig. 63), ou bien on y représente un équidé dont les contours sont assez souples, les proportions justes, les jambes correctement tracées (fig. 64).

La comparaison entre ces deux figures suffit à montrer combien il serait dangereux ne ne pas tenir compte des pénétrations des styles, des croisements, des courants artistiques qui circulaient dans les ateliers.

Le dessin du cheval raide est gauche et disproportionné. Le corps est étroit, les jambes sont longues. La tête est courte et trapue. C'est le prototype, encore très imparfait, des chevaux attiques de

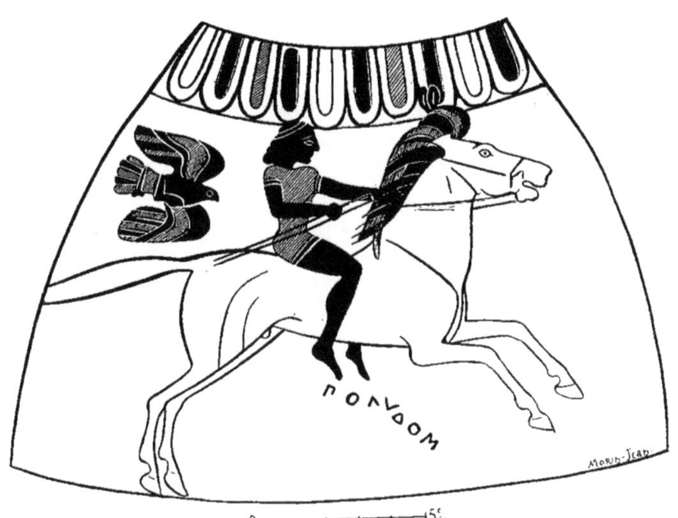


FIG. — 64. — ÉPHÈBE A CHEVAL. — Peinture d'une amphore corinthienne. — *Louvre. Salle E*, n° 646.

l'école d'Exékias. La queue de ces vilains chevaux est ornée soit de zigzags parallèles, soit de hachures placées dans divers sens. Elle n'est pas décorée de ces incisions disposées en arête de poisson que l'on trouvera plus loin sur les vases dits *attico-corinthiens*.

Le cheval souple est dû à une influence ionienne. Sa tête, volumineuse, est peut-être établie d'après des proportions empruntées à la nature. Sa crinière, composée de mèches alternativement noires et rouges, flotte au vent, obéit à un rythme décoratif qui a son charme

Elle est plus gracieuse que celle du cheval raide dont les mèches sont exprimées par des traits rectilignes (fig. 65).

Sur quelques vases corinthiens (1) apparaît un troisième type d'équidé. Par la position de son cou très haut et très arrondi, il se

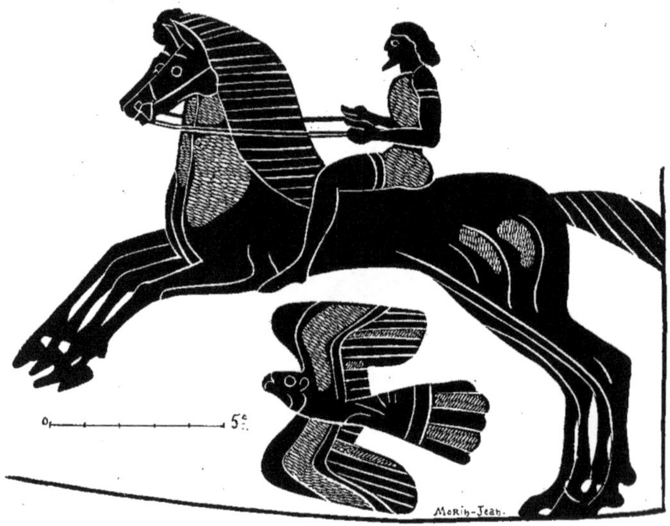


FIG. 65. — CAVALIER ACCOMPAGNÉ D'UN OISEAU VOLANT. — Détail d'un cratère corinthien. — *Louvre. Salle E*, n° 633.

rattache à la race égyptienne figurée aussi sur les poteries des comptoirs grecs d'Égypte et sur les sarcophages de Clazomène (2).

Les divers chevaux peints sur les vases corinthiens sont souvent accompagnés de cet oiseau volant (fig. 65), symbole de la course rapide, que le céramiste associe à tous les animaux coureurs,

(1) Louvre. Salle E, n° 621.

(2) Cette forme du cou existe dans les représentations de chevaux égyptiens dès le XIII<sup>e</sup> siècle avant Jésus-Christ sur les monuments de l'époque de Ramsès II.

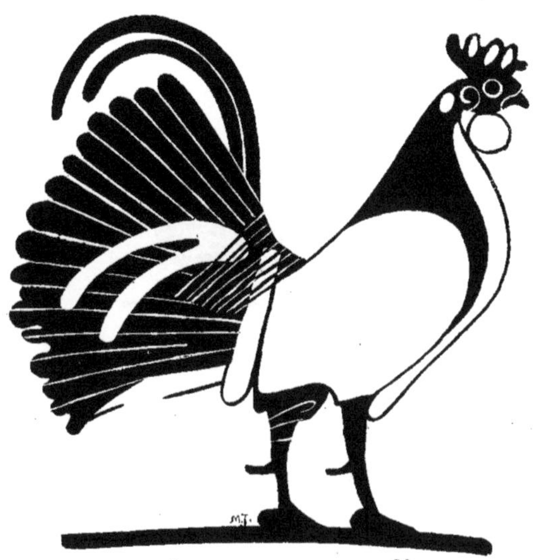


FIG. 66. — COQ CORINTHIEN. — Peinture d'une amphore. — *Louvre. Salle E*, n° 646.

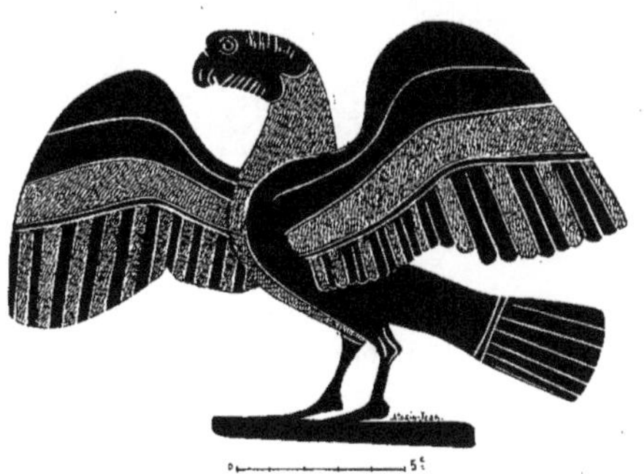

FIG. 67. — AIGLE. — Détail d'un aryballe corinthien. — *Louvre. Salle E*, n° 575.

notamment aux chiens et aux lièvres. Un volatile tout semblable à celui-ci se rencontrera plus tard auprès des chevaux d'Exékias.

*Oiseaux.* — Plusieurs espèces d'oiseaux parfaitement reconnaissables, des coqs (fig. 66), des aigles (fig. 67), des canards (fig. 68),

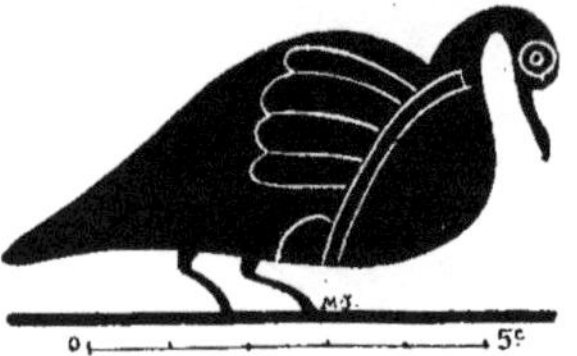

Fig. 68. — Canard. — Détail d'un aryballe corinthien. — *Collection Morin*, n° 477.

des oies (fig. 69), des perdrix (fig. 70), sont figurés sur les vases corinthiens. Ces animaux sont très stylisés. Leurs grandes ailes, largement ouvertes, achèvent de leur donner une allure héraldique.

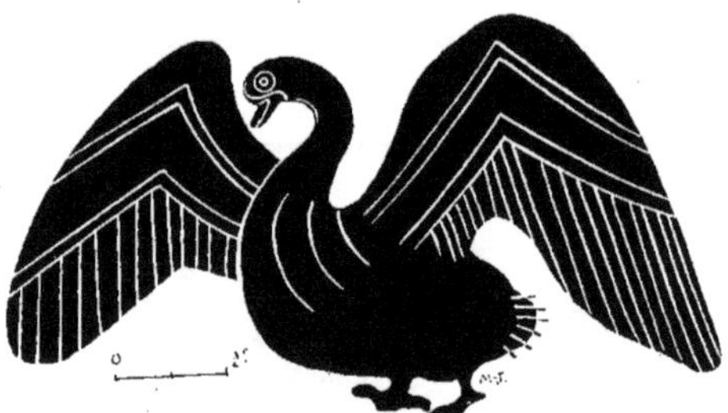

Fig. 69. — Oie. — Peinture d'un bombylios corinthien. — *Collection Morin*, n° 1483.

Ces ailes ne sont pas toujours dessinées à l'échelle du reste de la bête. Fréquemment le décorateur les allonge pour couvrir toute la panse du vase (fig. 71). C'est une application du canon variable d'adaptation défini au début de ce chapitre.

L'aile corinthienne est une recette d'atelier dont les céramistes se servent, sans y rien changer, pour décorer des milliers de poteries.

Elle est appliquée partout, non seulement lorsqu'on dessine des

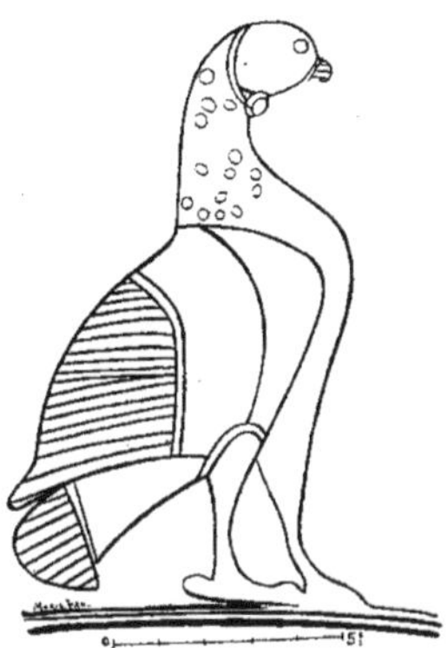

FIG. 70. — PERDRIX. — Détail d'un bombylios corinthien — *Collection de M. Marguerite de la Charlonie, à Paris.*

oiseaux, mais encore quand on représente des divinités ailées. C'est une surface noire (quelquefois recoquillée à l'exemple des figures

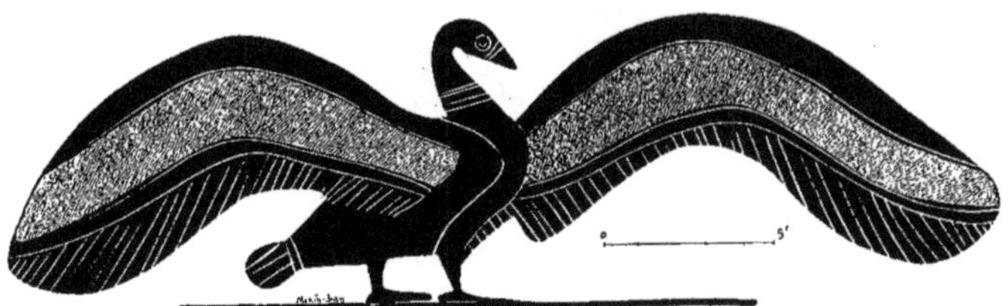

FIG. 71. — OISEAU DONT LES AILES ONT ÉTÉ ALLONGÉES POUR COUVRIR TOUTE LA PANSE DU VASE. — Peinture d'un aryballe corinthien. — *Collection Morin*, n° 2510.

orientales) coudée en accent circonflexe. Elle est ornée d'une bande transversale, également coudée, peinte en rouge violacé et accompagnée de deux traits burinés qui la cernent en haut et en bas. Elle comprend une partie nue située au-dessus de cette bande et une partie située en dessous et couverte de lignes parallèles entre elles et perpendiculaires à ladite bande. Ces lignes servent à indiquer schématiquement les rémiges.

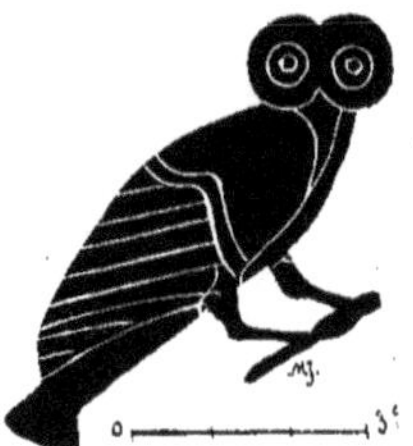

FIG. 72. — CHOUETTE. — Détail d'un bombylios corinthien. — *Collection Morin*, n° 2732.

Les ailes des volatiles corinthiens, lorsqu'elles sont ouvertes, sont souvent vues de face tandis que l'animal dont elles dépendent est vu de profil. Cette combinaison mixte où la face est associée au

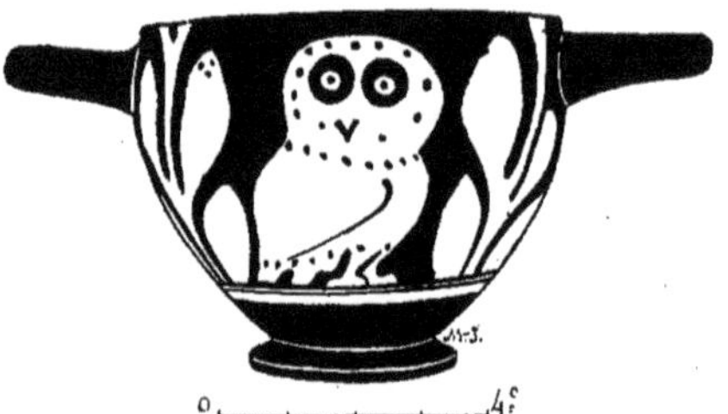

FIG. 73. — SKYPHOS ORNÉ D'UNE CHOUETTE. — Décadence. Italie méridionale, IV^e s. av. J.-C. — *Collection Morin*, n° 513.

profil dans une même figure, familière comme on sait, aux peintres égyptiens, est une conséquence des principes mêmes de l'art archaïque. L'artiste archaïque veut tout dire; il tient à ne rien sacrifier; il a peine à se résoudre à placer les ailes d'un oiseau dans une position telle que l'une soit cachée par l'autre.

La chouette orne souvent les petits aryballes corinthiens. La tête de ce rapace nocturne est facile à dessiner. Quelques habiles coups de burin suffisent à rendre l'animal reconnaissable (fig. 72). Nos caricaturistes procèdent un peu de la même manière lorsque, par un petit nombre de lignes très bien appropriées à leur sujet, ils parviennent à exprimer l'allure caractéristique d'un être vivant. La chouette à tête de face est un motif qui revient souvent dans l'art grec. On le

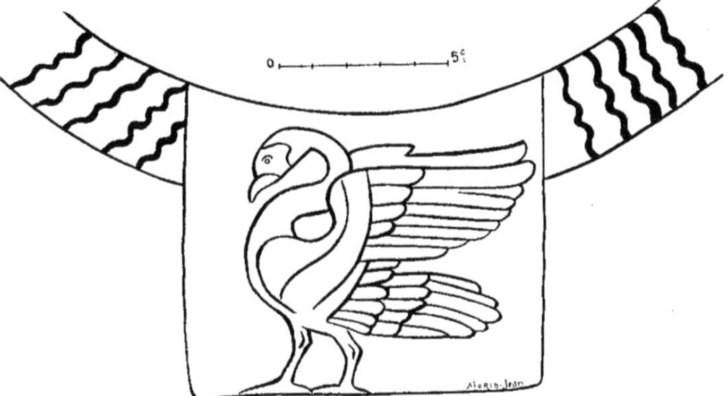

FIG. 74. — CYGNE PEINT AU TRAIT SUR FOND BLANC. — Décor du plat de l'anse d'un cratère corinthien. *Louvre. Salle E, n° 626.*

rencontre encore aux IV^e^ siècle, sur les produits de l'Italie méridionale (fig. 73).

La dualité de technique dont le dessin des équidés nous a déjà fourni la preuve se retrouve dans le dessin des oiseaux. A côté du style franchement continental, apparaît une facture plus souple, d'origine ionienne. Cette facture est parfaitement visible dans cette représentation d'oiseau disposée sur le plat de l'anse d'un cratère du Louvre (fig. 74).

L'animal est dessiné au trait sur fond blanc. Les contours sont gracieux, les formes vraies, les lignes très bien disposées.

*Monde marin.* — Les Corinthiens n'ont pas souvent songé à puiser leurs motifs de décoration dans le monde marin. Ils ont dessiné le dauphin et lui ont donné des proportions tantôt grasses et tra-

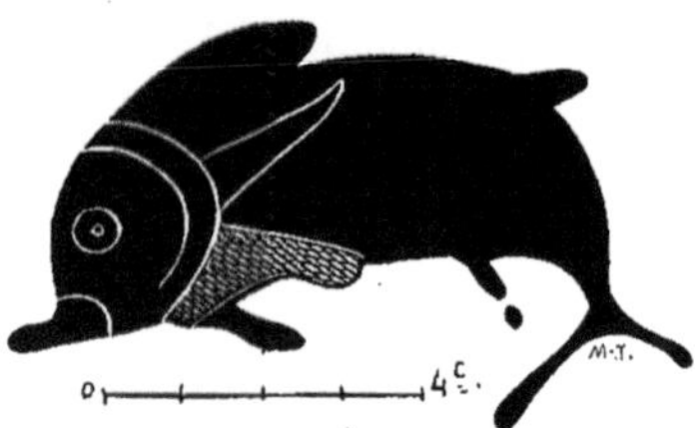


FIG. 75. — DAUPHIN TRAPU. — Détail d'un cratère corinthien. — *Louvre. Salle E*, n° 568.

pues (fig. 75), tantôt élégantes et allongées comme sur les vases attiques (fig. 76). Ils ont représenté le poulpe, cet octopode si fréquent dans la zoographie mycénienne. Mais ils l'ont stylisé autrement que les Mycéniens (fig. 77). Ils lui ont donné des bras plus courts et un

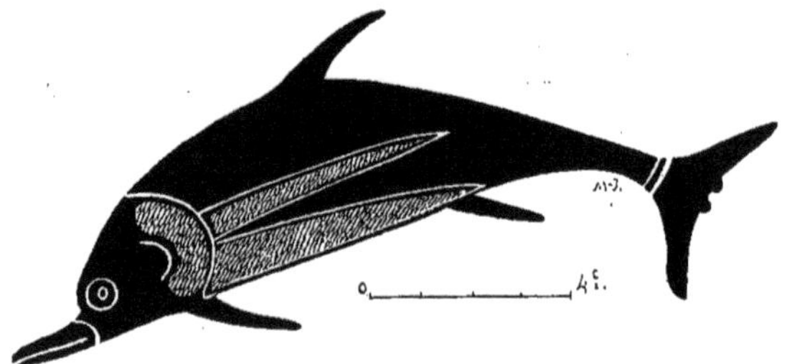


FIG. 76. — DAUPHIN ALLONGÉ. — Détail d'un cratère corinthien. — *Louvre. Salle E*, n° 623.

corps qui n'est pas, comme celui des figures préhelléniques, étranglé vers le milieu. A la suite des Corinthiens, les Attiques ont repris le même sujet, mais en le transformant, en plaçant une tête de serpent à l'extrémité de chaque tentacule. Avec cette adjonction, l'animal n'est plus un poulpe, mais l'Hydre de Lerne, le monstre fabuleux qui fut terrassé par Héraklès (1) (fig. 78 et 79).

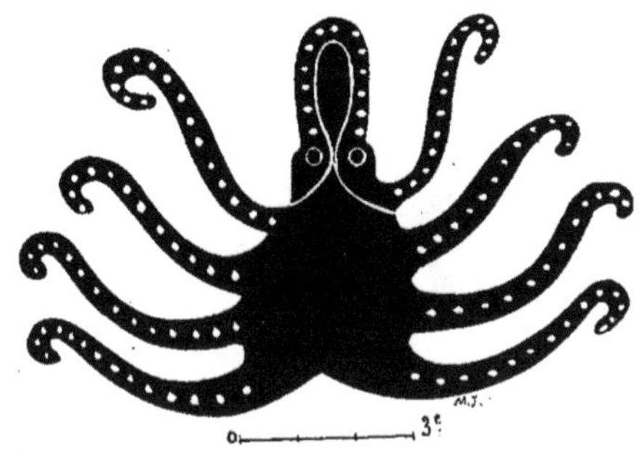

FIG. 77. — POULPE. — Peinture d'un aryballe corinthien trouvé à Rhodes. — *Louvre. Salle A*, n° 442.

*Tortue.* — Sur le plat de l'anse d'un cratère, un céramiste corinthien a peint une tortue (fig. 80). Le reptile n'est pas très bien rendu.

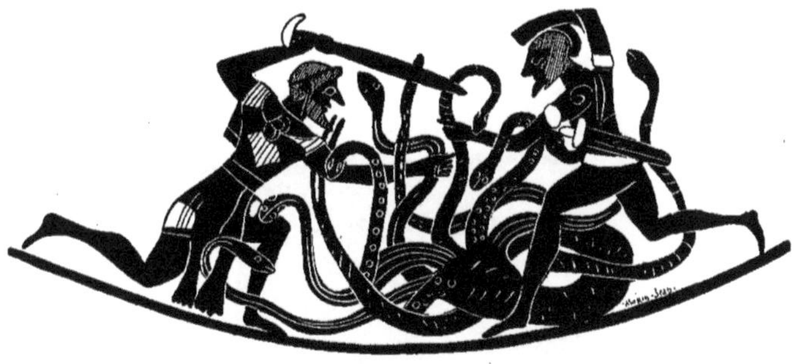

FIG. 78. — HÉRAKLÈS ET SON COMPAGNON IOLAOS COMBATTANT L'HYDRE DE LERNE. — Peinture d'une amphore attique de style corinthien. — Première moitié du VIe s. av. J.-C. — *Louvre. Salle E*, n° 851.

Ses écailles sont indiquées par des traits courbes et rehaussées, au

(1) Sur ce sujet M. TUMPEL, a publié en 1893, dans un livre dédié au professeur OVERBECK, *Festschrift für Overbeck*, p. 144, un mémoire intitulé : *Der Mykenische Polyp und die Hydra.*

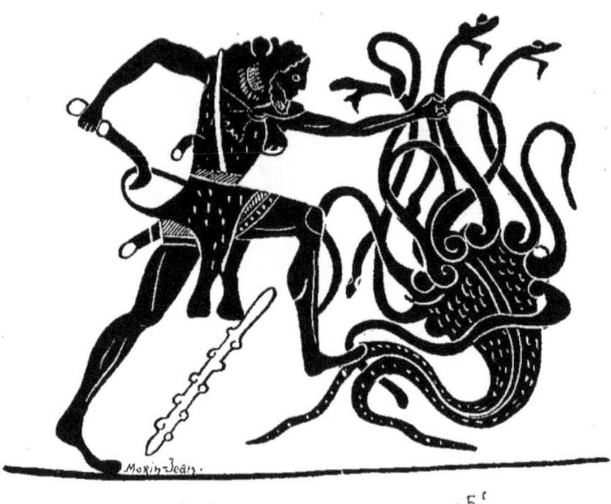

FIG. 79. — HÉRAKLÈS ET L'HYDRE DE LERNE. — Peinture d'une amphore attique de style tardif, VIe ou Ve s. av. J.-C. — *Louvre. Salle F*, n° 386.

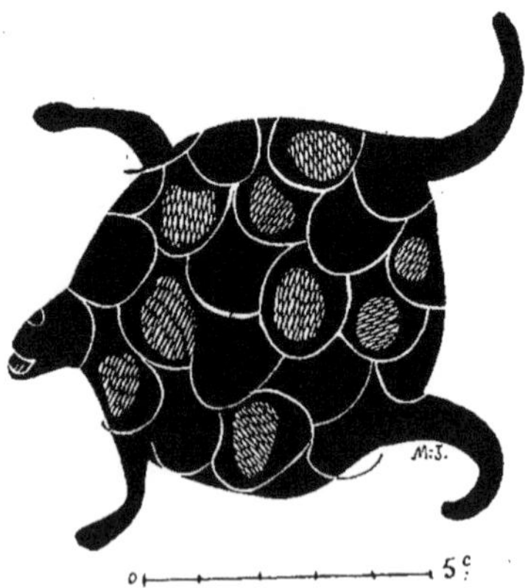

FIG. 80. — TORTUE PEINTE SUR LE PLAT DE L'ANSE D'UN CRATÈRE CORINTHIEN. — *Louvre. Salle E*, n° 616.

centre, d'une tache violacée. Ce dessin ne mérite d'attirer l'attention que parce que la tortue est rarement représentée sur les vases

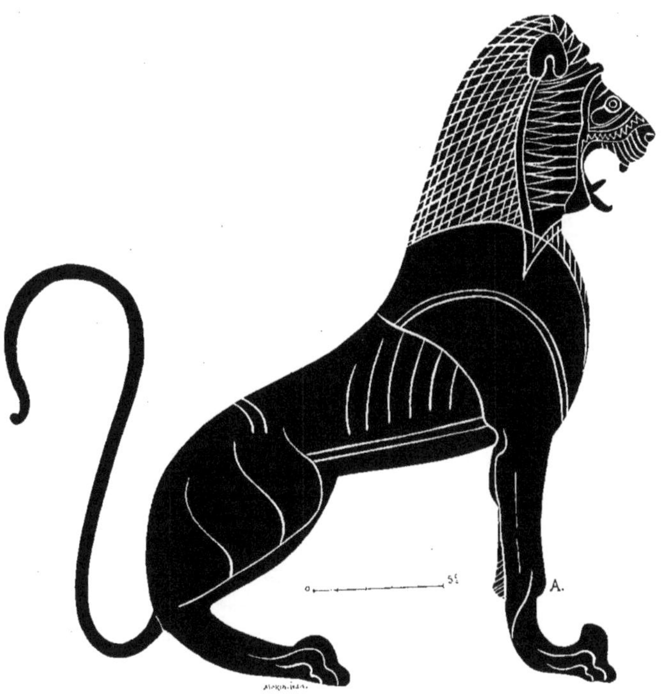


FIG. 81. — LION CORINTHIEN. — Détail d'un grand bombylios. — *Louvre. Salle E*, n° 574.

grecs (1). Dans les innombrables figures du Répertoire de M. Salomon Reinach (2), on ne la rencontre qu'une seule fois, sur un vase de la

(1) Le lézard et le crocodile sont presque aussi rares que la tortue dans les images de la céramique grecque. L'un de ces animaux est représenté sur la coupe d'Arcésilas conservée au Cabinet des médailles (fig. 134). On en voit d'autres sur quelques vases attiques du Louvre et sur une amphore corinthienne du musée de Berlin (FRITZ HŒBER, *Griechische Vasen*, p. 40, fig. 22).

(2) SALOMON REINACH, *Répertoire des vases peints grecs et étrusques*.

décadence (1). Un jeune homme jouant avec une tortue (2) constitue la scène figurée sur ce vase.

*Fauves.* — Les formules les plus belles de l'art corinthien sont celles qui représentent les fauves. Elles sont peu nombreuses et comprennent : le lion de profil, debout ou assis, la lionne ou la panthère à tête de face.

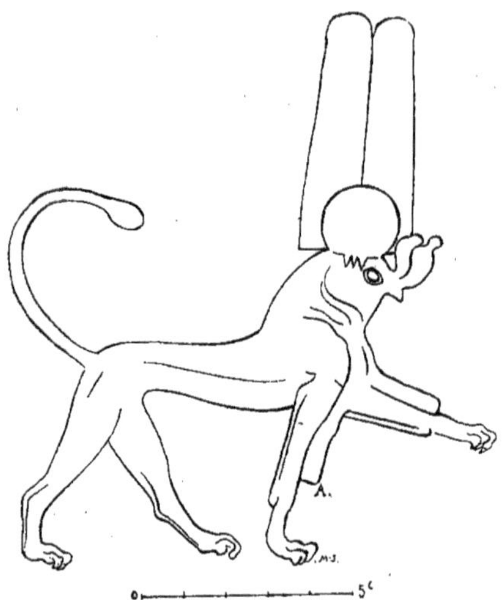


FIG. 82. — LION A TÊTE D'ÉPERVIER COIFFÉ DU DISQUE ET DES DEUX GRANDES PLUMES. — Bas-relief en calcaire blanc. — *Collection Dutuit, au Petit Palais*, n° 306.

Le lion est une bête héraldique de grande allure (fig. 81), une figure de blason, une image géométrisée, stylisée, comme les Chaldéens savaient déjà en faire au troisième millénaire avant l'ère chrétienne. Le dessin des membres antérieurs est fort curieux. La cuisse est beaucoup plus large que la partie inférieure de la patte. C'est là une

(1) MILLINGEN, *Vases de Coghill*, pl. 44.

(2) La scène est reproduite dans le *Dictionnaire des antiquités*, de M. SAGLIO, t. I, p. 695, fig. 834.

construction de style oriental dont on trouve des exemples dans l'art égyptien (fig. 82). La saillie formée par les doigts armés de griffes rétractiles est souvent trop forte (fig. 81).

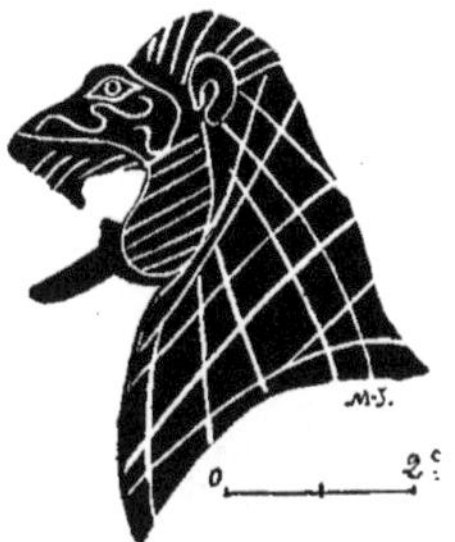

FIG. 83. — TÊTE DE LION DE PROFIL. — Détail d'un aryballe corinthien. — *Collection Morin*, n° 1504.

Les Grecs trouvaient dans les exagérations de ce genre un moyen commode d'éviter la mollesse. Ils obéissaient, à cet égard, à des principes qui sont ceux de la caricature.

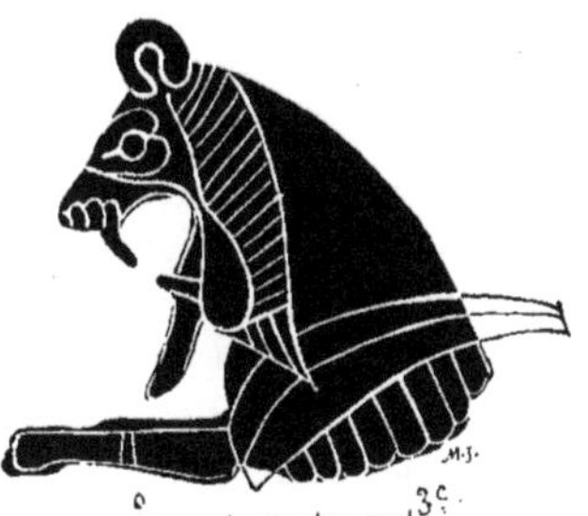

FIG. 84. — PROTOME DE LION RUGISSANT. — Peinture d'un bombylios corinthien. — *Collection Morin*, n° 1696.

Dans l'art corinthien la tête des fauves est très stylisée. Elle reste néanmoins très expressive. Les Grecs, et c'est une de leurs plus grandes qualités, savaient donner beaucoup de vie à une forme volontairement figée. Ils savaient aussi éviter l'*abstraction*, ce périlleux écueil sur lequel échouent tant d'artistes qui font usage des formules conventionnelles. Bien des dessins plus réalistes, plus compliqués, plus poussés que ceux des vases corinthiens, sont cependant moins vigoureux, moins accentués, moins énergiques, moins puissants.

La tête du lion corinthien de profil obéit à un rythme violent. La gueule est largement ouverte, les canines sont prêtes à mordre, la langue pend. Le plissement de la peau du mufle, qui montre que le

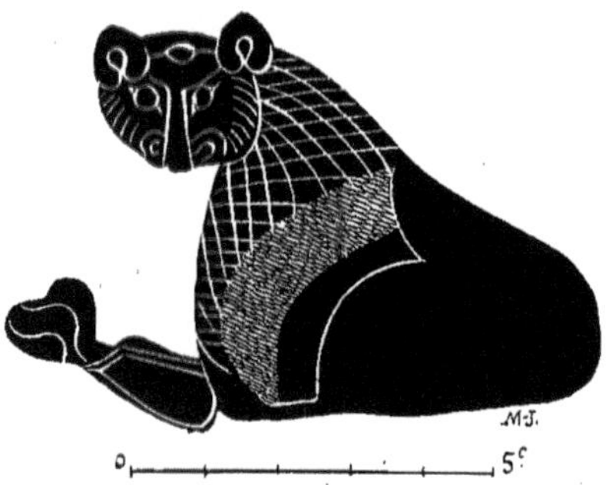

FIG. 85. — PROTOME DE FAUVE A TÊTE DE FACE. — Peinture d'un bombylios corinthien. — *Collection Morin*, n° 2509.

fauve est en colère, est ici rendu par un zigzag tracé par l'artiste avec rage (fig. 83). Le dessin de l'œil varie légèrement d'une étude à l'autre (fig. 83 et 84). L'oreille est toujours schématisée de la même manière. La crinière est exprimée par un simple quadrillé. Des lignes parallèles figurent les poils des joues et les moustaches.

La tête du fauve de face émane d'une formule presque invariable, très simple, facile à retracer de mémoire (fig. 85). Le dessin de l'oreille est le même que dans la tête de profil. Le nez est formé par deux lignes droites s'écartant légèrement vers le bas et rejoignant, dans le haut, les traits qui indiquent les arcades sourcilières. Le naseau est formé de deux demi-circonférences se soudant à la ligne du nez. Au centre de ces demi-circonférences, on trace souvent un petit rond. L'œil est un cercle accosté de deux traits courts. Qu'on

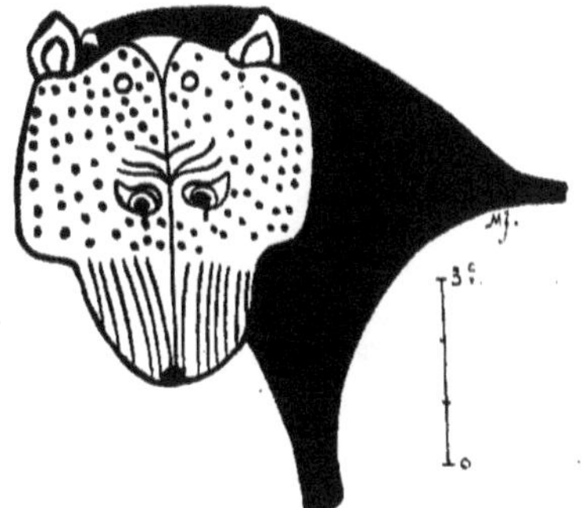

FIG. 86. — TÊTE DE FAUVE DE FACE. — Détail d'un sarcophage de Clazomène. — *Musée de Vienne* Autriche).

compare ce dessin à une tête de fauve de facture ionienne et on saisira

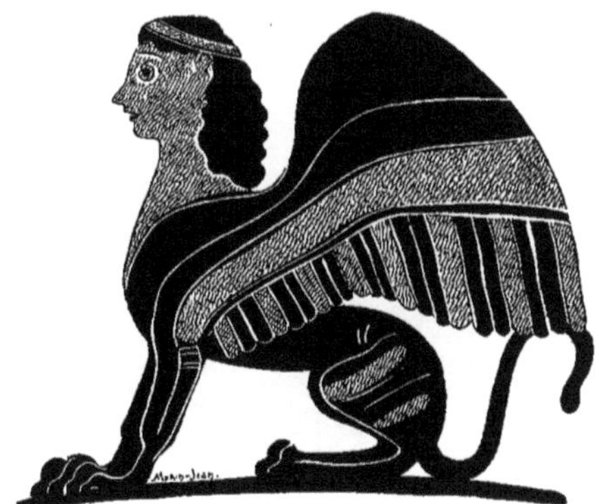

FIG. 87. — SPHINX CORINTHIEN. — Peinture d'un aryballe du *Louvre. Salle E,* n° 575

la différence profonde qui existe entre le travail expressif des Corinthiens et le *faire* descriptif des Ioniens (fig. 86).

*Animaux mythologiques.* — Les peintres de Corinthe ont fait défiler sur leurs vases une foule d'animaux chimériques empruntés à

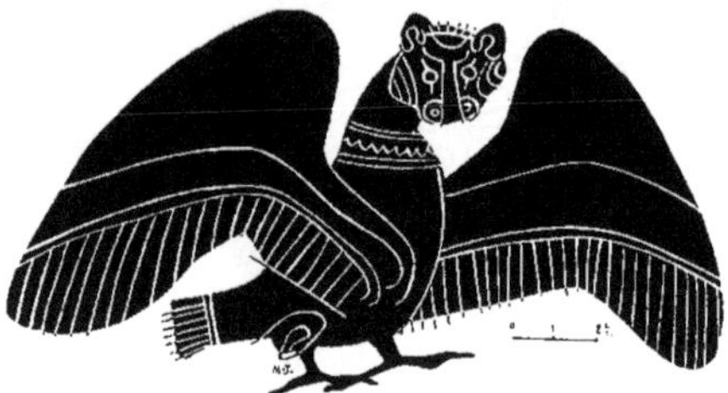

FIG. 88. — OISEAU A TÊTE DE FAUVE TOURNÉE DE FACE. — Peinture d'un bombylios corinthien. *Collection Morin*, n° 2474.

l'art oriental. Dans ces figures mythologiques, le surnaturel n'intervient pas. On y voit seulement l'association d'éléments réels que la

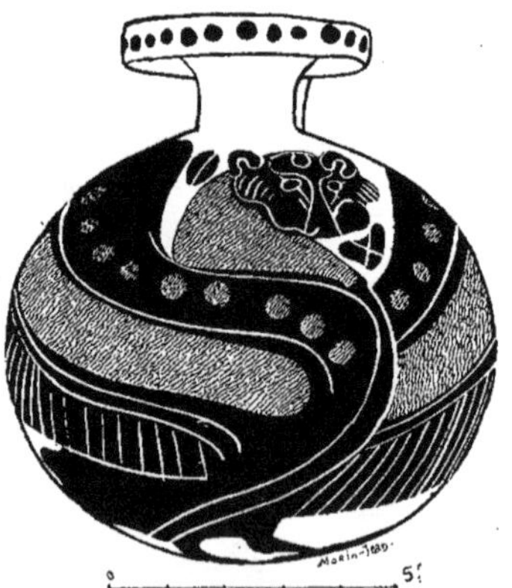

FIG. 89. — ARYBALLE CORINTHIEN DÉCORÉ D'UN OISEAU A TÊTE DE FAUVE TOURNÉE DE FACE. *Collection Morin*, n° 470.

nature n'associe jamais entre eux. L'art grec n'a pas compris le merveilleux comme l'art médiéval. L'artiste du moyen âge cherche dans un monde fantastique une forme absolument étrangère à

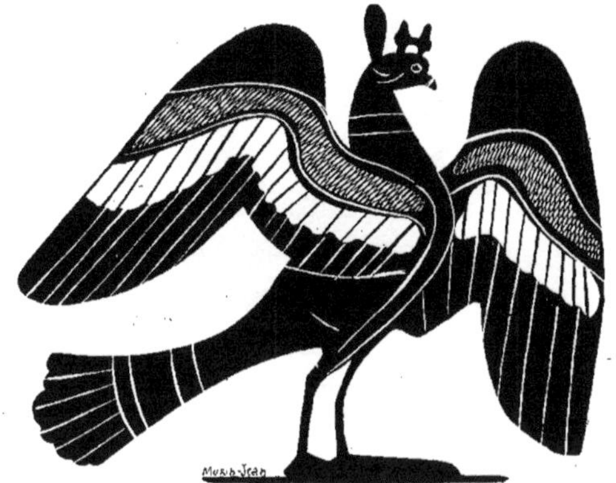


FIG. 90. — MONSTRE A CORPS D'OISEAU ET A TÊTE DE GRIFFON. — Peinture d'un cratère corinthien *Louvre. Salle E*, n° 621.

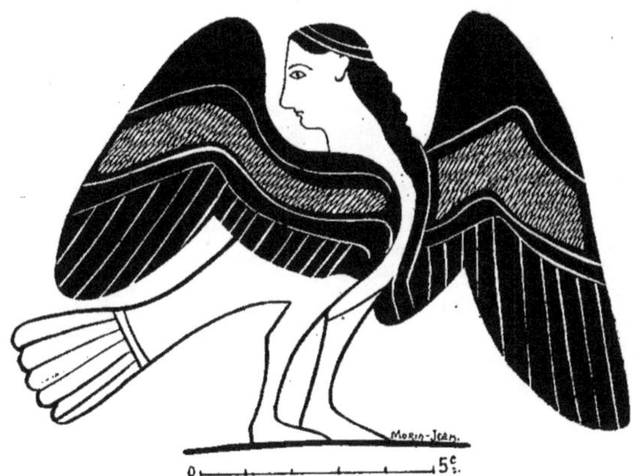


FIG. 91. — SIRÈNE. — Peinture d'un cratère corinthien. — *Louvre. Salle E*, n° 622.

la réalité et invente les guivres, les dragons, les tarasques, les orques. L'artiste corinthien, lui, crée des monstres avec des formules

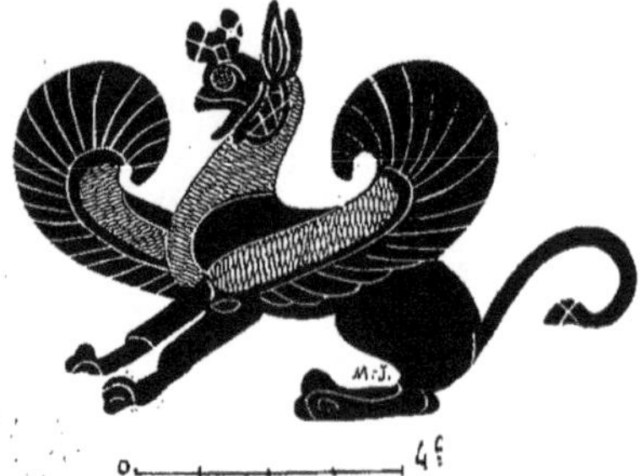


FIG. 92. — GRIFFON A AILES COURBES. — Peinture d'un aryballe corinthien trouvé à Rhodes. — *Louvre. Salle A*, n° 456.

identiques à celles qui lui ont servi à dessiner des êtres vrais.

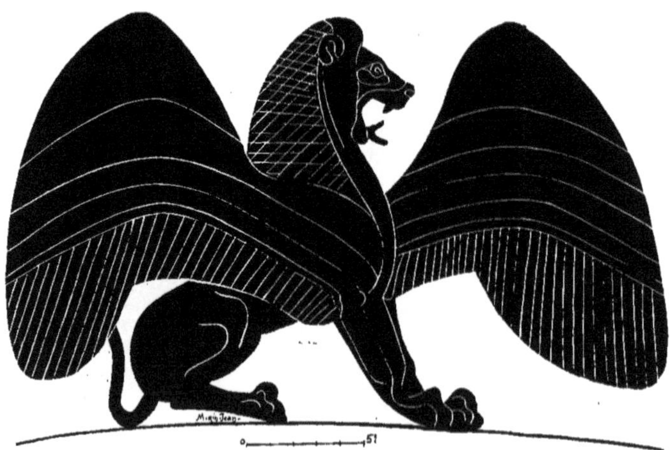


FIG. 93. — LION AILÉ. — Décor d'un grand bombylios corinthien. — *Collection Morin*, n° 2775.

En associant le corps du fauve aux ailes de l'oiseau et à une tête humane, il obtient un très beau sphinx (fig. 87). Autre combinaison : il joint le corps d'un oiseau à une tête de fauve tournée de face (fig. 88 et 89). Que cette tête de fauve disparaisse pour faire place à une tête de griffon, un nouveau monstre est créé (fig. 90). Qu'on substitue un élégant facies féminin à un terrible bec de griffon, et voilà une sirène constituée de toutes pièces et admirablement établie (fig. 91). Le griffon (fig. 92) et le lion ailé (fig 93) sont de belles images,

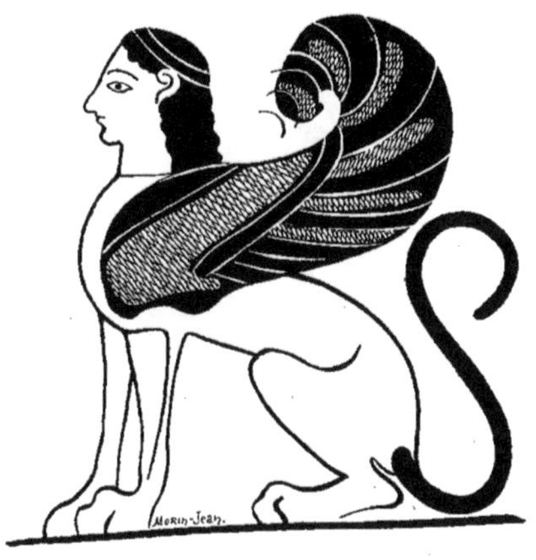


FIG. 94. — SPHINX A AILE COURBE. — Détail d'un cratère corinthien. — *Louvre. Salle E*, n° 622.

de superbes figures héraldiques, où le rythme artistique ne sent ni l'effort ni la recherche.

Les animaux mythologiques corinthiens sont souvent traités dans un sentiment ionien (fig. 91 et 94). Ici, les lignes sont à la fois souples et harmonieuses. La queue noire du sphinx blanc se présente comme un beau rinceau, comme un élément de décor bien compris. Un pas de plus dans cet ordre d'idées et nous sommes en plein domaine de la fantaisie, de cette somptueuse fantaisie qui couvrira un jour de ses trésors les manuscrits carolingiens et les faïences italiennes des Fontana et des Patanazzi.

*Groupes rythmiques. Parti symétrique.* — Dans la plupart de ses compositions, le décorateur corinthien donne à la symétrie une importance capitale. Au lieu de se suivre à la file, les animaux qu'il peint se regardent, s'affrontent, forment pendants auprès d'un motif

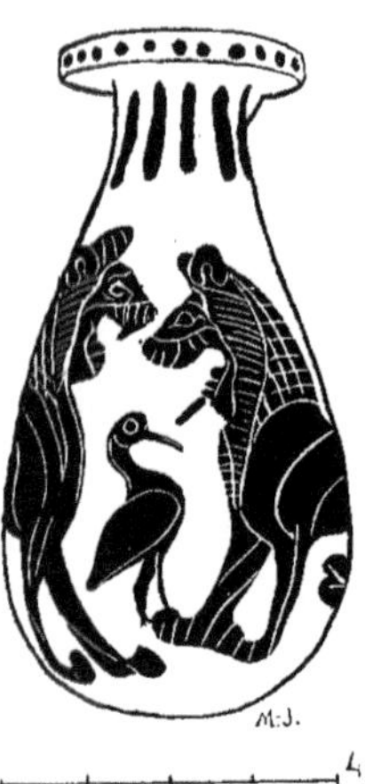

FIG. 95. — BOMBYLIOS CORINTHIEN ORNÉ DE DEUX LIONS AFFRONTÉS ET SÉPARÉS PAR UN OISEAU. *Collection Morin,* n° 474.

central (fig. 95). Cette conception, qui semble spéciale à l'art grec du continent, est pourtant originaire de l'Orient. La loi du *parti symétrique* régissait déjà les décorations les plus anciennes de la Chaldée (1). Quelques peintures de vases chypriotes lui obéissent. Les œnochoés rhodiennes, les sarcophages de Clazomène, les poteries ioniennes y sont aussi quelquefois soumis. Mais à Corinthe on se référait plus que partout ailleurs aux principes qui composent cette loi. Voici, par

(1) Armoiries de Sirpourla sur le vase d'argent d'Entéména et décor du gobelet de Goudéa, Voy. HEUZEY, *Catalogue des antiquités chaldéennes du musée du Louvre,* p. 281, n° 125, p. 373, n° 218.

exemple, la ποτνία θέρων, l'Artemis persique, déesse protectrice de la

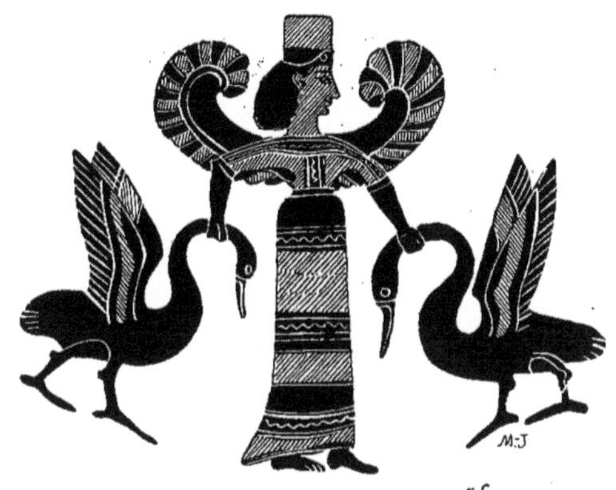


Fig. 96. — L'ARTÉMIS PERSIQUE, TENANT UN OISEAU DANS CHAQUE MAIN. — Peinture d'un petit bombylios corinthien. — *Louvre, Salle E*, n° 589.

nature animale, tenant, comme sur les cylindres asiatiques, un oiseau

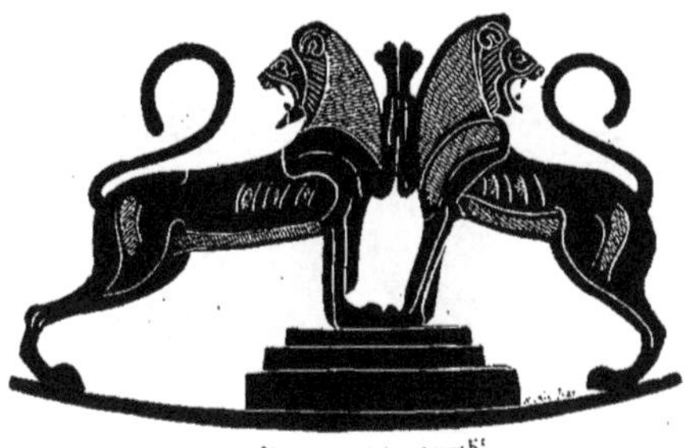

Fig. 97. — LIONS RUGISSANT AFFRONTÉS. — Détail d'un cratère corinthien. — *Louvre, Salle E*, n° 628.

dans chaque main (fig. 96). Hormis la tête et les jambes de la déesse, placées de profil, l'ensemble de la composition est soumis au *parti symétrique* absolu. Le même motif est placé de part et d'autre d'un

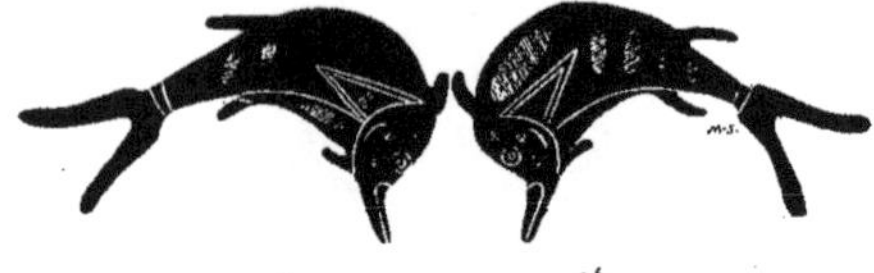


FIG. 98. — DAUPHINS AFFRONTÉS. — Décor d'un aryballe corinthien trouvé à Rhodes. — *Louvre. Salle A*, n° 444.

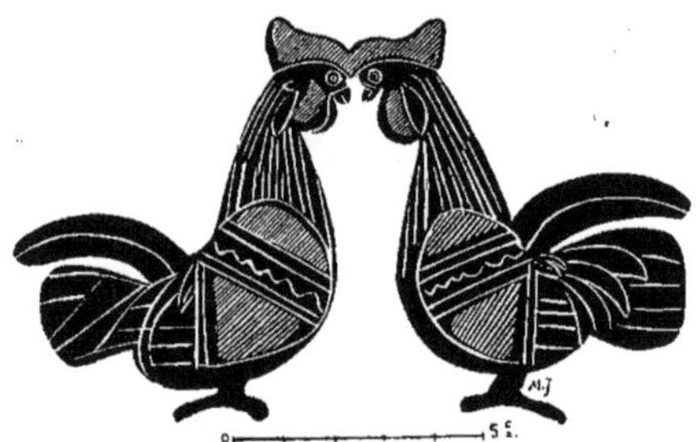


FIG. 99. — COQS AFFRONTÉS. — Décor d'un bombylios corinthien. — *Collection Morin*, n° 2547.

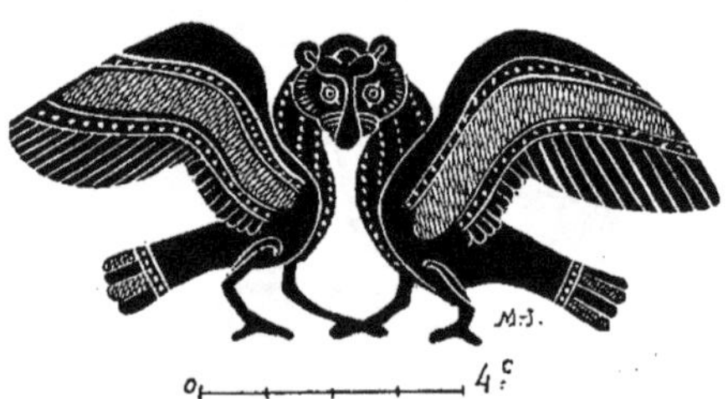


FIG. 100. — ANIMAL FANTASTIQUE COMPOSÉ DE DEUX CORPS D'OISEAUX RÉUNIS PAR UNE TÊTE DE FAUVE VUE DE FACE. — Décor d'un aryballe corinthien trouvé à Rhodes. — *Louvre. Salle A*, n° 449.

*axe* imaginaire. La même symétrie est observée dans le dessin de ces deux lions (fig. 97) dont la fameuse porte de Mycènes nous offre une répétition; dans la représentation de deux dauphins (fig. 98), de deux coqs (fig. 99), d'un oiseau à double corps et à tête de fauve de face (1)

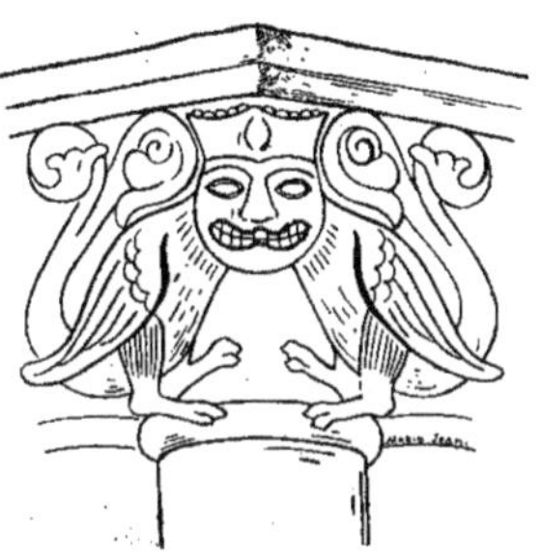

FIG. V. — MONSTRE A DOUBLE CORPS ET A TÊTE UNIQUE. — Chapiteau du porche de la collégiale Saint-Ours à Loches (Indre-et-Loire). Époque romane.

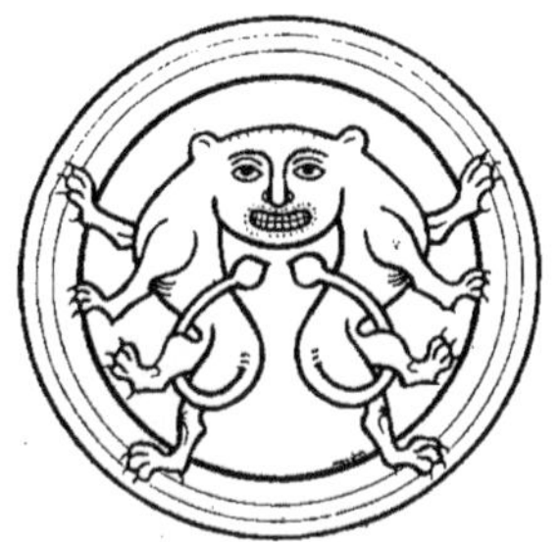

FIG. VI. — MONSTRE A DOUBLE CORPS ET A TÊTE UNIQUE. — Fragment d'un plafond du XIIIe s. ap. J.-C. trouvé en 1896 à Metz dans l'école supérieure des filles. — *Musée archéologique de Metz* (Lorraine).

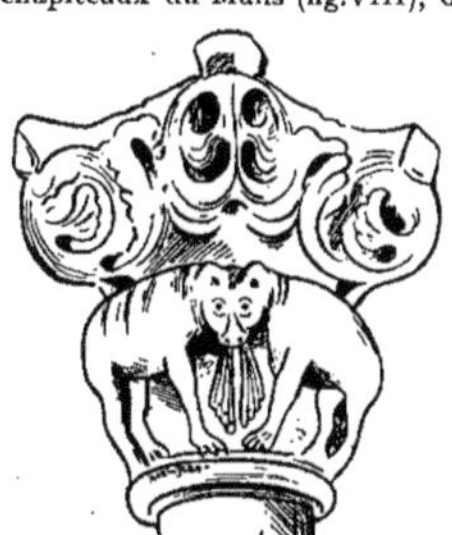

FIG. VII. — ANIMAL A DOUBLE CORPS ET A TÊTE UNIQUE. — Chapiteau roman provenant de l'ancienne église des Cordeliers au Puy. — *Musée lapidaire du Puy* (Haute-Loire).

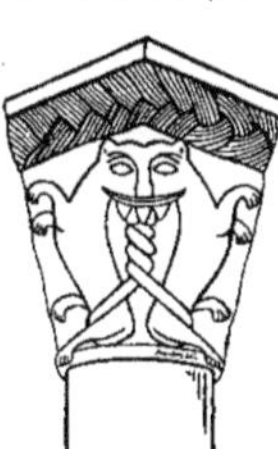

FIG. VIII. — MONSTRE A DOUBLE CORPS ET A TÊTE UNIQUE. — Chapiteau de la cathédrale du Mans (Sarthe) (porte latérale droite de la façade). Époque romane.

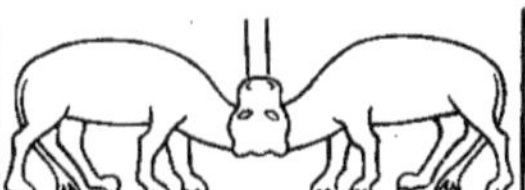

FIG. IX. — ANIMAL FANTASTIQUE A DOUBLE CORPS ET A TÊTE UNIQUE GRAVÉ SUR UNE PIERRE TOMBALE DU MOYEN AGE CONSERVÉE DANS L'ÉGLISE DE L'ABBAYE DE FONTENAY PRÈS MONTBARD (Côte-d'Or).

(1) Les exemples d'animaux à double corps sont fréquents dans les arts décoratifs apparentés à l'Orient. Cette combinaison bizarre existait à l'époque crétoise. On la trouve, sur des monnaies, à diverses époques (Monnaie de Sigée ornée d'une chouette à deux corps IVe s. av. J.-C.). Elle réapparaît beaucoup plus tard dans les motifs de sculpture de la période romane : chapiteaux du Mans (fig. VIII), de Poitiers, d'Arles, de Moissac, de Thouars (église Saint-Médard. Deux salamandres stylisées n'ayant qu'une tête humaine), de Bressuire (deux lions confondant leurs occiputs en une face d'homme), de Saumur (église Saint-Nicolas. Deux cervidés n'ayant qu'une tête et deux quadrupèdes androphages à chef unique), de Civray (façade de l'église. Deux oiseaux à tête humaine unique), du Puy (fig. VII), de Loches (fig. V), de Milan

(fig. 100). Le parti symétrique existe aussi dans les compositions corinthiennes où deux animaux sont placés de chaque côté d'un troisième et affrontés. Ce sont des lions séparés par un lièvre (fig. 101) ou par un oiseau, des cygnes séparés par une chouette (fig. 102), etc...

Les motifs peints à droite et à gauche de l'axe imaginaire ne sont pas rigoureusement semblables. Qu'on les décalque et qu'on les superpose, on verra le plus souvent que les lignes ne concordent pas.

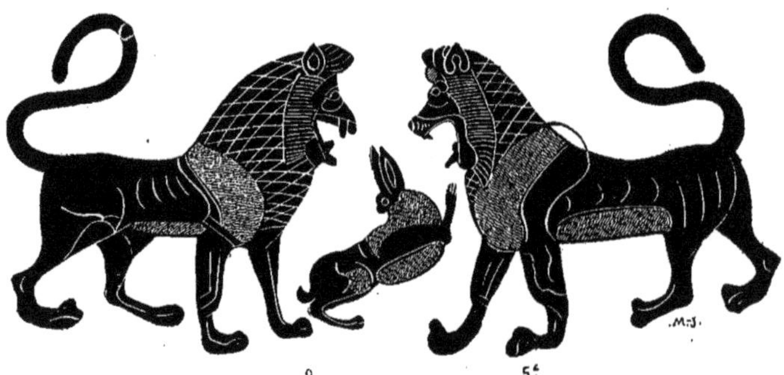


FIG. 101. — LIONS RUGISSANT AFFRONTÉS ET SÉPARÉS PAR UN LIÈVRE. — Peinture d'un bombylios corinthien. — *Collection Morin*, n° 2507.

Cette absence de similitude n'est pas voulue par les Grecs. Elle résulte de ce fait qu'ils n'ont jamais employé, comme les décorateurs d'aujourd'hui, les transpositions mécaniques et les poncifs.

L'art corinthien, tout en conservant une grande homogénéité n'est pas aussi un qu'on serait tout d'abord tenté de le supposer.

(cloître de Sainte-Radegonde), de Vienne (Autriche) (deux dragons n'ayant qu'une tête humaine, au portail de la cathédrale, côté gauche), de *Bari* (Italie) (église Saint-Nicolas. Deux têtes pour quatre corps de lions), de *Bitonto* (nef principale de l'église, bas-côté droit et crypte), bénitier de la crypte de la cathédrale de *Trani* (Italie) (huit béliers n'ayant ensemble que quatre têtes), dans les peintures du XIII° siècle (fragment de plafond du musée de Metz, fig. VI), sur une pierre tombale conservée dans l'église de l'abbaye de Fontenay, en Bourgogne (fig. IX). On voit aussi l'animal à double corps figurer, de nos jours, dans les armoiries de nations composées de deux races obéissant à un seul pouvoir.

Il y a deux groupes d'animaux corinthiens : le *groupe continental*, de beaucoup le plus important, et le *groupe ionisant*.

Les animaux du premier groupe sont des figures raides, géomé-

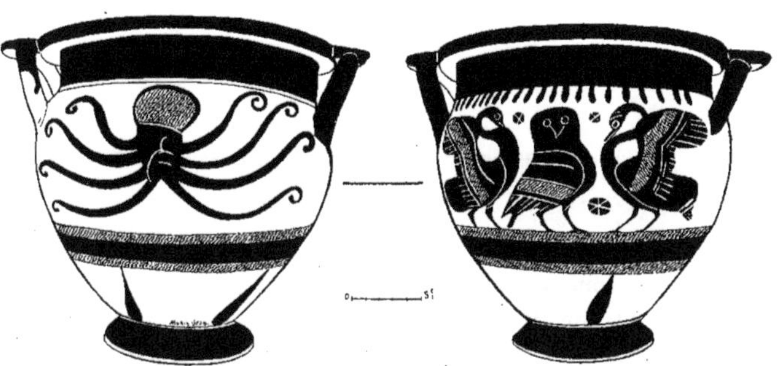

FIG. 102. — CRATÈRE CORINTHIEN. — *Louvre. Salle E*, n° 567.

triques, quelquefois très laides, qui rappellent celles du Dipylon. Ils sont souvent déformés pour bien remplir les surfaces à décorer.

Ceux du second groupe sont mieux dessinés. Leurs contours sont plus souples. Leurs auteurs ont subi, dans une très large mesure, l'influence des écoles de la Grèce asiatique ; leur travail est plutôt celui d'un peintre que celui d'un graveur. Il se rapproche beaucoup du dessin au trait des vases rhodiens et des sarcophages de Clazomène.

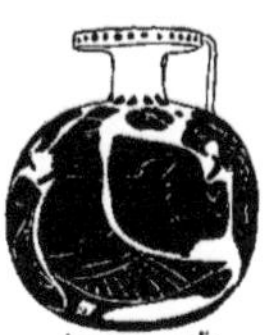

ARYBALLE CORINTHIEN avec Sirène coiffée du Kalathos, fin du VII$^{e}$ s. av. J.-C.
*Collection Morin*, n° 1504.

## IV

### La fabrique ionienne des hydries dites de Caere.

En étudiant les animaux des écoles de Chypre et de Rhodes, nous avons vu comment s'est formé l'art ionien.

C'est un art difficile à définir. Il est constitué, croyons-nous, par un mélange de réminiscences mycéniennes et d'éléments orientaux dont l'esprit grec s'est emparé et qu'il a modifiés selon sa valeur propre et son idéal particulier.

Il s'est surtout développé pendant la première moitié du VI$^{e}$ siècle avant J.-C., et a fleuri dans diverses fabriques qui méritent d'être étudiées l'une après l'autre.

Une des plus importantes de ces fabriques est celle des belles hydries trouvées pour la plupart en Étrurie, à Cervetri (ancienne Caere), et dont le Louvre possède une riche série. Malheureusement, on n'a pas encore pu découvrir où elle était située.

Réalistes dans le rendu des détails, minutieux dans leur facture, naïfs dans leur composition, les décorateurs des hydries de Caere dessinent pour le plaisir de dessiner. Observateurs consciencieux et épris d'études de la nature, ils sont par cela même d'excellents animaliers. S'ils sont réalistes, c'est grâce à l'influence des Orientaux avec qui ils entretenaient des relations continues.

Leurs figures, à l'exemple de celles d'Égypte, sont un peu raides, mais elles ne sont pas d'un dessin aussi *enveloppé*. Elles ont plus d'un point de contact avec celles de l'Assyrie, mais elles sont moins dures et moins brutales.

Ce n'est pas à dire que les peintres de ces hydries soient exempts de défauts. Leurs animaux ont une allure lourde, des attitudes qui manquent de souplesse et de variété.

Ils emploient des formules monotones et toujours identiques à elles-mêmes.

Il est deux types auxquels se rattachent les jambes des quadrupèdes des hydries de Caere : celui de la *patte du fauve* et celui de la *jambe de l'équidé.* Tous deux donnent naissance à des dessins admirables. L'anatomie musculaire des pattes des grands félins à griffes rétractiles y est mieux comprise que dans les œuvres de l'école de Corinthe. Les contours de la jambe du cheval sont de leur côté bien observés. Le canon, le boulet, le paturon, la couronne, le sabot, tout est bien en place. C'est la reproduction même du modèle vivant.

Mais, et c'est là un grave défaut, le décorateur des hydries de Caere ne sait dessiner que la patte du fauve et la jambe du cheval. Il ne songe pas à s'enquérir des différences qui existent entre le sabot d'un ruminant et celui d'un pachyderme, entre les doigts d'un carnassier et ceux d'un léporidé. Pour lui, il n'existe que deux grandes classes de quadrupèdes : ceux à doigts libres, ceux à sabots. Il est capable d'étudier une bête avec autant de soin que le fera plus tard un Pisanello, mais il se heurte, dans le monde animal, à des difficultés qui l'empêchent de s'y beaucoup aventurer. Il donne au daim, ce cervidé si élégant et si délicat, les jambes fortement musclées d'un cheval de trait. C'est une anomalie que l'on rencontre dans d'autres ateliers de céramique grecque et qui peut être due à une influence assyrienne. On voit, en effet, sur certains bas-reliefs orientaux dont la facture est négligée, des bœufs ayant des jambes de cheval très correctement exécutées (1). Mais constater cette influence, c'est saisir la difficulté à résoudre le problème. Ce n'est pas en donner la solution.

Les défectuosités des peintures ioniennes proviennent en premier

(1) Chasse aux bœufs sauvages en Assyrie. Bas-relief d'après LAYARD, *Monuments of Niniveh*, reproduit dans *Les animaux*, p. 416.

lieu de la rapidité avec laquelle le céramiste accomplissait son travail. Elles sont dues en second lieu à ce que les artistes de la Grèce archaïque connaissaient fort mal les sciences naturelles. Les Grecs devaient se livrer à des recherches longues et pénibles pour saisir, dans les formes, des nuances que nul n'ignore aujourd'hui depuis l'invention de la photographie. Aussi, lorsque, après être entrés en pleine possession de leur métier, les peintres de l'antiquité exécutaient certains motifs avec une grande facilité, ils étaient tout naturellement portés à reproduire ces motifs là même où il n'y avait aucune raison de s'en servir.

Ainsi s'explique l'emploi de ce rythme, de cette cadence un peu monotone qui domine l'art des périodes archaïques. Malgré les fautes, les imperfections, les invraisemblances dont elles sont remplies, les œuvres archaïques restent séduisantes pour qui sait les regarder en connaisseur et se laisser pénétrer par leurs qualités. Les naïves inspirations des artistes du moyen âge, qui ignoraient les lois de la perspective, ne sont-elles pas souvent plus émouvantes que bien des conceptions modernes où ces lois sont observées?

Les animaux peints sur les hydries de Caere se répartissent en deux groupes : les animaux réels, les figures mythologiques.

### A. — Animaux réels.

Les animaux les mieux dessinés, dans ce groupe, sont : le singe, le lion, le cheval et l'aigle.

*Le singe.* — Ce singe, dont les jambes fléchissent comme celles d'un homme ivre, est un petit chef-d'œuvre de vérité (fig. 103). Il fait partie d'une composition qui se rattache à la grande peinture mythique : l'histoire d'Europe. Il n'en est bien évidemment qu'un détail sans grande importance. Mais ce détail, par le soin apporté à son exécution, montre que son auteur cherchait une occasion de satisfaire son penchant pour l'étude du *morceau*. Il avait regardé de près des singes et étudié leurs poses avant de peindre cet animal avec autant d'esprit.

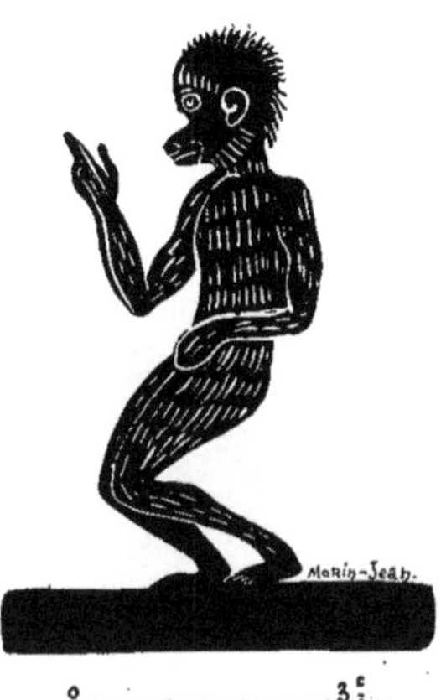


FIG. 103. — SINGE. — Détail d'une hydrie de Caere. Première moitié du VIe s. av. J.-C. — *Louvre. Salle E,* n° 696.

On est tout naturellement amené à rapprocher ce singe du *cynocéphale* égyptien, souvent reproduit sous forme de petites amulettes

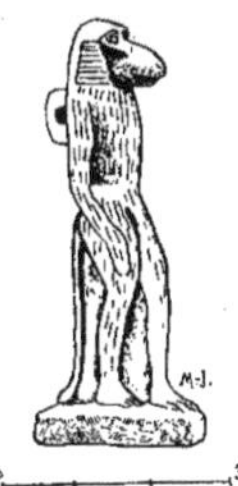

FIG. 104. — CYNOCÉPHALE ÉGYPTIEN, AMULETTE DE TERRE ÉMAILLÉE. — *Collection Morin,* n° 1431.

en terre émaillée. Ces amulettes de la basse époque égyptienne étaient fort nombreuses et circulaient aux VII-VI[e] siècles dans le bassin oriental de la Méditerranée (fig. 104). Détail curieux, les poils du quadrumane sont rendus de la même façon par le modeleur égyptien et par le peintre grec.

*Le lion.* — Le lion est devenu très rare en Asie. Il n'existe plus que sur quelques points de l'Arabie, de la Perse et de l'Inde. Mais il abondait, dans l'antiquité, en Babylonie, en Syrie, en Asie Mineure.

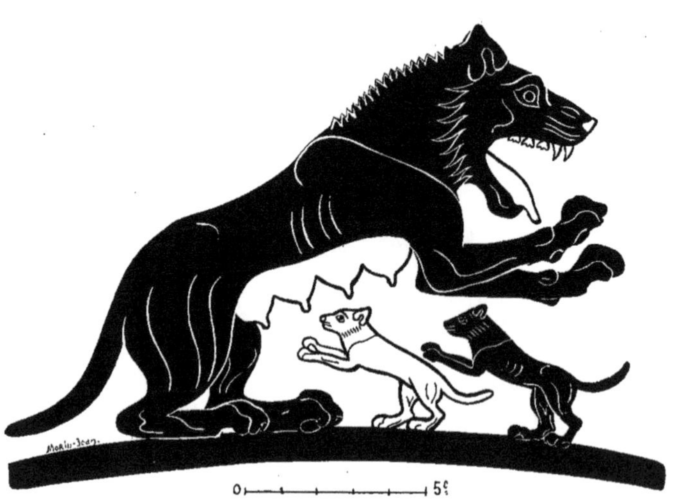


FIG. 105. — LIONNE ET SES PETITS. — Détail d'une hydrie de Caere. — *Louvre, Salle E*, n° 698.

Le décorateur des hydries de Caere a donc connu, comme les Assyriens, le lion en liberté. Il a, sans nul doute, dû en voir en captivité. Les anciens savaient apprivoiser les grands fauves.

Le céramiste ionien représente de préférence la lionne, et peint, d'une main lourde, ses mamelles pendantes (fig. 105).

La bête se dresse et tient tête aux chasseurs qui l'attaquent. Des lionceaux, effrayés, courent se réfugier sous son ventre. Ses pattes sont bien dessinées. Elles sont robustes et souples tout à la fois. La gueule ouverte, la langue épaisse, les dents indiquées avec une étonnante précision, montrent la constante préoccupation du peintre à faire vrai.

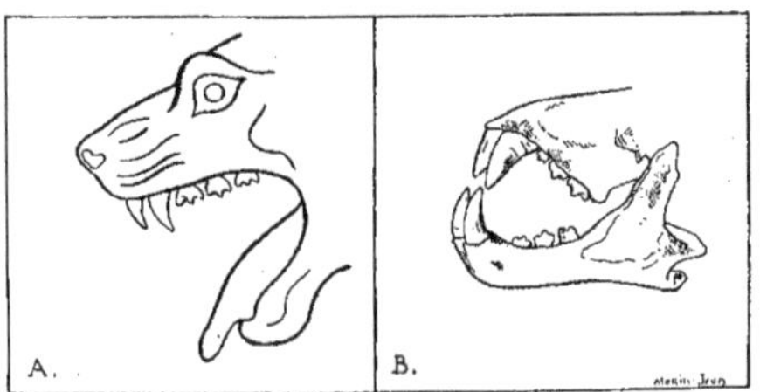


FIG. 106. — DENTITION DU FAUVE. — A. d'après l'hydrie, n° 698. *Salle E du Louvre*; B. d'après une tête squelette.

Qu'on examine les dents des carnassiers (fig. 106), on verra que les dessins ioniens doivent toute leur valeur à l'étude approfondie de la nature. L'habitude prise par les Grecs de faire figurer les dents dans

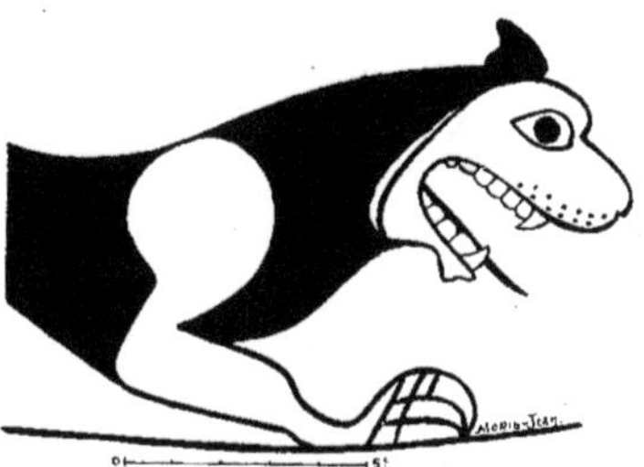

FIG. 107. — FAUVE OUVRANT LA GUEULE. — Détail d'un vase de style archaïque. *Cabinet des médailles*. n° 26.

la gueule ouverte d'un animal est antérieure à l'époque de la fabrication des hydries de Caere. A la fin du VIII^e ou au début du VII^e s., on trouve, sur des vases de style géométrique tardif se rattachant à la très intéressante série dont font partie le cratère Burgon et les œnochoés de Phalères, des fauves dont la gueule, grande ouverte, est pourvue d'une formidable dentition (fig. 107).

Le décorateur des hydries de Caere a minutieusement distingué les molaires des canines. Le dessinateur de Corinthe ne se préoccupe pas de détails aussi minimes. Son dessin est plus lâché, mais il reste néanmoins très vigoureux (fig. 108). Son œuvre, exécutée *de chic*, loin du modèle, a une allure héraldique, un aspect décoratif que n'ont pas les images ioniennes.

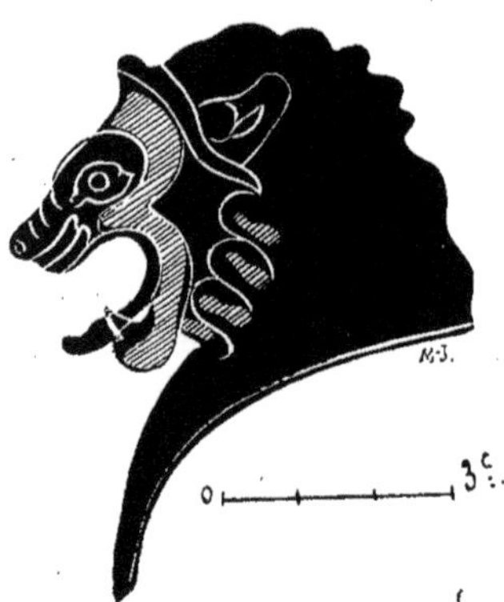

FIG. 108. — TÊTE DE LION RUGISSANT. — Détail d'un cratère corinthien. — *Louvre. Salle E*, n° 566.

Les peintres d'Ionie sont plus exacts, plus épris de pittoresque que ceux du continent. Mais un défaut nuit à leurs qualités, celui de faire des figures trop grasses et trop lourdes.

*Le cheval.* — Le cheval des hydries de Caere est en même temps gracieux et corpulent (fig. 109). Il n'est pour ainsi dire plus archaïque. Il a des formes très voisines de la vérité.

C'est une silhouette d'une grande correction. Toutefois sa crinière, soignée à l'excès dans le détail, tombe lourdement, manque d'élégance, contraste avec les autres parties du corps.

Le chanfrein est droit, les naseaux sont larges, les oreilles peu développées. L'œil, bien ouvert, est vif et énergique. La bête a de la race (1). Elle est délicate sans maigreur. Elle est très différente des chevaux du Parthénon, qui ont la croupe plus rebondie, le corps moins long et plus épais.

Il faut comparer tout à la fois le cheval ionien du VIe siècle et

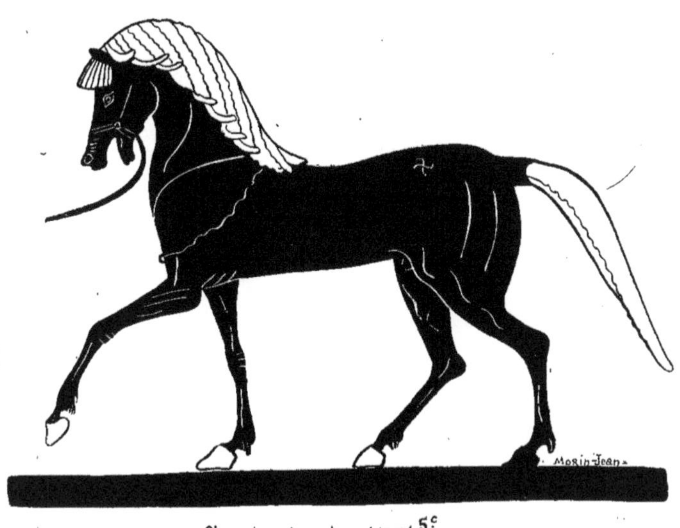


FIG. 109. — CHEVAL IONIEN. — Détail d'une hydrie de Caere. — *Louvre, Salle E, n° 699.*

aux chevaux assyriens des bas-reliefs de l'époque d'Assour-Banipal et à nos chevaux anglo-normands du Merlerault.

Le peintre méticuleux d'Ionie tient compte du détail au point de faire figurer sur la croupe du cheval (fig. 109) un *swastika* qui est en réalité un signe de propriété. On retrouve de semblables minuties sur les vases attiques du Ve siècle.

(1) Les chevaux élevés en Asie Mineure jouissaient, dans l'antiquité, d'une grande réputation.

M. Albert Martin a fait à ce sujet une très intéressante étude dans le *Dictionnaire des antiquités*, de M. Saglio (1).

Les propriétaires d'animaux usaient de marques très diverses pour les reconnaître, de lettres de l'ancien alphabet grec, de têtes de bœufs, de croix, de serpents, de caducées, de palmes, de couronnes, de feuilles cordiformes. Parfois, pour obtenir le même résultat, ils avaient recours au nom de l'animal même ou à leur propre nom.

L'emploi de ces signes se faisait encore à une époque assez basse,

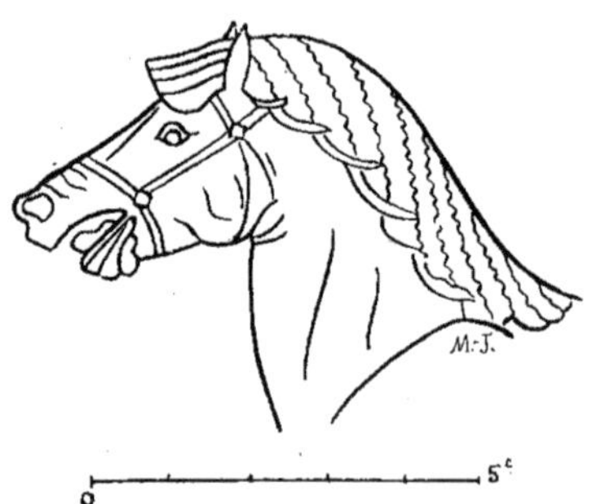


FIG. 110. — TÊTE DE CHEVAL IONIEN. — Détail d'une hydrie de Caere. — *Louvre. Salle E*, n° 697.

comme le prouve un cheval qui porte sur la croupe le monogramme du Christ (2).

Dans certaines peintures des hydries de Caere, la tendance ionienne à faire des figures grasses s'accuse beaucoup (fig. 110). Ici, le cou est empâté et la lèvre inférieure est formée de trois épais bourrelets.

*L'aigle.* — Les aigles capturant des cerfs ou des lièvres reviennent souvent sur les hydries ioniennes (fig. 111 et 112).

C'est un sujet d'origine orientale (3). Les céramistes du VIe siècle en ont tiré une des compositions les plus précieuses qui nous aient été conservées de cette époque.

(1) A l'article EQUUS.

(2) *Dictionnaire des antiquités*, de M. SAGLIO, fig. 2 758.

(3) Ce motif décore les produits phéniciens et assyriens (*Bulletin* de *correspond. hellén.*, de 1892, p. 260).

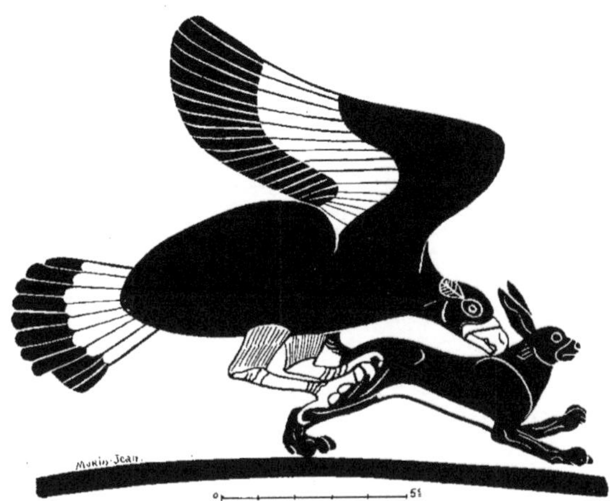

FIG. 111. — HALIAÈTE ATTAQUANT UN LIÈVRE. — Détail d'une hydrie de Caere. Première moitié du VIe s. av. J.-C. — *Louvre. Salle E*, n° 698.

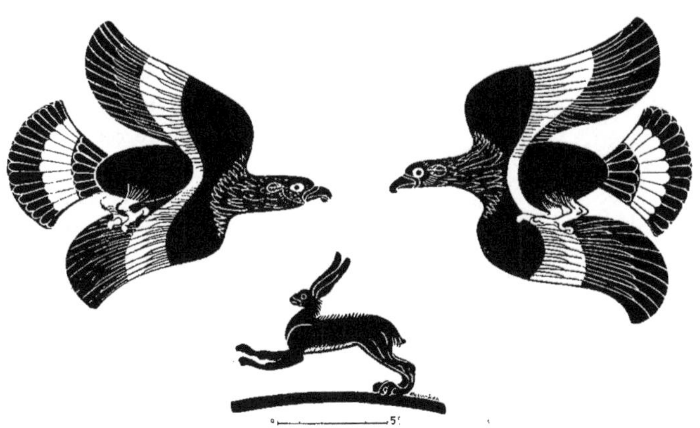

FIG. 112. — HALIAÈTES ATTAQUANT UN LIÈVRE. — Détail d'une hydrie de Caere. — *Louvre. Salle E*, n° 701.

Naïf et un peu figé, d'un riche coloris et d'une facture élégante,

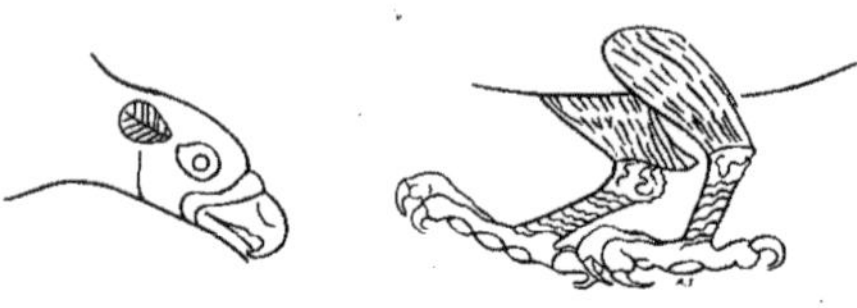

FIG. 113. — BEC ET SERRES D'AIGLE D'APRÈS LE DESSIN GREC. — Hydrie de Caere. — *Louvre. Salle E*, n° 698.

ce motif fait songer à des scènes analogues qui décorent des laques

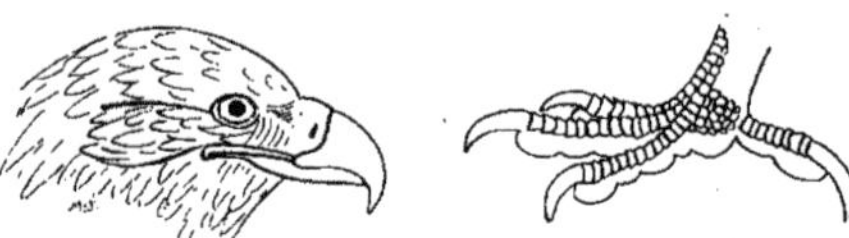

FIG. 114. — TÊTE ET SERRE DE L'HALIAETUS (Pygargue ou Aigle pêcheur). — Croquis pris au Muséum d'histoire naturelle de Paris).

japonais du moyen âge (1). Comme un artiste d'Extrême-Orient, le peintre ionien s'est attardé avec joie à tracer ces énormes serres courbées, ces pattes prises dans une sorte de gaine cornée, ce bec crochu armé d'un cran à la mandibule supérieure, cette touffe de plumes très apparente, qui est à gauche de l'œil (fig. 113 et 114). Ce rapace est assez caractérisé sur plusieurs vases antiques pour qu'on puisse l'identifier avec l'*Haliaète* ou *Pygargue*. Voilà bien le grand accipitre marin, l'aigle pêcheur que l'on reconnaît à ses tarses emplumés seulement dans

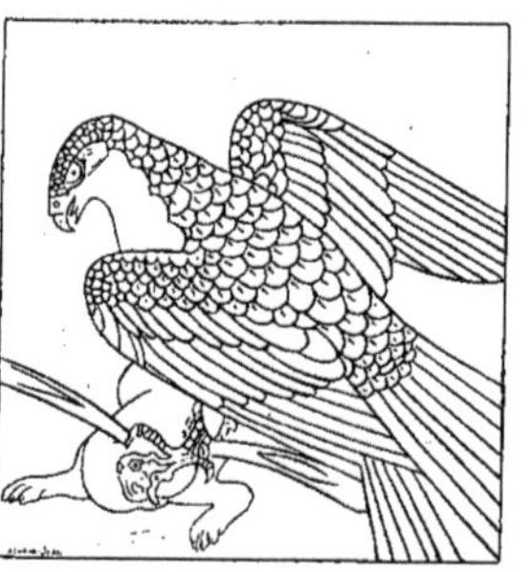

FIG. X. — AIGLE TERRASSANT UN LIÈVRE. — Couvercle d'écritoire en laque d'or. Japon, XIII° s. ap. J.-C. — Ancienne collection Gillot.

(1) Au XIII° siècle, les Japonais ont traité ce sujet dans un sentiment très réaliste (fig. X).

leur partie supérieure. Il s'attaque aux poissons qui nagent à fleur d'eau, se repaît de chair corrompue. Il chasse quelquefois aussi les petits mammifères, les lièvres et les faons.

Les peintres des hydries de Caere connaissaient ces particularités puisqu'ils représentaient l'haliaète poursuivant ces animaux. On

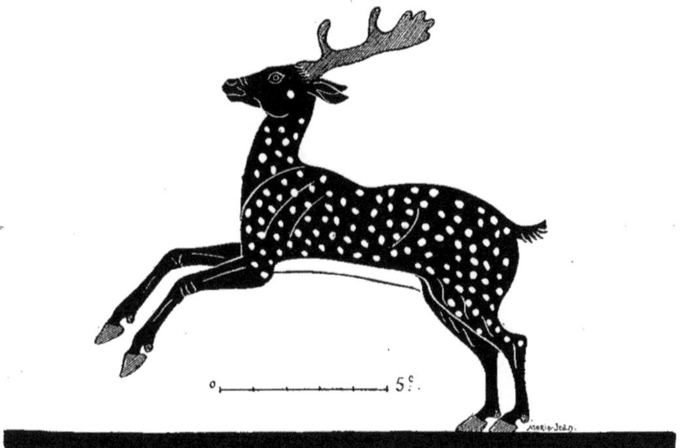

FIG. 115. — DAIM IONIEN. — Détail d'une hydrie de Caere. — *Louvre. Salle E*, n° 697.

pourrait même peut-être conclure de là que les ateliers où l'on fabriquait ces vases étaient établis sur la côte.

Le daim, le bœuf, le lièvre et le sanglier forment une série d'animaux où le peintre ionien confond les espèces dans le dessin des jambes. Seules les têtes sont étudiées avec sincérité. Ce sont bien celles des animaux que l'on a voulu faire.

*Le daim.* — Le daim des Ioniens est lourd et disgracieux. Il a les jambes d'un fort cheval au lieu d'avoir les membres grêles des cervidés (fig. 115). L'auteur de cette image a soigné la tête, a su en rendre les formes avec précision. Mais il ignore l'anatomie des pattes du daim.

Quoique plus anciennes que celle-ci, les figures des œnochoés rhodiennes sont plus justes et mieux équilibrées. Les Attiques de la seconde moitié du VI^e siècle sauront, comme les Rhodiens, conserver aux cerfs et à leurs congénères leur belle et élégante allure.

*Le bœuf.* — Les bœufs ioniens se reconnaissent aux traits ondulés

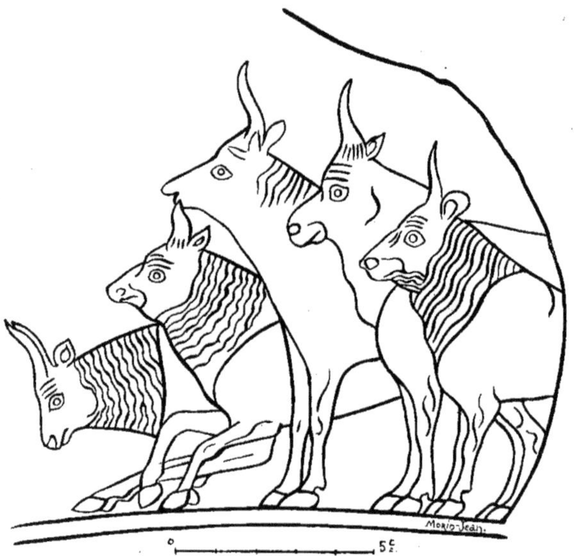

FIG. 116. — TROUPEAU DE BŒUFS. — Détail d'une hydrie de Caere. — *Louvre. Salle E*, n° 702.

et souvent nombreux qui représentent les plis que fait la peau sur le cou de ces animaux. Ce détail mis à part, le dessin est emprunté aux formules conventionnelles familières à tous les peintres industriels de la première moitié du VI^e siècle.

Sur une hydrie du Louvre nous voyons les bœufs que le malicieux petit Hermès vient de cacher dans une caverne (fig. 116). La scène est pittoresque. Les poses des animaux sont variées. Les uns sont debout, les autres couchés. Leur arrière-train disparaît derrière la paroi de la grotte.

Cette disposition, tout à fait ionienne, supprime, dans une certaine mesure, la monotonie traditionnelle des groupements archaïques. Les Grecs du continent y recourront rarement. Il y a, au Cabinet des Médailles (1), une œnochoé à fond blanc où les Attiques ont peint, à l'exemple des artistes ioniens, un sanglier à demi caché dans une caverne ; mais c'est là une exception.

Les arrangements adoptés pour constituer les petits tableaux des hydries de Caere sont à la fois naïfs et minutieux. On en retrouve l'équivalent dans les peintures du moyen âge (2).

*Le lièvre.* — Les lièvres des hydries de Caere ne sont pas tous très bien dessinés. Celui-ci (fig. 117) est habilement traité. Sa tête, ses oreilles, son pelage hirsute, sont presque parfaits d'exécution. Mais cet autre (fig. 112) a d'énormes pattes qui ne sont pas en proportion avec le reste du corps et ne sont pas celles d'un léporidé. Ce sont des pattes de lion dessinées selon la formule que le décorateur des hydries de Caere emploie pour tous les quadrupèdes qui n'ont pas de sabots.

Si le peintre de ces vases n'avait jamais vu de lièvres, son erreur serait excusable. Or, c'est un fait, le lièvre abondait, au VI^e^ siècle, en Asie Mineure, en Égypte, dans les îles de la mer Égée, surtout à Délos, appelée plus anciennement *Lagia*, l'île des lièvres (3). Cela nous prouve une fois de plus que les peintres grecs ont souvent reculé devant les difficultés que présentait l'étude d'après nature. Ils trouvaient plus simple de recourir aux combinaisons abstraites issues de leur cerveau.

Quelquefois cependant la vérité s'imposait à eux. Ils se laissaient frapper par certaines particularités du monde animal. S'ils ont fait au lièvre d'Ionie des oreilles très longues, c'est parce que ces dernières

(1) N° 274.

(2) Les miniaturistes des Évangéliaires et des Psautiers byzantins ont figuré dans leurs œuvres des bestiaux qui, étant dans une grotte, sont à moitié cachés par les rochers de ses parois. Voy. *Manuscrit de l'Académie de Bucarest*, 113. *Peintures de l'Athos* (XV-XVI^e^ siècles).

(3) De λαγώς, lièvre.

devaient être très développées dans l'espèce qu'ils avaient sous les yeux.

C'est le *ætlepus hiopicus* ou *lepus ægyptius* (fig. 118) si souvent reproduit dans les peintures égyptiennes.

*Le sanglier.* — Le sanglier était en Grèce un animal fort répandu.

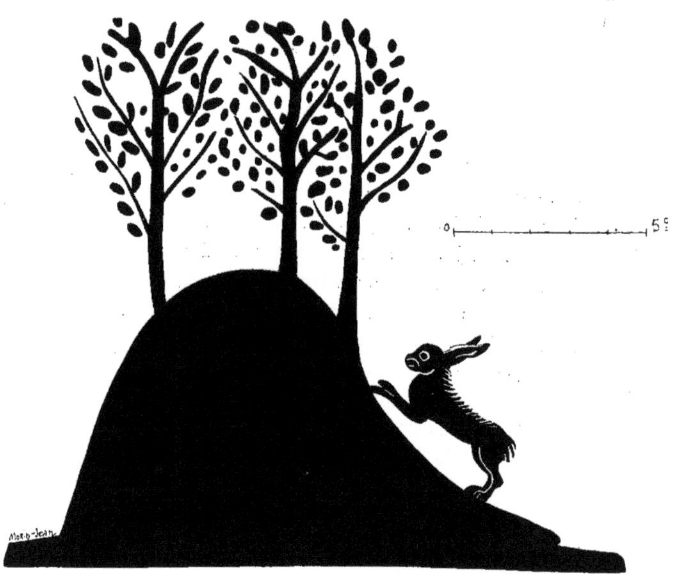

FIG. 117. — LIÈVRE GRAVISSANT UNE BUTTE. — Détail d'une hydrie de Caere. — *Louvre. Salle E,* n° 696.

A une époque où les armes à feu n'existaient pas, il fallait faire preuve d'un grand courage pour l'attaquer. Les Grecs virent dans cette bête un être terrible, un fléau capable de répandre la terreur dans des régions entières. Ils la firent entrer dans leurs légendes. Parmi elles, deux sont particulièrement connues : celles où Héraklès rapporte à Eurysthée le sanglier d'Érymanthe, celle où Méléagre se couvre de gloire en tuant le sanglier de Calydon.

La chasse au sanglier de Calydon est un sujet fort répandu dans la céramique grecque. Elle décore la fameuse hydrie de Busiris conservée au musée de Vienne (1) et l'une des hydries du Louvre. Les deux compositions, tout en étant très voisines à certains égards, sont pourtant très différentes. Celle du vase de Vienne a beaucoup d'ampleur. Elle est très vivante et assez savamment traitée. Le sanglier y est attaqué par deux chiens. L'un de ces chiens se cramponne à

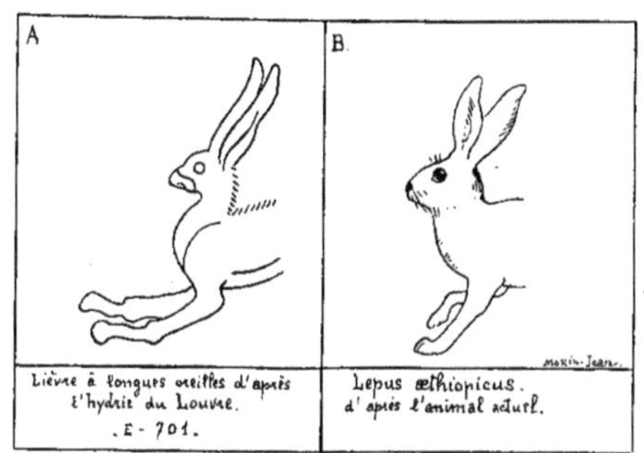


FIG. 118. — LIÈVRE A LONGUES OREILLES D'APRÈS L'HYDRIE DU LOUVRE, n° 701. — LEPUS ÆTHIOPICUS, d'après l'animal actuel.

la nuque du pachyderme et l'embarrasse dans ses mouvements. L'autre, complètement retourné, est suspendu entre ses jambes et lui mord le ventre à belles dents. La composition de l'hydrie du Louvre est plus pauvre. Son auteur manque d'imagination. Il juxtapose les animaux ; il ne les groupe pas. Sa naïveté dépasse toutes les limites. Le chien que le monstre vient de découdre est coupé en deux et les deux parties de son corps sont, l'une par rapport à l'autre, dans une position invraisemblable (2) (fig. 119). La tête du sanglier est une belle étude. Le boutoir large, le nez long et busqué, la défense recourbée, sont rendus dans leurs proportions exactes. Mais

(1) Publiée dans DUMONT-POTTIER, *Les Céramiques de la Grèce propre*, p. 267, et dans MASNER, *Die Sammlung antiker Vasen im Oesterreichischen Museum*, 217 et pl. 2.

(2) On trouve maintes gaucheries aussi surprenantes dans les tableaux du moyen âge.

les pattes ne sont pas ce qu'elles devraient être. Elles ne correspondent pas à celles du sanglier, mais à celles du cheval.

Il est un détail digne de remarque, dans le dessin des yeux des animaux de ces hydries. Les paupières de l'œil du sanglier ne sont pas, comme dans les écoles du continent, formées par un simple cercle.

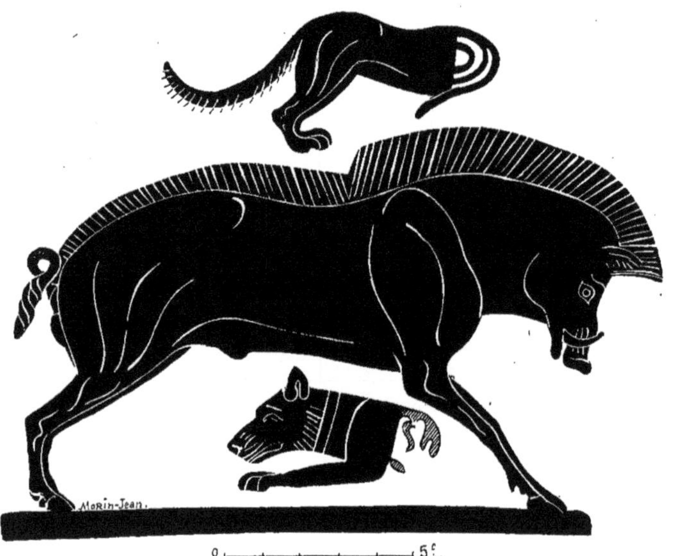


FIG. 119. — LE SANGLIER DE CALYDON. — Détail d'une hydrie de Caere. — *Louvre. Salle E, n° 696.*

Elles ont des contours plus justes et même un peu tourmentés. C'est la formule ionienne, employée dans tous les ateliers de la Grèce d'Asie.

L'œil du chien mort n'a pas la même forme. En le dessinant, le peintre a fait de son mieux pour être vrai.

### B. — FIGURES MYTHOLOGIQUES.

*Le centaure.* — Dans le dessin des figures mythologiques, le décorateur des hydries de Caere se montre moins habile que dans la peinture des êtres vrais. Ce centaure baroque et mal équilibré le prouve bien (fig. 120). Sa tête est très curieuse. L'artiste qui a tracé ce facies aux traits accentués était un observateur. Il avait un esprit sarcastique qui est rare chez les peintres du continent grec. Mais le corps du cheval est juxtaposé à celui de l'homme d'une façon disgracieuse. Il n'y a pas là une figure mythologique composée de plusieurs élé-

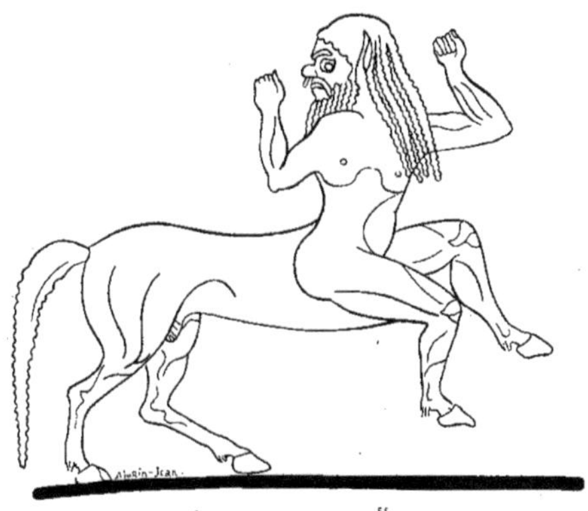

FIG. 120. — CENTAURE IONIEN A JAMBES HUMAINES PAR DEVANT. — Détail d'une hydrie de Caere. — *Louvre. Salle E*, n° 700.

ments combinés avec harmonie, mais un arrière-train de cheval, dessiné à côté d'une figure humaine. L'homme est dans son entier ; ses pieds — anomalie étrange — sont remplacés par des sabots d'équidé.

Cette conception du centaure est spéciale aux écoles ioniennes.

Elle s'est manifestée quelquefois en Attique ; on la trouve notamment sur une grande amphore à figures noires du musée de Munich (1) (VIe siècle), sur un vase à figures rouges du Louvre (Ve siècle) (fig. 121) et sur une amphore à figures noires du musée de Boulogne-sur-Mer.

En dehors de l'Ionie, le centaure à jambes humaines par devant

(1) *Catalog. du musée de Munich*, n° 1415.

est une rareté. Les peintres du continent, pour représenter cette figure mythologique, la composent d'une part d'un torse humain, d'autre part du corps et des quatre jambes d'un équidé. Ils constituent ainsi un merveilleux amalgame.

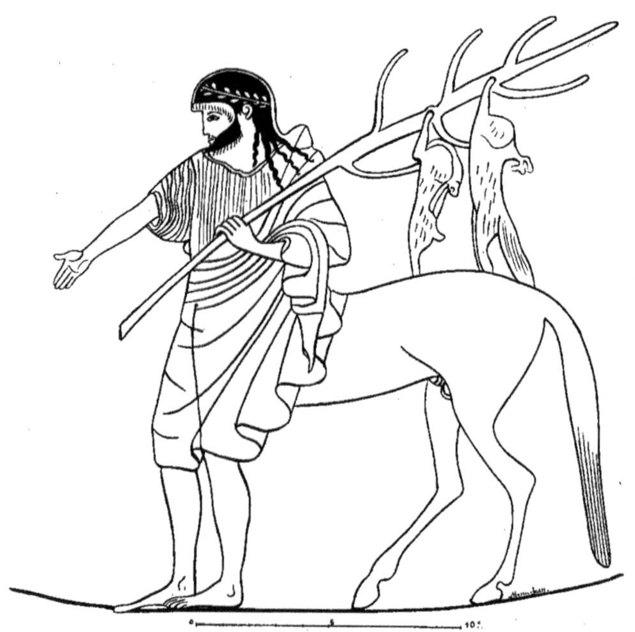


FIG. 121. — CENTAURE A JAMBES HUMAINES PAR DEVANT. — Détail d'un vase attique à figures rouges de la première moitié du V^e s. — *Louvre, Salle G*, n° 186.

*Cerbère.* — Le chien monstrueux, gardien des Enfers, à qui Hésiode donnait cinquante têtes (πεντηκοντακάρηνος), est pourvu d'une triple gueule sur les hydries de Caere. Ses pattes sont conçues d'après la formule indifféremment appliquée aux fauves, aux lièvres et aux chiens; son corps est allongé; ses membres postérieurs sont plus grands que ses pattes de devant ; sa queue est longue et poilue. Chacune de ses têtes est de taille moyenne, a la gueule ouverte, des dents puissantes d'un dessin très soigné, des oreilles courtes. Ces caractères sont ceux des *chiens crétois*, lesquels constituaient une race particulière dans le bassin oriental de la Méditerranée (1).

Pour former avec ce chien un motif de décoration et le faire entrer dans le domaine de la Mythologie, l'artiste ionien a procédé de la

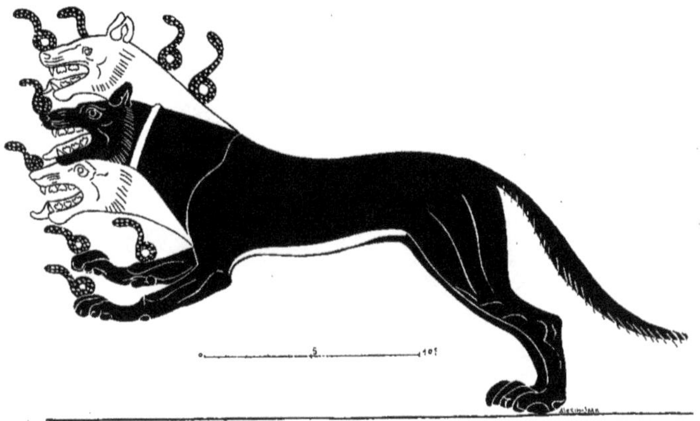

FIG. 122. — CERBÈRE. — Détail d'une hydrie de Caere. — *Louvre. Salle E*, n° 701.

sorte : il a donné à l'animal fabuleux trois têtes, et il l'a enjolivé de petits serpents empruntés à l'arsenal de ses modèles d'atelier. Ces petits serpents, le fait est à noter, ressemblent aux *uraeus* égyptiens. Ils n'entrent pas, à proprement parler, dans la composition du monstre. Ils la complètent seulement et la complètent fort mal en se plaçant soit sur le cou de l'animal, soit sur son nez, soit sur ses pattes de devant. Si les peintres des hydries de Caere (fig. 122) se sont servis du *chien crétois* pour constituer leur image mythologique du cerbère, les Attiques de la fin du VIe siècle, de leur côté, ont eu recours

(1) Voy. *Dictionnaire des antiquités*, de M. SAGLIO, t. I, p. 879.

au chien alors à la mode en Grèce, le *lévrier spartiate* ou *laconien*. (Louvre. Salle F, n° 204.)

*Taureau ailé.* — Instruits par les Assyriens, les Ioniens se sont emparés du taureau ailé. Cet animal symbolique entre dans la décoration d'une belle hydrie du Louvre (fig. 123).

Son aile, recourbée comme dans les œuvres orientales, est d'un

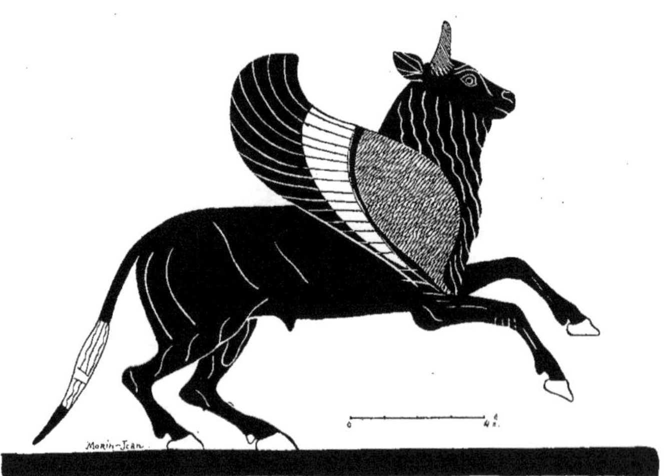


FIG 123. — TAUREAU AILÉ. — Détail d'une hydrie de Caere. — *Louvre. Salle E*, n° 697.

superbe effet. Elle s'adapte bien à l'épaule. Sa tête petite, son front armé de cornes courtes et droites, semblent provenir de l'étude attentive d'une race bovine originaire de l'Orient, mais dont on retrouve des spécimens en Attique, aux VI^e^-V^e^ siècles.

Son corps et ses membres ne sont pas ceux d'un bovidé, mais ceux d'un équidé. Ici encore le céramiste montre qu'il a une connaissance très approfondie de l'anatomie du cheval.

Il imite à la perfection les Assyriens et crée des chevaux qui valent les leurs.

Le peintre des hydries de Caere est donc à la fois un artiste incomplet et un des meilleurs animaliers de la Grèce ionienne du VI^e siècle. Il aime la précision. Il trace au burin le contour des silhouettes tandis que le décorateur corinthien réserve le procédé de l'incision pour les détails intérieurs. C'est, dans une certaine mesure, un naturaliste.

Il est plus consciencieux, plus minutieux que les potiers de la Grèce continentale. Il les surpasse comme animalier, mais il se laisse surpasser par eux dans la science de répartir, sur des vases, les motifs d'ornementation.

Le céramiste corinthien travaille plus vite que lui, néglige les détails, mais il donne aux figures, les unes par rapport aux autres, leur vraie valeur, équilibre bien les pleins et les vides.

Le dessinateur ionien ne se soucie pas du cadre où l'animal devra entrer. Sa fantaisie le guide autant que la nature à créer les animaux de ses compositions.

Aussi admire-t-on encore aujourd'hui les images issues de son cerveau d'artiste et tracées par son pinceau spirituel, précis et délicat.

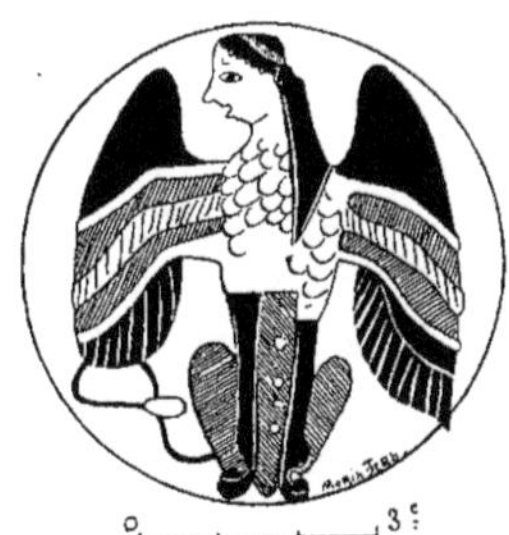

Coupe de style attique. Sirène. — *Louvre. Salle* A. n° 241.

V

## Fabrique ionienne des vases dits « cyrénéens ».

Les céramistes rhodiens et corinthiens s'inspiraient, semble-t-il, des motifs zoomorphes dont les riches tissus d'Orient étaient alors abondamment ornés. Ceux de la Cyrénaïque (1) et de la Béotie, dont nous allons étudier maintenant les produits, prenaient pour modèles les objets de métal gravés.

La nature offre d'infinis détails en présence desquels l'œil ne sait pas toujours ce qu'il faut mettre en valeur et ce qu'il faut laisser de côté. L'artiste doit choisir parmi eux ceux qui peuvent lui permettre de constituer des compositions vraiment décoratives.

Le peintre cyrénéen ne sait pas démêler quels sont les éléments essentiels des êtres et des choses. Il s'attache à rendre mille détails amusants, curieux, mais souvent inutiles. Il se perd dans un dédale de petites difficultés que son esprit, trop consciencieux, fait surgir devant lui. Il a les qualités de ses défauts et les défauts de ses qualités. Sa minutie l'amène à produire des œuvres charmantes mais l'entraîne à s'égarer dans la multiplicité des lignes. Il bavarde avec la nature, il en admire le pittoresque. Poète à sa manière, il charme quiconque suit les manifestations de sa pensée, mais il ne sait pas émouvoir. C'est un virtuose du burin. Il cache si bien ses défauts sous la diversité des formules de son esthétique, que plusieurs de ses œuvres comptent parmi les plus séduisantes de la Grèce archaïque.

L'animal cyrénéen est très facile à reconnaître. Sa silhouette est

(1) La désignation de *Vases de la Cyrénaïque* est provisoire. Le centre de fabrication de ces poteries n'est pas encore connu. Les opinions les plus divergentes sont émises à ce sujet.

entièrement couverte d'incisions qui se croisent dans tous les sens et qui expriment les moindres détails. Le travail au burin y tient une place prépondérante. Il y a là une transposition sur l'argile des procédés employés par les graveurs sur métaux.

*Coqs.* — Ce coq (fig. 124) est une des plus belles créations de l'art

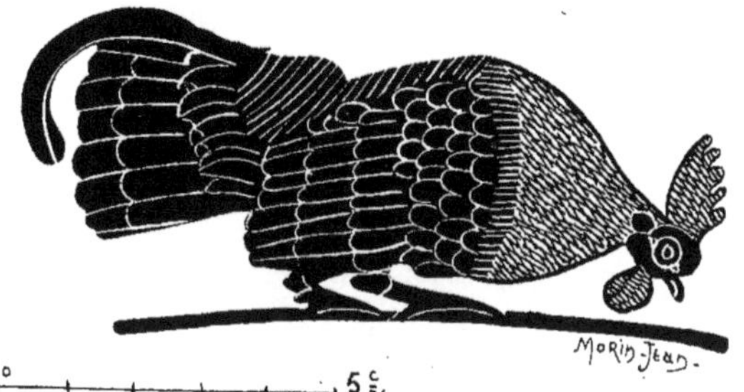


FIG. 124. — COQ PICORANT. — Détail d'un dinos de style cyrénéen. VIe s. av. J.-C. — *Louvre. Salle E*, no 662.

cyrénéen. Sa crête haute et très découpée, sa caroncule et son cou sont peints en rouge. Son plumage est détaillé avec minutie. En bordure de la grande tache rouge du cou, on remarque une suite de petits traits

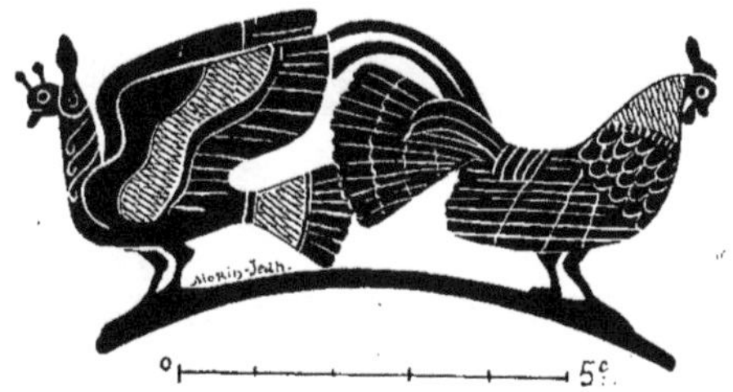


FIG. 125. — COQ ET OISEAU A TÊTE DE GRIFFON. — Détail d'une coupe de style cyrénéen. — *Louvre. Salle E*, no 667.

courts, serrés les uns contre les autres. A gauche de ceux-ci sont disposés trois rangs verticaux d'imbrications représentant des plumes. Plus loin, trois autres rangs analogues figurent des plumes plus longues.

Sur le dos de l'animal, des coups de burin ont été donnés obliquement. La queue, très détaillée elle aussi, est dominée par les rectrices recourbées en arc de cercle.

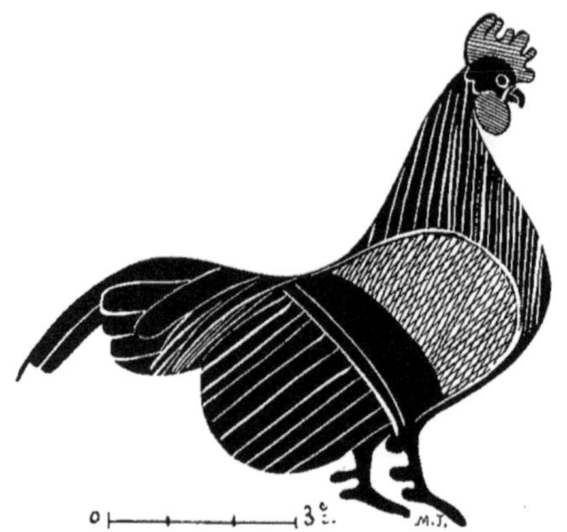


FIG. 126. — COQ CORINTHIEN. — Peinture d'un bombylios. — *Louvre. Salle E*, n° 491.

L'auteur de ce dessin a évité de se servir des formules en usage dans les ateliers corinthiens ; il les a trouvées trop conventionnelles.

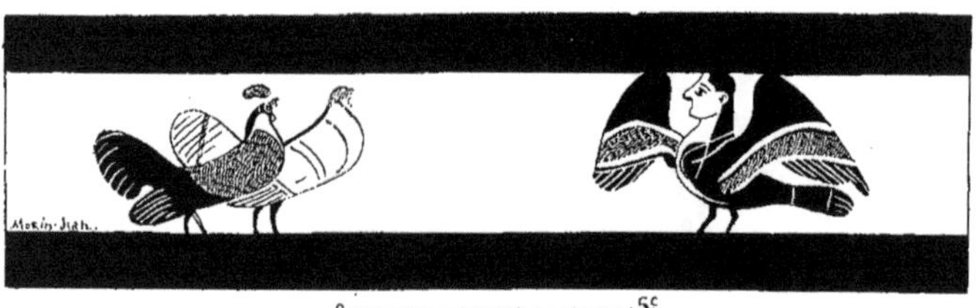


FIG. 127. — COQS ET SIRÈNE. — Détails d'une coupe attique à figures noires du VIe s. av. J.-C. — *Collection Morin*, n° 1298.

Il a inventé un mécanisme plus souple, usé d'un formulaire plus riche et plus varié. Sans doute, il n'a pas été assez habile pour se passer de recettes d'atelier, mais ses combinaisons esthétiques lui ont permis d'être plus vrai que le décorateur de Corinthe.

Le coq cyrénéen appartient à la race orientale. Son corps, allongé

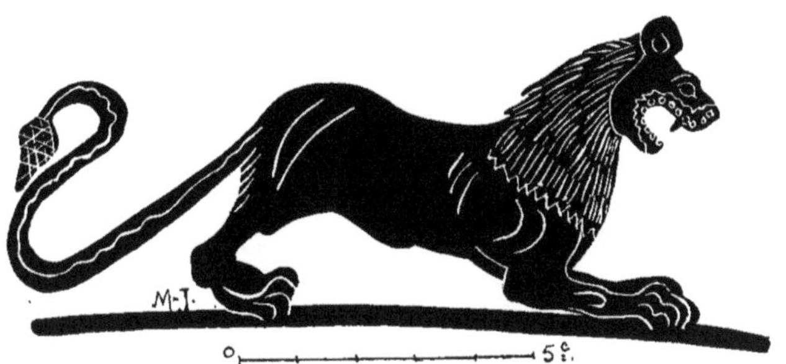


FIG. 128. — LION RUGISSANT. — Détail d'un Dinos de style cyrénéen. — *Louvre. Salle E*, n° 662.

horizontalement, en est la preuve (fig. 125). Le coq corinthien n'a ni la même allure, ni les mêmes proportions. Il se redresse, porte la tête haute, ressemble beaucoup à notre coq domestique (fig. 126).

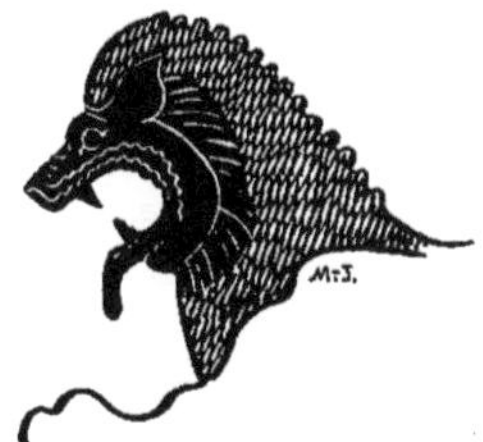


FIG. 129. — TÊTE DE LION DE STYLE CYRÉNÉEN. — Détail d'un Dinos. — *Louvre. Salle E*, n° 662.

Sur les vases attiques du VIe siècle, ces deux races de gallinacés sont figurées. Les *Kleinmeister*, très ionisants dans leurs peintures, ont souvent reproduit la race asiatique (fig. 127).

Les décorateurs de l'école de Cyrène affectionnent la violence des mouvements. Aussi ne pouvaient-ils pas manquer de dessiner des

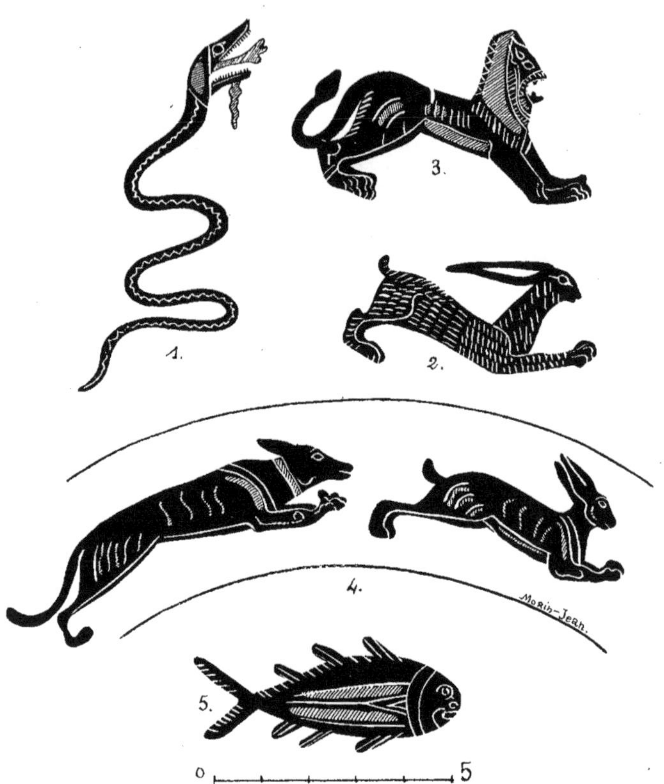


FIG. 130. — ANIMAUX DE STYLE CYRÉNÉEN. — *Louvre. Salle E*, 1 et 2 n° 669 ; 3 n° 671 ; 4 n° 663 ; 5 n° 670.

combats de coqs. Ces combats reviennent souvent dans l'ornementation céramique des Grecs (1).

(1) Vase conservé au musée de Madrid et publié dans les *Annali* de 1863, pl. G. Alabastre de Berlin publié dans l'*Archeol. Zeitung.* de 1878, pl. 21, etc.

*Fauves.* — Le céramiste cyrénéen n'adopte pas les conceptions artistiques du potier de Corinthe ; il ne dessine pas le fauve au repos. Il aime à peindre le carnassier prêt à bondir, donner une expression de colère à sa physionomie et des mouvements convulsifs à sa queue (fig. 128). Il lui fait une large gueule et l'entoure de deux longs

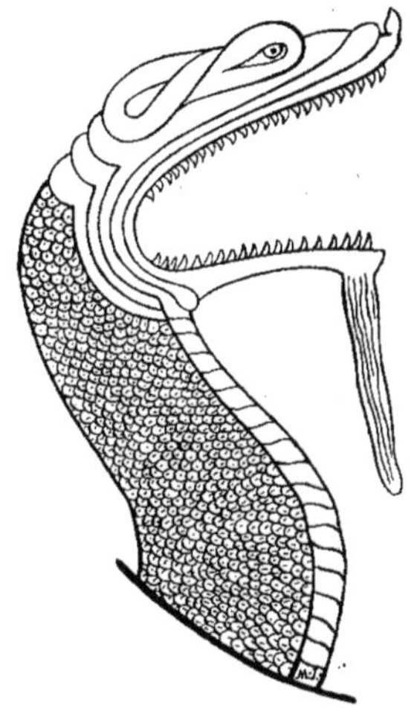

FIG. 131. — MONSTRE DÉRIVÉ DU SERPENT. — Détail d'une coupe à figures rouges du Vatican. Ve s. av. J.-C.

zigzags (fig. 129) dont l'un est quelquefois remplacé par une succession de petits cercles (fig. 128). Il le pourvoit d'oreilles d'une forme particulière et d'une crinière dont les longs poils apparaissent ostensiblement.

Les pattes du fauve cyrénéen sont épaisses. Une grosse touffe de poils, faite d'une multiplicité de traits qui s'entre-croisent, termine sa queue qu'une ligne ondulée suit dans toute sa longueur. Tout cela fait du lion de l'école de Cyrène un animal purement ionien, une bête sauvage qui, à certains égards, ressemble à celle des hydries de Caere tout en étant très différente dans le détail.

*Monstres dérivés du Serpent.* — Sur une coupe du Louvre, le céramiste de Cyrène a dessiné un serpent qui n'est autre que le dragon de la légende de Cadmos (fig. 130, n° 1). Le corps de ce monstre se

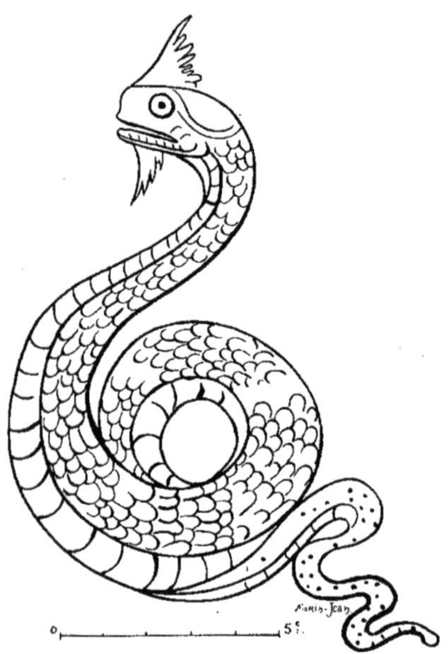


FIG. 132. — LE SERPENT DE LA LÉGENDE DE CADMOS. — Détail d'un grand cratère du style d'ASSTÉAS. Italie méridionale. IVe s. av. J.-C. — *Louvre. Salle K.*

dresse, ondule. Un long zigzag, analogue à celui qui décore la queue du lion, le parcourt d'un bout à l'autre. Sa tête est stylisée d'une façon curieuse. Sa gueule ouverte, dont les mâchoires sont armées de dents aiguës, fait songer à celle de ces êtres horrifiques que se plut à créer l'art médiéval. La représentation du serpent et des bêtes fabuleuses qui en dérivent n'est pas très fréquente sur les vases grecs.

Une tête de serpent orne une coupe du Vatican peinte au v^e siècle avant Jésus-Christ à l'époque d'Euphronios (fig. 131). Les principes artistiques auxquels a obéi le décorateur de cette poterie sont presque semblables à ceux de l'auteur du dragon cyrénéen, bien qu'il y ait entre les deux œuvres près d'un siècle de distance.

Le serpent de la légende de Cadmos se retrouve peint sur un

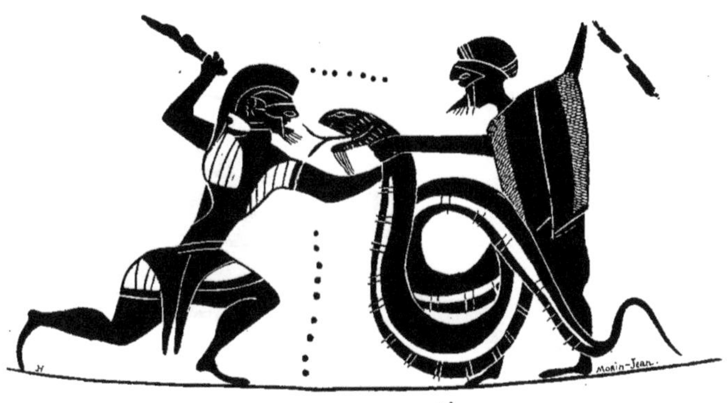


FIG. 133. — HÉRAKLÈS ET SON COMPAGNON IOLAOS TUENT L'HYDRE DE LERNE. — Amphore de style ionien. VI^e s. av. J.-C. — *Louvre. Salle E, n° 707.*

grand cratère du style d'Asstéas, fabriqué dans l'Italie méridionale vers le IV^e siècle avant Jésus-Christ (fig. 132). L'animal est rond et mou. C'est une œuvre de décadence. Sa tête, courte, trapue, est pourvue d'une crête et de caroncules analogues à celles des gallinacés. Son corps est couvert d'écailles. Ici, comme dans les peintures cyrénéennes, il y a une infinité de détails. La minutie du travail des céramistes de l'Italie méridionale montre quelle était leur patience et leur habileté. Elle rappelle celle des artistes du VI^e siècle, notamment de Timagoras qui couvrait d'écailles fines et régulières le corps du dieu Triton. (Louvre. Salle F, n° 51.) Au VI^e siècle comme au IV^e, on étendait, sur le ventre des êtres fantastiques dérivés du serpent, une longue bande blanche. Cet animal à ventre blanc se trouve aussi sur une amphore de style ionien barbare dont le lieu de fabrication n'est pas connu. Ce vase semble se rattacher aux produits négligés de la côte d'Asie. Sur sa panse est une figure mythique. C'est l'Hydre de Lerne attaquée par Héraklès et son compagnon

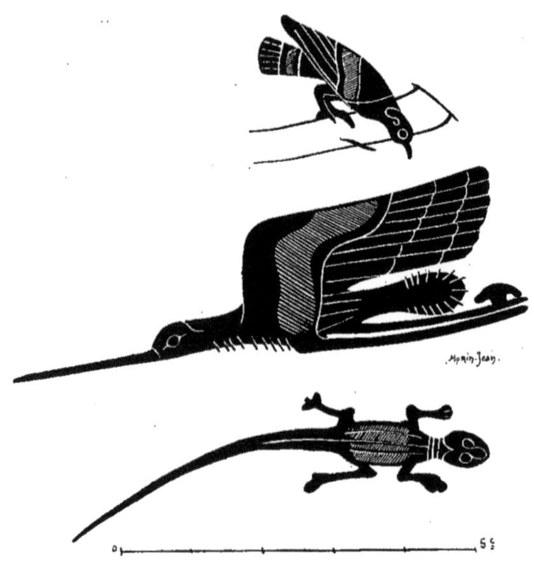

FIG. 134. — ANIMAUX DE LA COUPE DITE « D'ARCÉSILAS », ROI DE CYRÈNE. VI^e S. AV. J.-C. — *Cabinet des médailles*, n° 189.

Iolaos (fig. 133). Les Grecs donnaient à cette Hydre des formes très différentes selon qu'ils les empruntaient au poulpe ou au serpent.

*Autres animaux.* — Les animaux représentés sur les vases cyrénéens appartiennent à des espèces très diverses. Sur la coupe d'Arcésilas (1), la scène de la pesée du sylphium est complétée et entourée

(1) BABELON, *Cabinet des antiques*, pl. 12. DUMONT-POTTIER, *Les Céramiques de la Grèce propre*, p. 295. SALOMON REINACH, *Répertoire des vases peints*, t. I, p. 80 et 81.

par un lézard, une panthère à tête de face couchée sous le siège du

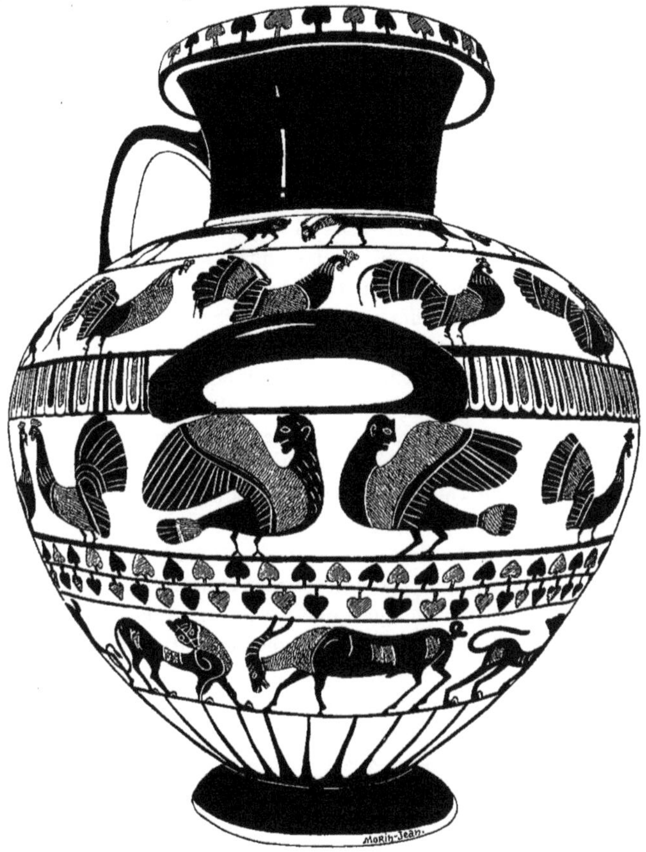


FIG. 135. — HYDRIE A ZONES D'ANIMAUX. — Fabrique cyrénéenne, style d'imitation corinthienne. VIe s. av. J.-C. — *Collection Morin*, n° 1164.

roi, un singe accroupi, des oiseaux pittoresquement perchés sur les vergues du navire, un courlis à long bec qui traverse le ciel à tire-d'aile. Ce courlis se rapproche beaucoup plus de la vérité que les oiseaux des céramistes de Corinthe. Dans les ateliers de la Grèce continentale, les ailes des volatiles sont ordinairement vues de face ; le corps est vu de profil (fig. 65). Mieux inspiré, l'auteur de la coupe d'Arcésilas bannit cette convention archaïque et peint des oiseaux tels qu'ils se présentent à nos yeux (fig. 134). Il y a, sur les vases de l'école de Cyrène, des poissons exécutés avec soin (fig. 130, n° 5), des lièvres dont le pelage est exprimé par de nombreux coups de burin (fig. 130, n° 2), des animaux fantastiques tels que l'oiseau à tête de griffon (fig. 125), le sphinx, le centaure de type ionien à jambes humaines par devant. (Louvre. Salle E, n° 662.)

Réels ou irréels, tous ces êtres sont traités avec une richesse de détails et un amour du pittoresque qui font la plupart du temps défaut dans les œuvres de l'école de Corinthe.

L'art cyrénéen ne fleurit pas longtemps. Ses principes exercèrent une influence assez limitée. Dans le courant du VIe siècle, le style corinthen lui fit subir de profondes modifications, lui imposa ses formules et amena sa décadence. Cette grosse hydrie, où l'on ne trouve que des traces de la facture cyrénéenne, en est la preuve (fig. 135). Les animaux dont elle est décorée sont corinthiens. L'origine cyrénéenne du vase n'est indiquée que par la forme du corps des coqs (race allongée de l'Orient) et l'appendice orné d'incisions qui existe au bout de la queue de quelques-uns des fauves à tête de face disposés à la file dans la zone inférieure.

Si les fabriques dites *cyrénéennes* avaient été longtemps guidées par les lois qu'elles observèrent à leur origine et pendant leur plein épanouissement, il est permis de croire qu'elles auraient produit beaucoup plus de chefs-d'œuvre qu'elles n'en firent. Si leur activité avait duré autant que celle des ateliers de Corinthe, elles auraient, plus que ceux-ci, atteint la perfection dans la forme des animaux.

## VI

### Fabrique de Béotie.

Au témoignage des auteurs anciens, les Béotiens avaient l'esprit lourd et ne savaient pas goûter les plaisirs intellectuels. Il n'est donc pas surprenant que les animaux de leurs vases manquent de vivacité et de grâce. Leurs ateliers de céramique n'étaient pas loin de Corinthe. On y travaillait selon les formules adoptées dans cette ville, mais l'influence des écoles de la Grèce orientale (1) s'y exerçait aussi. Des rapports ethniques ont existé, nous le savons, entre les Cyrénéens et les Béotiens (2).

Tout en faisant aux autres fabriques de nombreux emprunts, les potiers de la Béotie laissent voir, dans leurs produits, une personnalité très accusée. Ils copient mal les modèles qu'ils ont sous les yeux, étant entraînés par leur manque de développement intellectuel à les toujours déformer dans une certaine mesure. Leurs produits conservent longtemps une couleur locale très accentuée. Ils restent semblables à eux-mêmes à une époque où l'école attique, dont les formules s'imposent partout, fait disparaître les manifestations esthétiques des fabriques provinciales.

Les Béotiens, dans leurs figures zoomorphiques, manquent de délicatesse et de légèreté. Leurs traits sont épais, trop forts, disgracieux. Ils sont moins rigides que ceux des Corinthiens et accusent souvent une rondeur exagérée.

(1) Surtout de l'école que nous avons appelée provisoirement *cyrénéenne*.

(2) Cyrène, qui devint, comme on sait, une importante colonie grecque d'Afrique, fut vraisemblablement fondée vers 631 par des Béotiens conduits par Battos.

Toutes leurs céramiques ne sont pas aussi imparfaites les unes que les autres. Sur l'une d'elles, qui est au Louvre, on voit des oiseaux dont les pattes, les ailes, la queue et le cou sont très mal peints

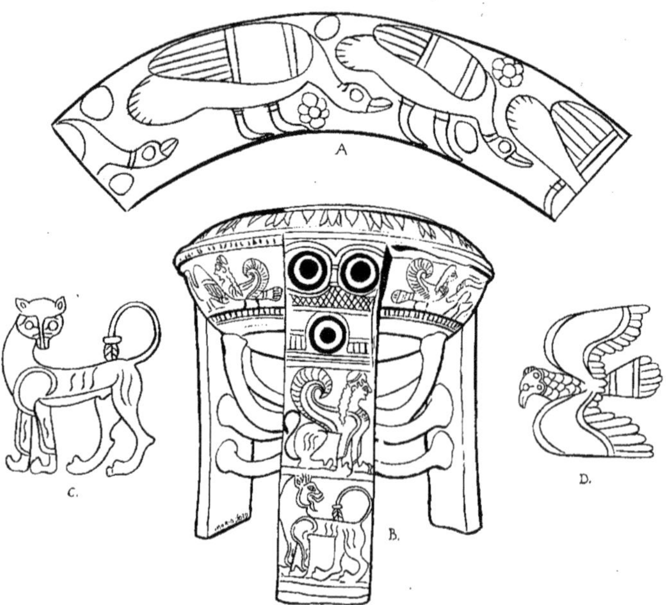


FIG. 136. — ANIMAUX DE STYLE BÉOTIEN. — VI^e s. av. J.-C. — *Louvre. Salle L.* — A. Décor du marli du plat, n° 155. — B.-C.-D. Trépied de Thèbes (6. A. 683).

(fig. 136, A.). Sur une autre, une tête de taureau, isolée et placée de face, est d'un assez beau galbe (fig. 140).

Dans les ateliers béotiens, la sirène a une queue massive, ce qui la distingue de la sirène corinthienne. Elle a, comme l'ont les êtres fantastiques ailés de l'Orient, des ailes recoquillées (fig. 137). Sa chevelure est limitée tantôt par des lignes droites (fig. 137), tantôt par des ondulations (fig. 136, B.). L'oiseau volant (fig. 136, D.) se compose d'un grand nombre de traits. Les rémiges de ses ailes sont arrondies à leur extrémité, les plumes de son cou sont indiquées par des imbrications. Mais, chose étrange, l'animal n'a pas de corps.

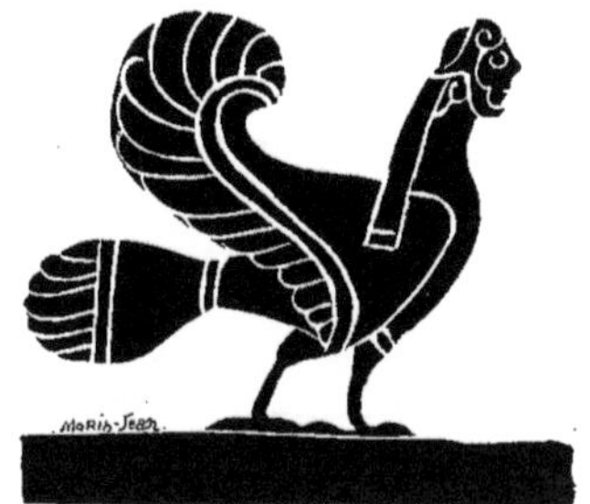

FIG. 137. — SIRÈNE BÉOTIENNE. — Détail d'un cratère du VI$^e$ s. av. J.-C. — *Musée de Munich* (Bavière).

La lionne à tête de face (fig. 136, *C.*) est une bien médiocre copie du modèle corinthien ; elle est loin d'avoir autant d'expression que lui. La comparaison entre la tête de ce fauve et celle d'un animal sem-

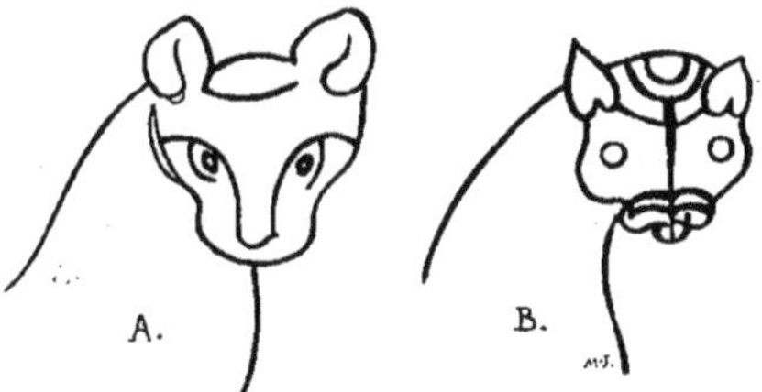


FIG. 138.— TÊTES DE FAUVES VUES DE FACE.— *Musée de Munich* (Bavière). VI$^e$ s. av. J.-C. — A. Amphore attico-corinthienne, n° 151 (838). — B. Cratère de style béotien.

blable peint sur une amphore attico-corinthienne du musée de Munich, montre l'infériorité du dessin béotien (fig. 138).

Le lion des poteries de Béotie a des griffes d'une forme compliquée et difficile à comprendre (fig. 139). Sa queue se termine presque toujours par un appendice globulaire ou foliacé, orné de traits disposés en arête de poisson (fig. 136, *C.* et 139). C'est, à peu de chose près, la formule cyrénéenne.

Le décorateur béotien a des procédés très spéciaux et très personnels pour faire une crinière de lion.

Il n'emploie pas les lignes droites croisées ou parallèles entre elles dont usent les céramistes de Corinthe. Il veut rendre avec exactitude

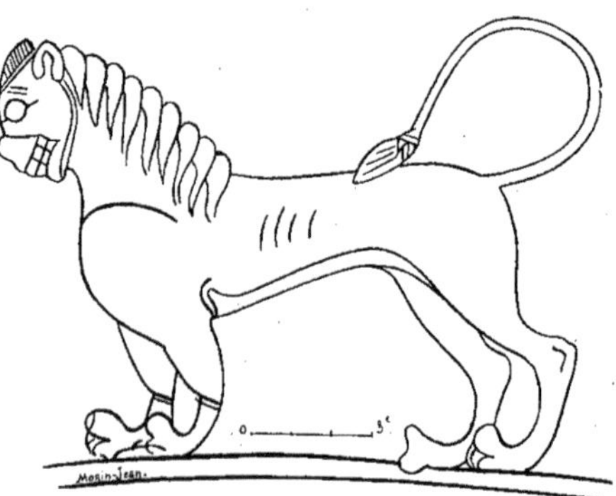

FIG. 139. — LION DE STYLE BÉOTIEN. — Détail d'un vase du Louvre. *Salle L* (C.-A., 823).

les mèches de la crinière de son fauve. Mais sa bonne volonté ne suffit pas à combler les lacunes dues à son inexpérience. Il paraît représenter une étoffe bordée de franges ou les longs poils du cou d'un cheval là où il veut nous donner l'idée d'une crinière de lion (fig. 139).

La tête du fauve est aussi disgracieuse de profil que de face. Elle subit souvent des déformations bizarres et inexplicables. L'œil est énorme et inexpressif. Le front est orné d'une touffe de poils dont l'effet n'est pas heureux. Les dents sont indiquées par quelques traits qui se croisent à angle droit (fig. 139). La différence profonde qui existe entre l'art décoratif de Corinthe et les formules béotiennes, presque toujours sans charme et sans attrait, apparaît ici clairement.

Il est singulier de voir que les recettes peu séduisantes des ateliers de Béotie aient été employées par les céramistes attiques de la première moitié du VIe siècle. Les vases dits « attico-corinthiens »

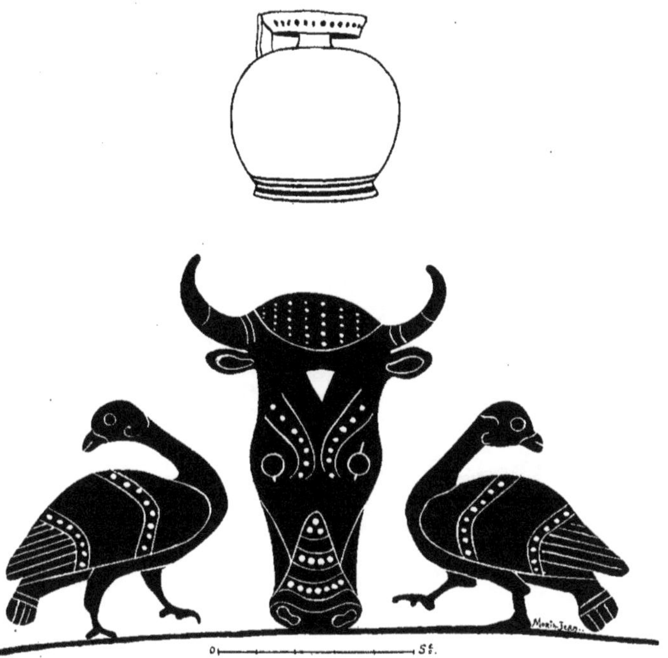

FIG. 140. — TÊTE DE BOVIDÉ VUE DE FACE, ENTRE DEUX OISEAUX. — Aryballe de style béotien. VIe s. av. J.-C. — *Collection Morin*, n° 2996.

(voir ch. IX), sont couverts d'animaux empruntés aux modèles de ces ateliers.

Parmi les vases que l'on groupait autrefois sous la dénomination générale de *Céramique corinthienne,* beaucoup sont originaires des ateliers béotiens ou d'ateliers qui en dérivent.

Voici un aryballe dont la forme est bien corinthienne, mais dont le décor est différent de celui des vases fabriqués à Corinthe même (fig. 140). Le champ n'est pas encombré de ces rosaces qui donnent à penser que les artistes corinthiens avaient l'horreur du vide. Sur le fond clair, vierge d'ornements parasites, se détache en noir une grande et belle tête de bovidé placé de face. Cette tête est flanquée de deux oiseaux, disposés symétriquement à droite et à gauche. Ces volatiles sont lourds. Leurs formes sont molles et rondes. Ce sont là des caractères franchement béotiens.

Les silhouettes noires sont, sur ce vase, rehaussées de larges taches

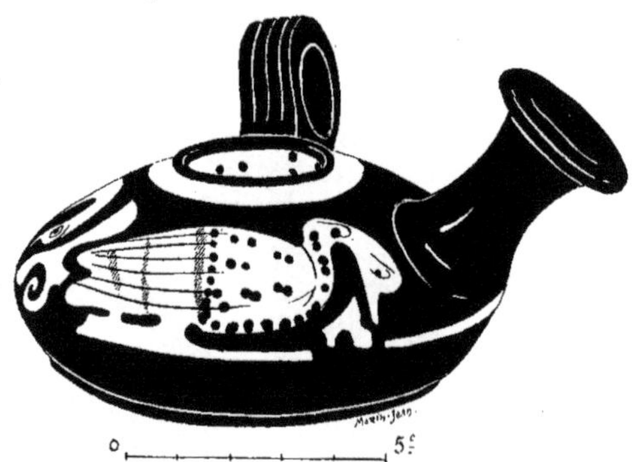

Fig. 141. — Guttus a figures rouges trouvé a Thèbes (Béotie). IV^e s. av. J.-C. — *Collection Morin*, n° 1738.

rouges et de points d'un blanc crémeux analogues à ceux qui décorent si souvent les peintures industrielles de la Grèce asiatique.

Si l'on rapproche la tête de taureau formant le motif central de cette poterie de celle qui orne l'aryballe corinthien du Louvre trouvé à Rhodes (fig. 56), on voit que, si le sujet est le même, il a été exécuté, ici et là, par des mains différentes. Il est difficile d'affirmer que le premier de ces vases ait été fait dans les ateliers béotiens. Sa terre est moins rouge que celle de Béotie; mais son décor rappelle beaucoup celui des poteries découvertes dans cette région.

On peut comparer les oiseaux de ce vase au canard de profil peint sur un petit guttus à figures rouges du IV$^{e}$ siècle, trouvé à Thèbes (fig. 141). De part et d'autre le style est lourd et rond. Les couleurs sont transposées. Les points répartis sur les ailes sont blancs ici,

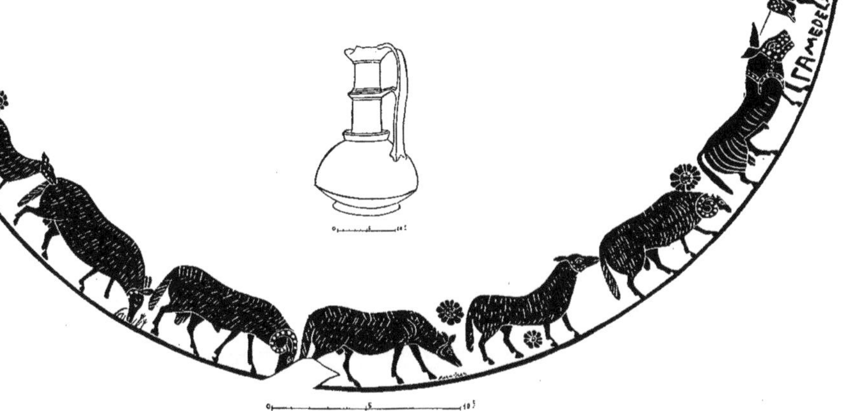

FIG. 142. — L'ŒNOCHOÉ DE GAMÉDÈS. — Béotie. VII$^{e}$ s. av. J.-C. — *Louvre. Salle L.*

noirs là ; mais ils ont la même valeur décorative dans les deux images.

Ce procédé d'ornementation, qui consiste à aligner des points les uns à la suite des autres, a été employé par Nicosthènes.

L'œnochoé peinte au VII$^{e}$ siècle par le potier Gamédès est un des meilleurs produits de l'école béotienne (fig. 142). Si peu banale qu'elle soit, elle n'en est pas moins l'œuvre d'un paysan.

Sur sa panse, une scène pastorale forme frise. Les animaux qui la composent sont lourds. Leur ventre est gonflé. Leurs membres, courts et grêles, ne sont pas à l'échelle du reste du corps. Ils se suivent avec monotonie derrière l'homme qui les conduit.

Cet art de rustres, nous le retrouvons dans toutes les productions des ateliers de la Béotie, depuis les temps les plus anciens jusqu'aux époques les plus basses. Témoin deux skuphos du musée de Munich ornés l'un de pintades dont le corps est énorme et la tête ridiculement

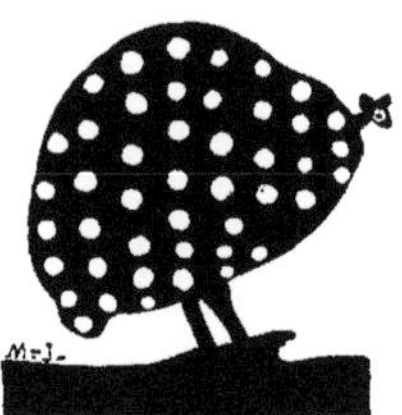

FIG. 143. — PINTADE. — Détail d'un skuphos à figures noires de style béotien. V^e s. av. J.-C. — *Musée de Munich (Salle IV)*.

petite (fig. 143), l'autre d'un chameau dont les proportions sont assez bien observées (1) (fig. 144). Témoin encore deux petits plats du musée de Compiègne (fig. 145). D'un style tardif et décadent, ces

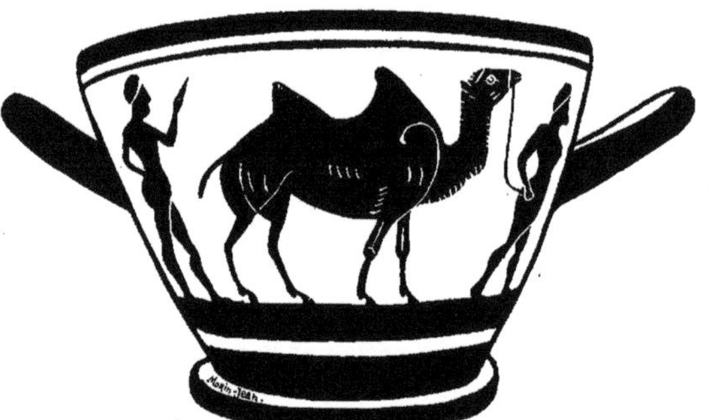

FIG. 144. — SKUPHOS A FIGURES NOIRES ORNÉ D'UN CHAMEAU. — Style Béotien, environs du V^e s. av. J.-C — *Musée de Munich* (Fuhrer durch die Königliche Vasensammlung, n° 2008).

plats sont ornés de figures noires non incisées. Sur l'un d'eux, six dauphins sont disposés en forme de couronne. Sur l'autre, deux

(1) Le chameau est rarement représenté sur les vases grecs. Voy. *Dictionnaire des antiquités* de M. SAGLIO, t. I, p. 856, et fig. 1049.

dragons étranges font songer à certaines représentations fantastiques de la Chine ou du Japon.

Tous ces exemples montrent que les potiers béotiens ont, à toutes les périodes de production active de leurs ateliers, eu des conceptions esthétiques très particulières. Ils étaient ancrés dans de misérables

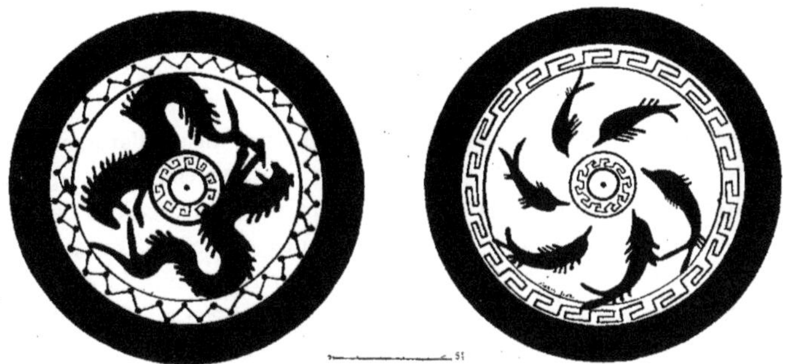

FIG. 145. — PLATS DE STYLE BÉOTIEN TARDIF. (Fin du V^e s. av. J.-C.). — *Musée de Compiègne* (Oise) (n^os 1086 et 1087).

méthodes, très attachés aux conceptions simples de leur fruste mentalité, incapables de créer une œuvre homogène et bien équilibrée.

Il est difficile d'admettre que les objets de métal qui leur servaient de modèles aient eu une ornementation aussi naïve que celle de leurs vases. Il faut conclure de cela que l'imagination des Béotiens était pauvre, que leur activité intellectuelle était paralysée par leurs habitudes ethniques, que leur main inhabile les rendait impropres à copier fidèlement des œuvres intéressantes.

Certaines qualités compensent heureusement leurs défauts. Leur probité rachète leur inexpérience. Ce sont des ouvriers consciencieux ; ce ne sont pas à proprement parler des artistes.

## VII

### Fabrique de Chalcis.

Les céramistes chalcidiens ont orné leurs vases d'animaux qui ressemblent beaucoup aux animaux corinthiens mais qui en diffèrent à certains égards. Ils ont peint des taureaux, des cervidés paissant, des lionnes à tête de face, des chevaux, des sangliers, des chiens, des coqs, etc. Ils ne les ont pas surchargés des lignes qui fatiguent et alourdissent les œuvres de Cyrène et de Béotie. Ils se sont contentés de quelques traits pour exprimer la vie et le mouvement de l'animal. Ils ont négligé les menus détails de sa structure. Ils ont aimé les grandes et belles surfaces noires. Ils se sont inspirés des statues de bronze qui furent à Chalcis très appréciées et très répandues.

Dans les proportions qu'ils donnent au corps des quadrupèdes, les potiers de Chalcis ne suivent pas les errements de Corinthe. Ils ne font pas subir à l'animal des déformations qui lui permettent de s'emboîter dans les limites de la surface à décorer. Ils l'établissent d'après un *canon* qui est l'inverse du canon rhodien. Les pachydermes et les ruminants chalcidiens, à de rares exceptions près, ont un corps épais, des membres postérieurs placés très en dessous du ventre, une croupe ronde et des fesses très saillantes (fig. 146). Ce canon, que j'appellerai « *le canon trapu* », est d'origine orientale peut-être même d'origine égyptienne.

Dans son petit volume sur l'archéologie égyptienne (1), M. Maspéro

(1) P. 284, fig. 264.

reproduit un objet de cuir ouvragé remontant à l'époque du roi Pinotmou II. Sur cet objet sont représentés des scarabées ailés, des hiéroglyphes, des lotus, des cartouches royaux et, dans deux métopes se faisant pendant autour du motif central, des bouquetins tombés sur un genou. Ces bouquetins sont en tous points semblables à ceux

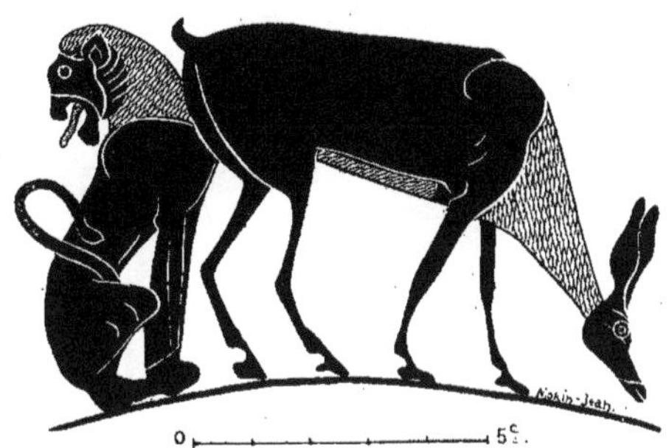


FIG. 146. — BICHE ET FAUVE. — Détail d'une amphore de style chalcidien. VIe s. av. J.-C. — *Louvre. Salle E*, n° 799.

d'un sarcophage de Clazomène publié par M. Paul Girard dans son livre sur la peinture antique (1). Ici comme là, ces animaux ont un corps ramassé, des formes arrondies, une croupe saillante, des jambes postérieures très en dessous du ventre. Ils sont tout à fait constitués d'après le *canon trapu*.

Ce canon fut donc adopté en Asie Mineure, vers la fin du VIIe siècle avant Jésus-Christ par les céramistes qui ornaient d'animaux les cercueils de terre cuite connus sous le nom *Sarcophages de Clazomène* (fig. 147 et 148). Pendant la première moitié du VIe siècle il paraît avoir été très en honneur chez les céramistes de Chalcis. Il faut en conclure que cette ville était en relation avec l'Ionie et que ses peintres devinrent, grâce à cela, d'excellents animaliers, voire même parfois des maîtres de premier ordre.

Nos observations sur les vases chalcidiens sont malheureusement

(1) P. 268, fig. 162.

très limitées. Ces vases sont en très petit nombre, tant au Louvre

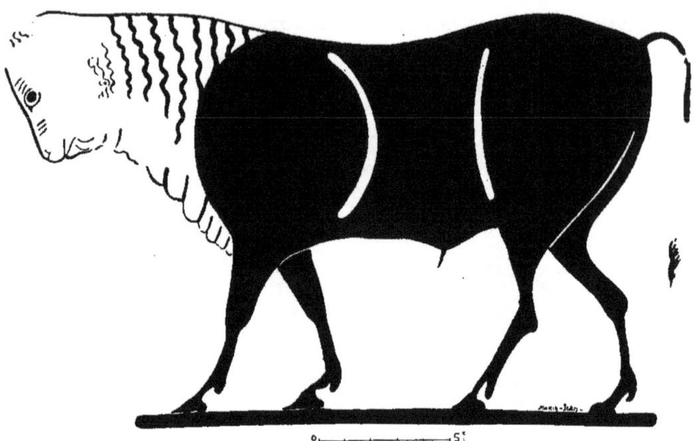

FIG. 147. — TAUREAU IONIEN. — Détail d'un sarcophage de Clazomène (Fin du VII^e ou début du VI^e s. av. J.-C.). — *Louvre. Salle E.*

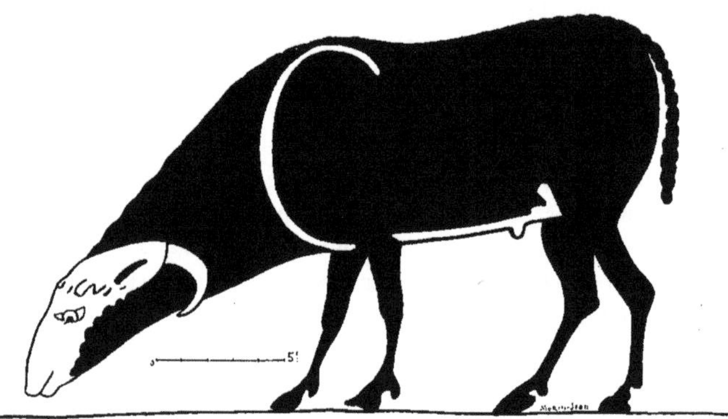

FIG. 148. — BÉLIER. — Détail d'un sarcophage de Clazomène (Fin du VII^e ou début du VI^e s. av. J.-C.). *Louvre. Salle E.*

qu'au Cabinet des médailles. Pour la plupart, ils ne sont pas d'un style très pur. Ils datent presque tous du milieu du VIe siècle, de l'époque où l'école attique, déjà très puissante, rayonnait au dehors et imposait son style aux autres fabriques.

Si regrettable que soit cette lacune, il nous est toutefois aisé de nous rendre compte, avec les rares documents que nous possédons,

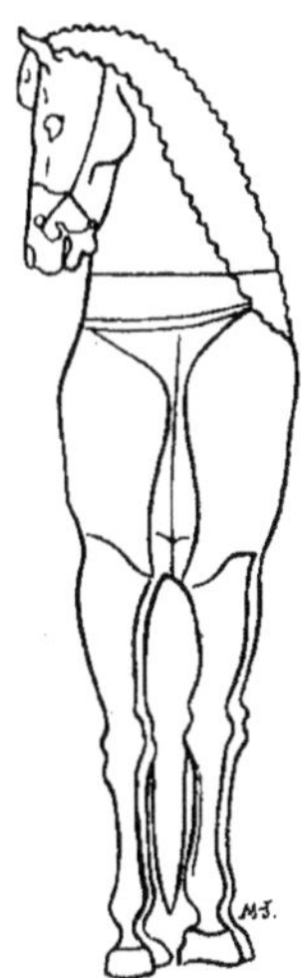

FIG. 149. — CHEVAL VU DE FACE. — Détail d'une amphore chalcidienne du *Cabinet des médailles* (VIe s. av. J.-C.).

que les Chalcidiens étaient de très bons artistes. Ils ont fait de fort beaux dessins d'animaux.

Que l'on compare le cheval de face extrait d'un quadrige peint sur une poterie chalcidienne du Cabinet des médailles (fig. 149) au cheval de face des vases attico-corinthiens (fig. 234), on verra combien les lignes du premier sont conformes à la vérité et combien le sont peu celles du second.

Actif, habile, alerte, le dessinateur de Chalcis donne à ses figures de l'expression, de la vie, du mouvement. Cette tête de cheval dont les muscles sont plus contractés que de raison, ce chien courant à

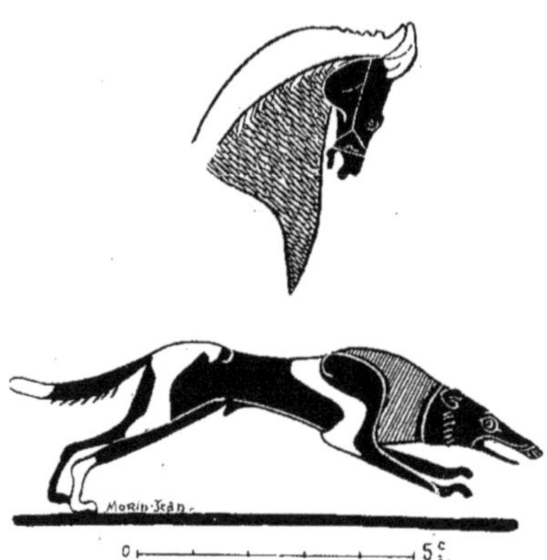


FIG. 150 — TÊTE DE CHEVAL ET LÉVRIER. — Détails d'une amphore de style chalcidien. VI<sup>e</sup> s. av. J.-C. *Louvre. Salle E*, n° 811.

toute vitesse, ce sanglier dont le caractère sauvage saute aux yeux suffisent à le prouver (fig. 150 et 151).

Traitée par le peintre chalcidien, la vieille composition dont le

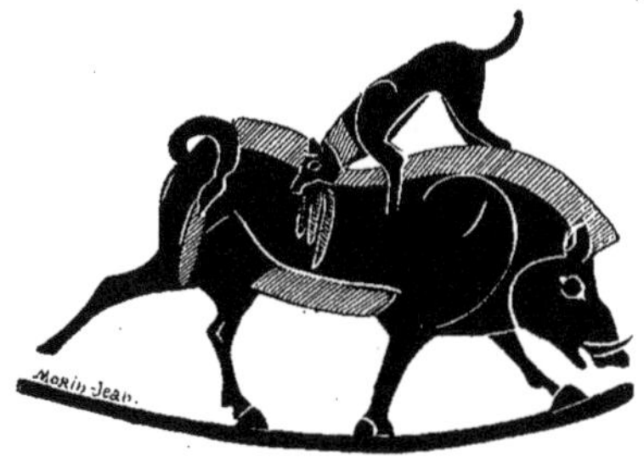


FIG. 151. — LE SANGLIER DE CALYDON. — Détail d'une amphore de style chalcidien. VI<sup>e</sup> s. av. J.-C. *Louvre. Salle E*, n° 802.

sujet consiste à représenter une biche aux prises avec des fauves prend un intérêt tout nouveau (1). Elle est simplifiée et transformée.

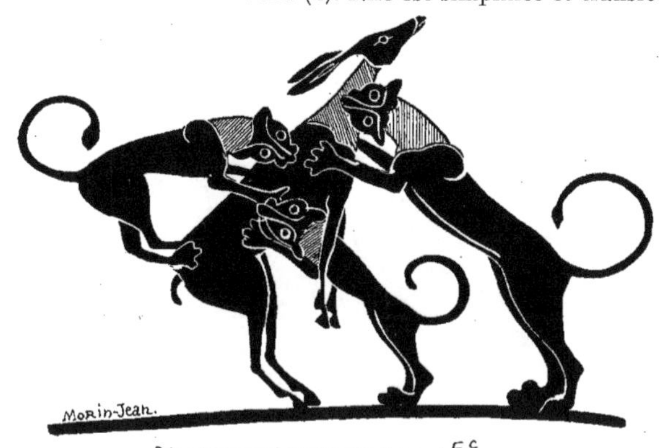


FIG. 152. — BICHE ATTAQUÉE PAR TROIS FAUVES. — Détail d'une amphore de style chalcidien. VI^e s. av. J.-C. — *Louvre. Salle E*, n° 799.

(1) Le sujet du ruminant attaqué par des fauves est d'origine orientale. Il a été traité par les Chaldéens (HEUZEY, *Catalog. des antiq. chaldéennes du Louvre*, p. 389, n° 221), par les Phéniciens (PERROT ET CHIPIEZ, *Histoire de l'Art*, t. II, fig. 475, 544, 565, 624, 639), par les Mycéniens qui en ornaient leurs gemmes. En Perse, on le rencontre jusque sur des monuments d'époque très basse (fig. XI). On le suit à travers les civilisations qui ont eu de l'Orient des apports directs ou indirects.

On le voit sur les monnaies d'Acanthe (A.

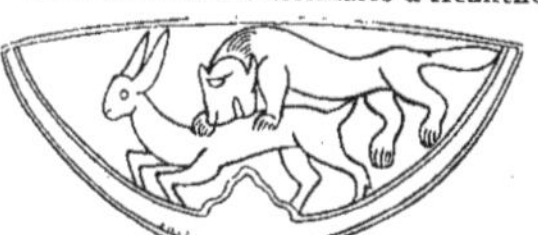

FIG. XI. — FAUVE ATTAQUANT UNE PROIE. — Détail du décor d'un bol en fer incrusté d'argent de travail persan. — *Collection Morin.*

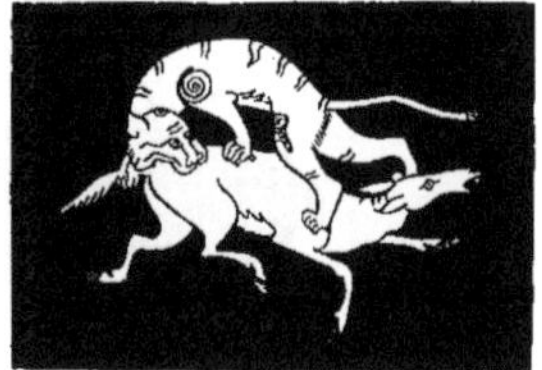

FIG. XII. — TIGRE ATTAQUANT UN CERVIDÉ. — Détail d'un plat en faïence de Lindos (île de Rhodes). XV^e s. ap. J.-C. — *Musée de Cluny*, n° 2166.

DE BARTHÉLEMY, *Nouveau manuel de numismatique ancienne*, p. 182) et de Tarse, sur des dalles byzantines (C. BAYET, *L'Art byzantin*, fig. 74 et 105), sur un coffret italien en os du IX^e siècle ap. J.-C., conservé dans la collection Dutuit, sur des faïences de Rhodes du XV^e siècle (fig. XII). Il a fourni à nos artistes modernes maintes occasions de manifester leur goût pour l'action dramatique et émouvante. Qu'on se rappelle les puissantes esquisses d'EUGÈNE DELACROIX et les groupes en bronze de BARYE (*Revue «Les arts»*, n° 14, p. 6 et 12. Coll. THOMY-THIERRY au Louvre).

La biche, sur le point d'expirer, se dresse, se raidit dans un spasme suprême et a une admirable allure dramatique. Les carnassiers sont

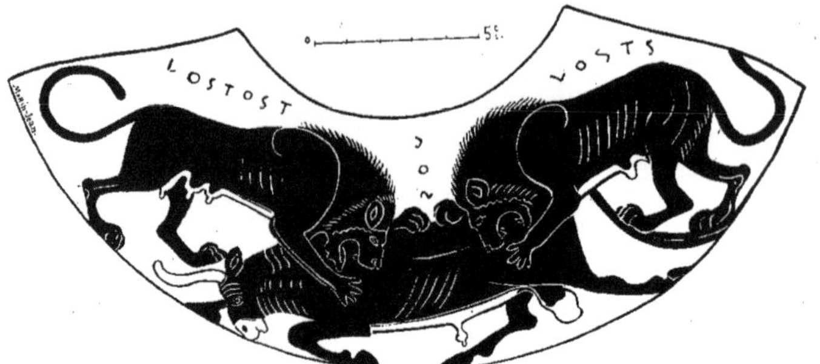

FIG. 153. — LIONS DÉVORANT UN TAUREAU. — Décor d'une hydrie de style attico-ionien. VIe s. av. J.-C. *Louvre. Salle E*, n° 734.

malheureusement trop archaïques. Leurs têtes sont uniformément

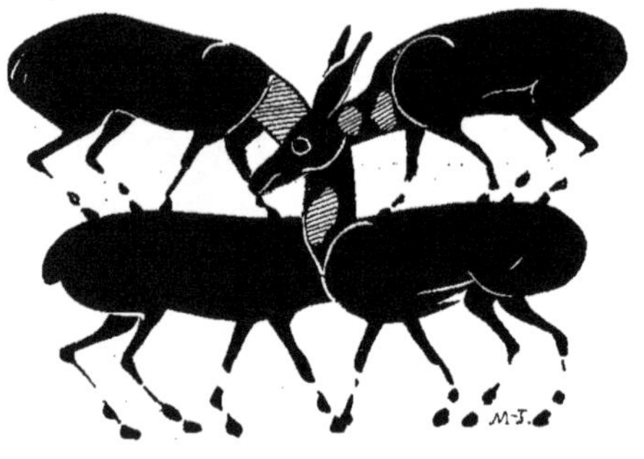

FIG. 154. — QUATRE CORPS DE CERVIDÉS RÉUNIS PAR UNE TÊTE UNIQUE. — Détail d'un vase de style chalcidien. VIe s. av. J.-C. — *Louvre. Salle E*, n° 807.

placées de face; leurs queues s'enroulent, toutes trois, de la même manière (fig. 152).

Le même sujet est figuré sur une hydrie attico-ionnienne du Louvre datant, semble-t-il, de la seconde moitié du VIe siècle (fig. 153). La scène y est autrement composée. On y voit deux lions terrassant un taureau. Le dessin en est plus savant. L'auteur de cette hydrie, un Ionien probablement, a mieux observé que le peintre chalcidien

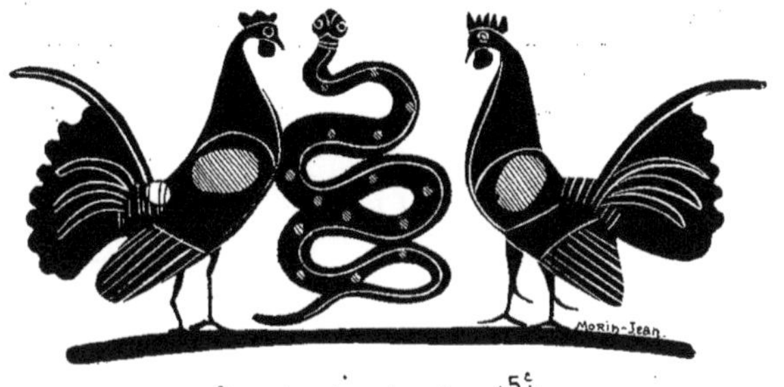


FIG. 155. — GROUPE RYTHMIQUE. — Deux coqs affrontés et séparés par un serpent. Détail d'une amphore de style chalcidien. VIe s. av. J.-C. — *Louvre. Salle E*, n° 801.

l'anatomie des carnassiers ; il a été influencé par les formules attiques de style libre. Néanmoins le céramiste de Chalcis groupe mieux que lui les animaux. Sa composition est moins symétrique que la sienne. Elle donne mieux l'impression d'une scène vécue.

Influencés sans doute par quelque étoffe orientale, les Chalcidiens ont constitué un ensemble très décoratif par la réunion de quatre quadrupèdes n'ayant qu'une seule tête (1) (fig. 154).

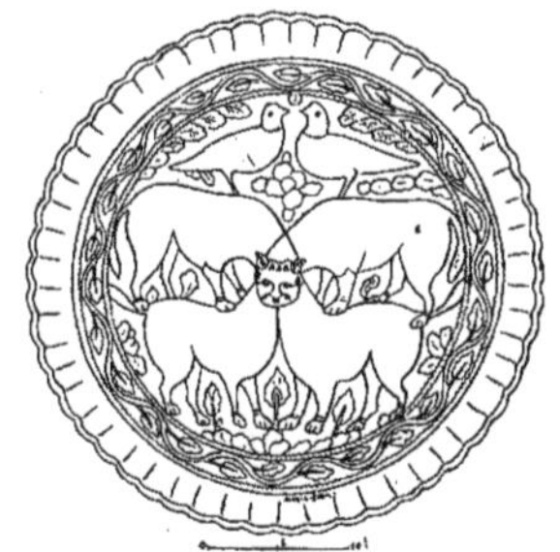

FIG. XIII. — PLAT DE CUIVRE ORNÉ DE QUATRE CORPS DE QUADRUPÈDES RÉUNIS PAR UNE TÊTE UNIQUE. — Travail oriental moderne. — *Collection Morin.*

(1) La filiation de cette figure décorative peut se suivre jusqu'à nos jours. J'en donnerai pour preuve un plat de cuivre de travail oriental moderne que j'ai acheté à Paris, dans un magasin d'objets de Turquie et d'Extrême-Orient (fig. XIII).

Ils ont aussi fait des compositions soumises à des rythmes analogues à ceux de l'école de Corinthe (fig. 155). Dans ces combinaisons où ils recherchaient avant tout la symétrie et le balancement des masses, ils ne s'occupaient guère de rendre sincèrement la vie, ni de traduire le caractère propre à tel ou tel animal.

Des idées toutes différentes ont guidé les Chalcidiens dans la représentation de l'admirable taureau blanc qui figure au milieu d'un

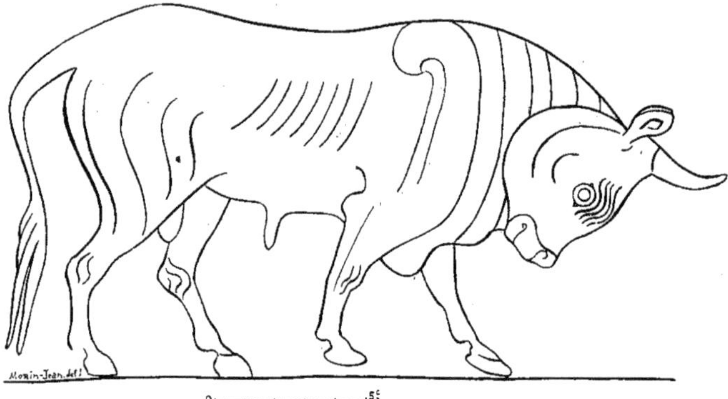

FIG. 156. — TAUREAU PEINT EN BLANC. — Détail d'une amphore chalcidienne du Cabinet des médailles (VIe s. av. J.-C.).

troupeau de bovidés sur une belle amphore du Cabinet des médailles (fig. 156). Ici, ils se sont laissé guider par les proportions vraies de l'animal et non par un *canon* plus ou moins éloigné du canon naturel. Dans les détails, ils ont obéi à des formules en usage chez les Ioniens. Ce bovidé est ionien par son aspect trapu, son allure massive, sa puissante musculature, par les lignes courbes qui sillonnent verticalement son cou, par les nombreux traits superposés qui forment son arcade sourcilière.

Nous avons trouvé dans l'école de Corinthe un taureau presque aussi beau que lui (fig. 57). Il y a même entre les deux images, pourtant exécutées dans des ateliers différents et appartenant à des écoles distinctes, une très grande parenté.

Cela prouve d'abord que l'esthétique ionienne s'immisce dans le décor du vase corinthien orné de ce beau bovidé. Cela prouve ensuite que lorsque les artisans sont en même temps des artistes, ils arrivent à des résultats analogues, qu'ils appartiennent à des ateliers similaires ou à des ateliers très distincts les uns des autres.

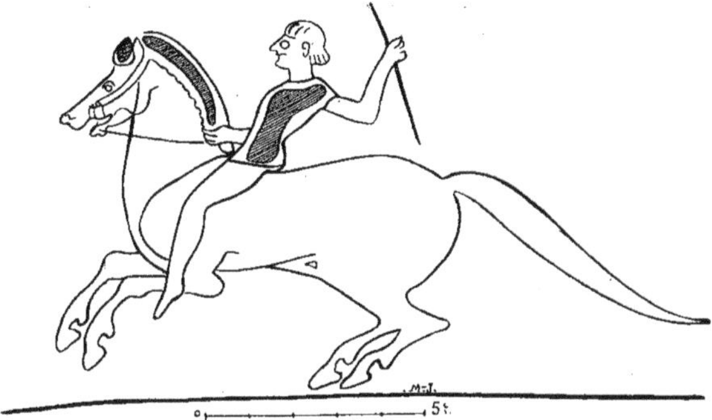

FIG. 157. — CAVALIER CHALCIDIEN. — Détail d'une amphore (VIe s. av. J.-C.). — *Louvre. Salle E*, n° 794.

Les différences entre les écoles sont très accentuées sur les produits dus à des ouvriers qui font un travail servile, qui ne savent pas concevoir une œuvre, qui n'ont pas d'autres préoccupations que celles de leur métier. Aussi l'archéologue ne doit-il pas dédaigner les vases les plus ordinaires, les poteries qui n'ont aucune valeur esthétique. Qu'il examine attentivement ces céramiques vulgaires, qu'il étudie avec soin leur décor, il découvrira les caractéristiques de chaque style plus vite qu'en analysant les grandes œuvres.

Les animaux des représentations banales des Chalcidiens manquent de charme. Ils sont lourds, massifs, gras à l'excès. Mais ces défauts constituent pour l'archéologue un excellent point de repère. Ils servent à établir, sans discussion possible, que des liens étroits existaient entre Chalcis et les centres d'art les plus réputés de l'Asie grecque.

Deux types d'équidés ont été utilisés par les potiers chalcidiens. Le premier est personnifié par un animal rebondi, très musclé, ramassé sur lui-même (fig. 157). Franchement ionienne, cette bête rappelle, dans une certaine mesure, celles des sarcophages de Clazomène.

Le second est représenté par un cheval élancé, ayant des jambes

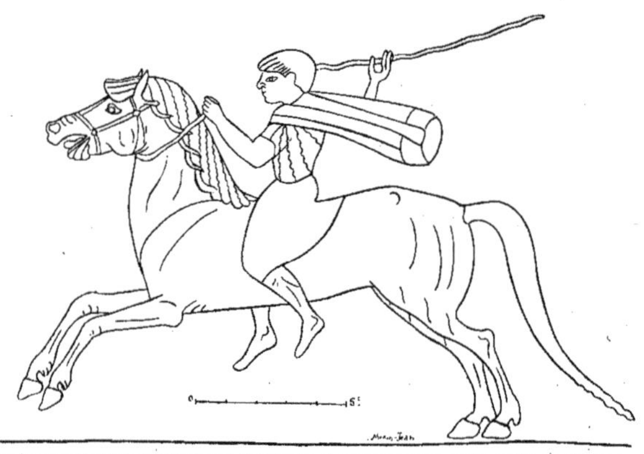

FIG. 158. — CAVALIER IONIEN. — Détail d'une hydrie de Caere. — *Louvre. Salle E*, n° 697.

maigres et sèches, lequel est très probablement dû à l'influence en retour qu'a exercée à Chalcis le style attique archaïque.

De ces deux équidés, le trapu peut être rapproché du cheval des hydries de Caere, qui, comme lui, est souvent très gras (fig. 158). Il émane de formules ioniennes, mais le céramiste chalcidien l'a traité autrement que les Ioniens ne l'auraient fait.

Méticuleux, le peintre de l'hydrie de Caere rend avec une précision presque excessive les plus petits détails de la crinière et des harnais du cheval, du costume du cavalier.

Le potier chalcidien néglige tout cela, dessine le plus simplement et le plus rapidement possible. L'essentiel, pour lui, est de donner de l'expression à son sujet.

Ce rapprochement est très intéressant. On peut en faire d'autres d'une importance plus grande encore.

Qu'on examine en même temps ces quatre têtes de fauves placées

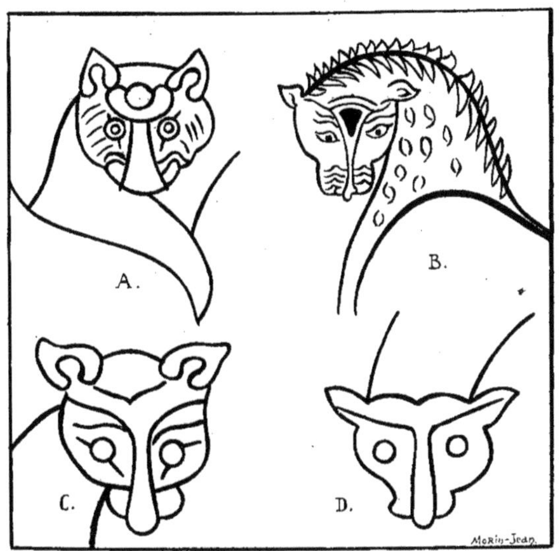


FIG. 159. — DESSIN DE LA TÊTE DE FAUVE VUE DE FACE : A. sur les vases corinthiens (*Musée du Mans*). — B. sur les sarcophages de Clazomène (*Louvre. Salle E*). — C. sur les vases dits « attico-corinthiens » (*Louvre. Salle E*, 817). — D. sur les vases de style chalcidien (*Louvre. Salle E*, 799).

de face, on comprendra aisément quels sont les points de contact et les solutions de continuité qui existent entre les principes de l'art chalcidiens et ceux de l'esthétique des autres écoles (fig. 159).

Des comparaisons aussi probantes dispensent de faire de longs commentaires et d'établir de multiples conclusions sur une documentation plus ou moins savante.

VII

## Fabriques italo-ioniennes des VII$^e$-VI$^e$ siècles avant J.-C.

### A. — Les animaux des vases étrusco-ioniens. Séries des salles C et D du Louvre.

De bonne heure l'art grec s'implanta dans le pays situé entre le Tibre et l'Arno, en Étrurie. Là, des vagues successives de civilisation hellénique se superposèrent depuis la période du style géométrique jusqu'à une époque très basse.

Il existait dans cette région, aux VII$^e$-VI$^e$ siècles, des ateliers de céramique où l'on s'inspirait des produits ioniens apportés par le commerce.

De ces fabriques, que l'on peut considérer comme des succursales des grands établissements de la Grèce asiatique, sortaient des vases de bucchero noir, à décor incisé ou à ornementation en relief, et des grandes poteries rouges dont les peintures se détachaient le plus souvent en clair sur un fond sombre. Sur les uns comme sur les autres, on voit les mêmes animaux que sur les céramiques ioniennes. Ce sont des bêtes réelles et irréelles, des animaux familiers et des monstres mythologiques se suivant à la file ou s'affrontant et obéissant à l'ordre rythmique des compositions corinthiennes.

Ils paraissent, pour la plupart, empruntés à des modèles d'orfèvrerie, comme le sont ceux des vases cyrénéens et béotiens.

On éprouve une certaine difficulté à définir le style étrusco-ionien. On y découvre des survivances mycéniennes, des principes d'art ionien et d'art corinthien, des éléments esthétiques orientaux utilisés plutôt

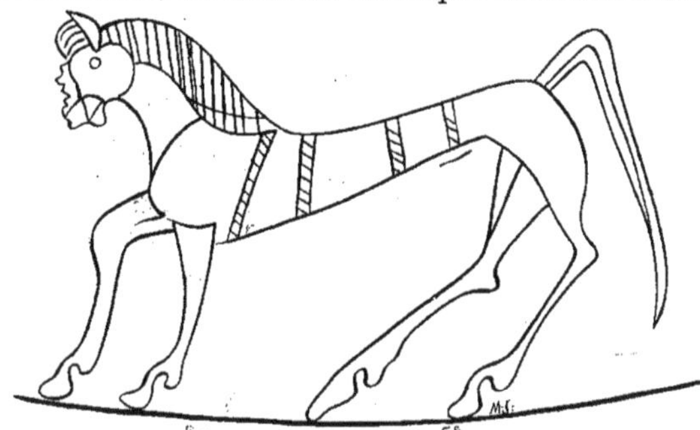

FIG. 160. — CHEVAL ÉTRUSCO-IONIEN (VII-VIe s. av. J.-C.). — Détail d'un vase en bucchero noir incisé. *Louvre. Salle C*, n° 554.

en Italie qu'en Grèce, et un fond d'originalité qui donne aux poteries

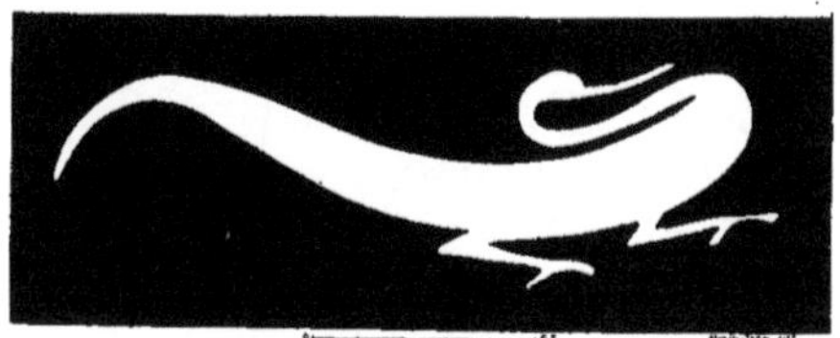

FIG. 161. — STYLISATION CURVILIGNE DE L'OISEAU. — Détail d'un vase étrusco-ionien à décor peint, VIe s. av. J.-C. — *Louvre. Salle D*, n° 149.

de ce style un caractère autochtone assez prononcé. Il y a là un art

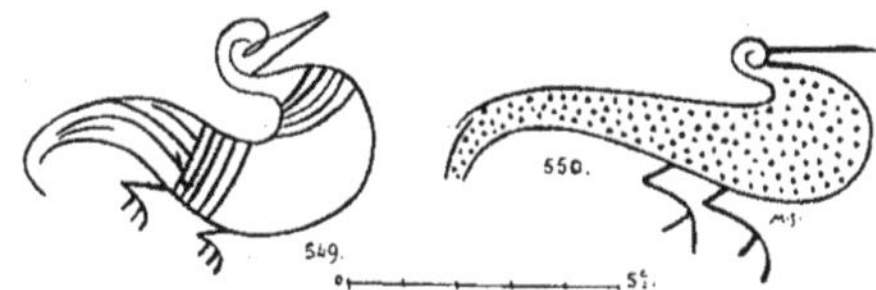


FIG. 162. — STYLISATIONS CURVILIGNES D'OISEAUX. — Bucchero étrusco-ionien. — *Louvre. Salle C*, nos 549 et 550.

adéquat à une civilisation moins avancée que la civilisation grecque de la même époque.

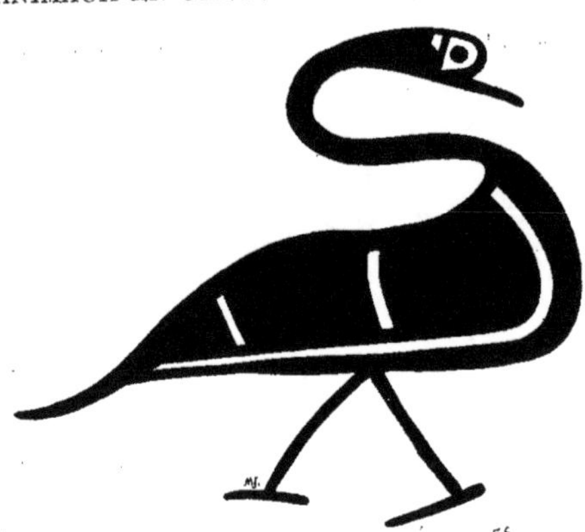

FIG. 163. — CYGNE. — Détail d'une amphore rhodienne du VII^e s. av. J.-C. — *Louvre. Salle A*, n° 328.

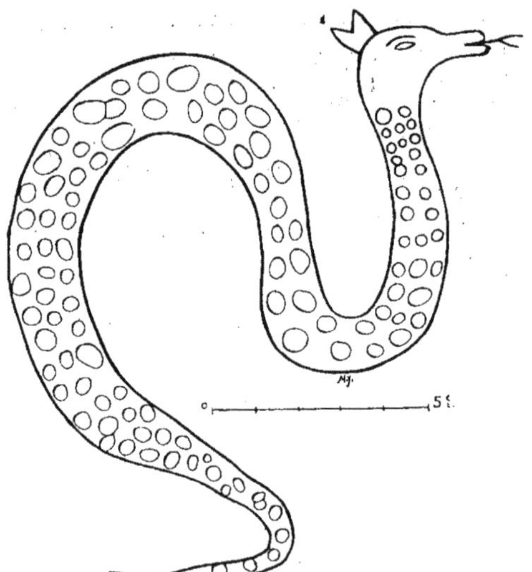

FIG. 164. — SERPENT. — Détail d'un vase de style étrusco-ionien à décor incisé (VII^e et VI^e s. av. J. C.). *Louvre. Salle D*, n° 158.

Dans les formules utilisées par les céramistes étrusques du VI^e siècle on constate presque toujours une déformation extraordinaire des êtres représentés (fig. 160) et un goût fortement marqué pour le curviligne (fig. 161).

La déformation des animaux est due d'une part à l'inexpérience

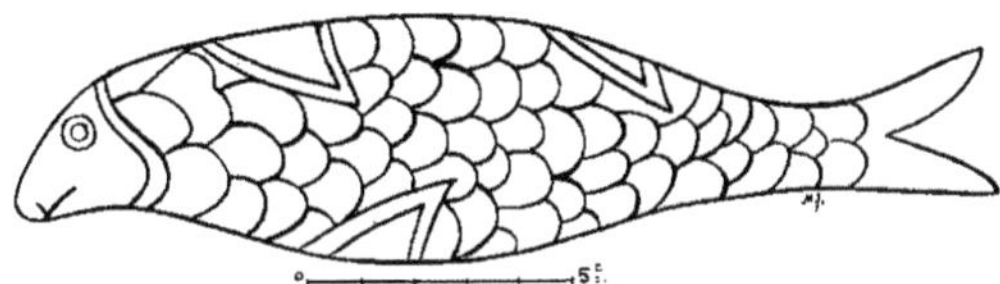

FIG. 165. — POISSON. — Détail d'un vase en bucchero noir de style étrusco-ionien. — *Louvre, Salle C*, n° 553.

des dessinateurs, d'autre part à l'observance du canon variable d'adaptation auquel se conformaient les céramistes corinthiens (fig. 168).

L'exagération des courbes est dérivée d'une esthétique analogue

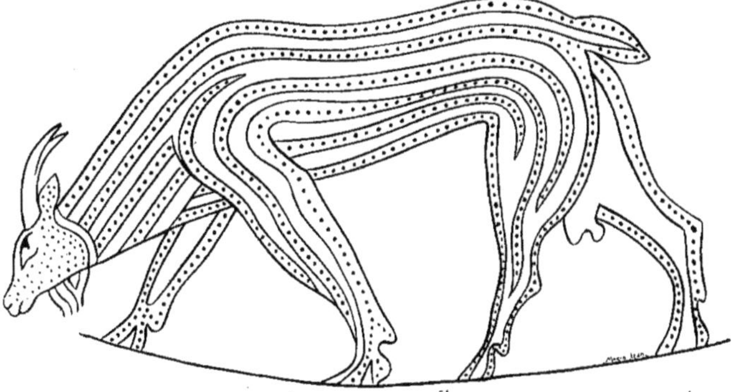

FIG. 166. — CHÈVRE OU FEMELLE DE BOUQUETIN PAISSANT. — Détail d'une amphore étrusco-ionienne (VII^e-VI^e s. av. J.-C.). — *Louvre, Salle D*, n° 153.

à celle des potiers chypriotes du premier âge du fer. Elle existe surtout dans le dessin des oiseaux.

Vus de loin, les volatiles étrusco-ioniens ressemblent à de capricieux méandres. Ils rappellent certains motifs de la céramique mycé-

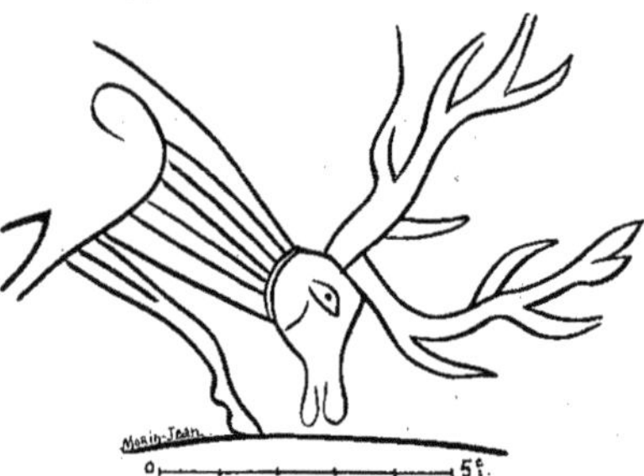

Fig. 167. — Cerf étrusco-ionien. — Détail d'un vase de bucchero noir à décor incisé. VIIe et VIe s. av. J.-C. *Louvre. Salle C*, n° 557.

nienne (fig. 161 et 162). Ils ont plus d'un point de contact avec les oiseaux des amphores rhodiennes (fig. 163).

Cette façon naïve de concevoir les formes d'un animal se traduit

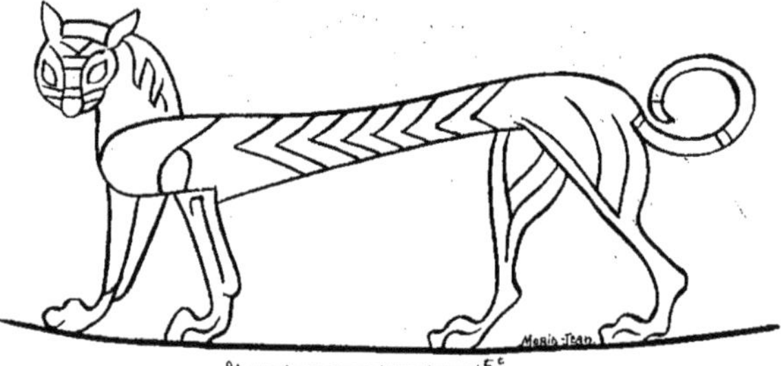

Fig. 168. — Fauve a tête de face. — Détail d'une amphore étrusco-ionienne à décor incisé. — *Louvre. Salle C.*, n° 566.

par un jeu de courbes et de contre-courbes qui amène quelquefois un rythme décoratif assez heureux.

Les peintres étrusco-ioniens couvrent le corps de leurs animaux de points (fig. 162 et 166), de lignes et d'imbrications, comme le faisaient les céramistes de la Grèce asiatique.

Ils représentent les marbrures de la peau des serpents (fig. 164), les écailles et les nageoires des poissons (fig. 165).

Dessinent-ils un bouquetin paissant, ils l'ornent de bandes parallèles

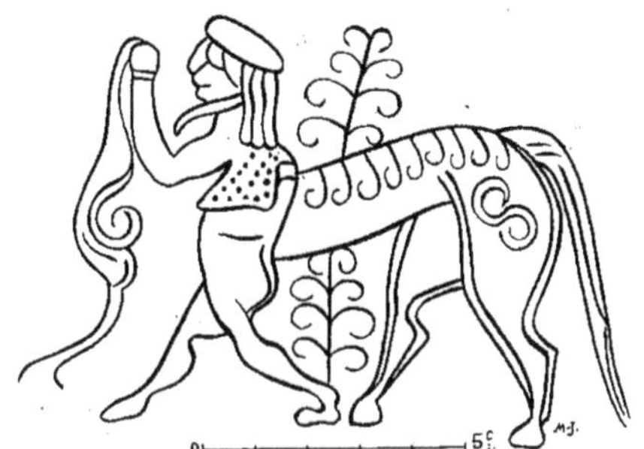


FIG. 169. — CENTAURE A JAMBES HUMAINES PAR DEVANT. — Détail d'un vase étrusco-ionien à décor incisé. *Louvre. Salle C*, n° 562.

garnies de points (fig. 166) ; un cerf, ils tracent sur son cou des lignes nombreuses (fig. 167) ; un fauve, ils gravent des chevrons sur son corps

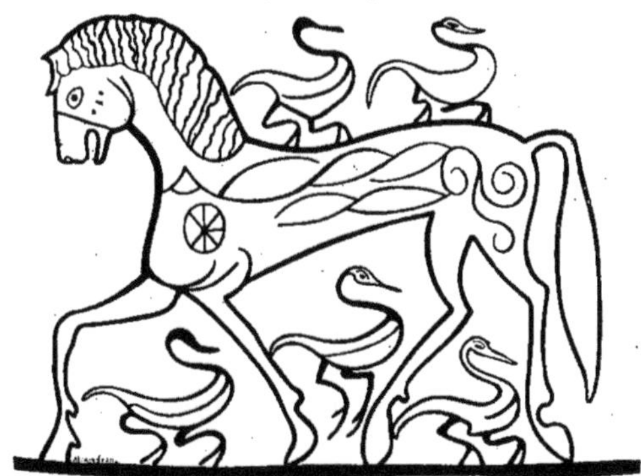

FIG. 170. — CHEVAL ET OISEAUX. — Détail d'un vase étrusco-ionien du *Louvre. Salle D*, n° 148.

(fig. 168) ; un centaure, ils garnissent son dos d'une quantité de petites crosses disposées les unes à côté des autres (fig. 169). Ces ornements, ces motifs de remplissage sont souvent aussi étranges que ceux des vases

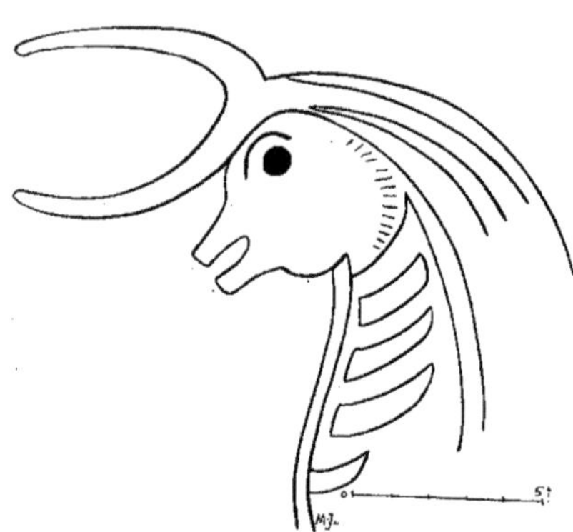

FIG. 171. — TÊTE DE TAUREAU DE PROFIL A CORNES TOURNÉES DE FACE. — Détail d'un vase étrusco-ionien à décor peint. — *Louvre. Salle D*, n° 149.

chypriotes appartenant à la série du mycénien prolongé (fig. 170).

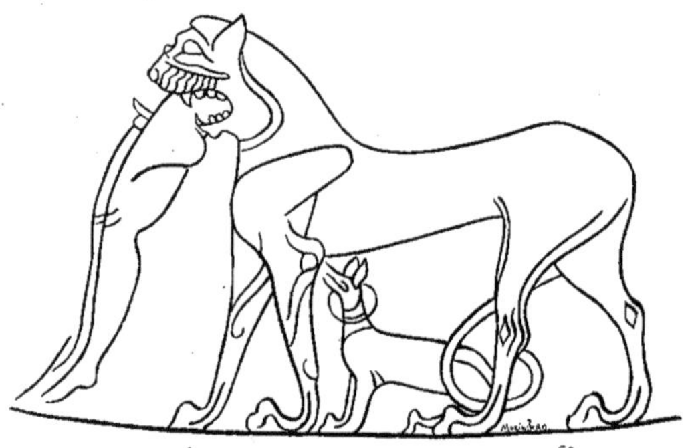

FIG. 172. — CARNASSIER ANDROPHAGE. — Détail d'une œnochoé étrusco-ionienne à décor incisé. — *Louvre. Salle C*, n° 563.

Les formules employées par les potiers étrusques du VI^e siècle sont tantôt empruntées aux ateliers de la Grèce archaïque, tantôt issues de recettes étrangères à ces ateliers.

La tête du fauve, placée de face, est moins expressive que sur les vases corinthiens (fig. 168 et 173) ; elle en dérive néanmoins.

La tête du lion, placée de profil, a de grandes analogies avec

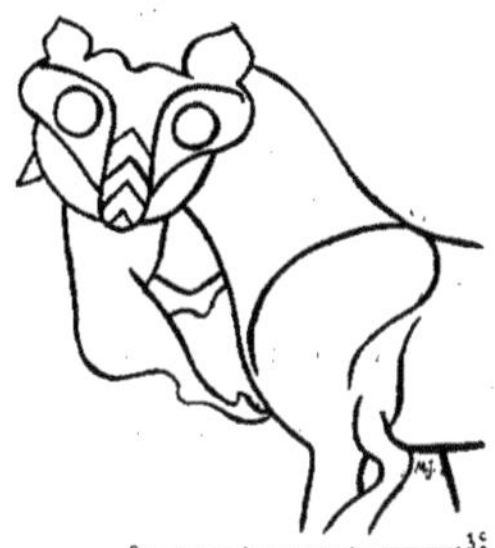

FIG. 173. — CARNASSIER ZOOPHAGE. — Détail d'une œnochoé étrusco-ionienne à décor incisé. — *Louvre. Salle C*, n° 563.

celle des hydries de Caere (fig. 172). Mais le taureau (fig. 171) est tiré d'un modèle égyptien et non pas grec. Ce qui le prouve, c'est que ses cornes sont vues de face et que sa tête est vue de profil.

Un sujet rarement traité dans les écoles de la Grèce (1) et très fréquent sur les vases étrusco-ioniens est celui du *carnassier androphage* (2) (fig. 172). Originaire d'Orient, il a été propagé vers l'ouest de l'Europe par ces hardis navigateurs qui longeaient les côtes de la Méditerranée et poussaient leurs incursions jusque dans l'océan Atlantique. D'Italie, il passa chez les peuples barbares de l'Europe centrale et occidentale. On le retrouve encore dans la sculpture romane, aux XI$^{e}$ et XII$^{e}$ siècles de notre ère.

Les céramistes étrusques n'ont pas peint seulement des car-

(1) Sur les poteries corinthiennes du Louvre, le carnassier androphage ne se rencontre qu'une fois (salle E, n° 426), et le vase sur lequel il a été peint n'est peut-être pas sorti des ateliers établis à Corinthe même.

(2) Sur les carnassiers androphages consulter SALOMON REINACH, *Cultes, mythes et religions*, t. I, p. 280.

nassiers androphages ; ils ont aussi dessiné des carnassiers zoophages

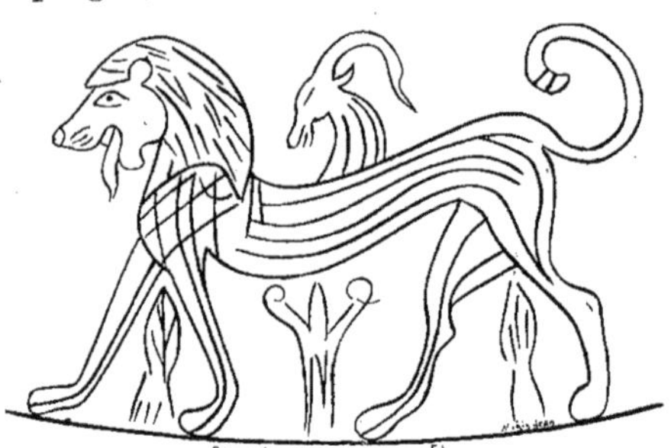

FIG. 174 — LA CHIMÈRE. — Détail d'un vase étrusco-ionien à décor incisé. — *Louvre. Salle C*, n° 557.

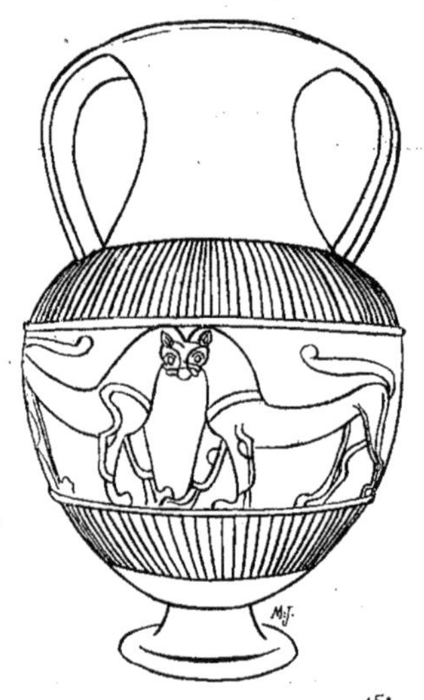

FIG. 175. — AMPHORE ÉTRUSCO-IONIENNE EN BUCCHERO NOIR, A DÉCOR INCISÉ (Lionne à double corps et tête unique de face). VI^e s. av. J.-C. — *Louvre. Salle C*, n° 567.

(fig. 173). Dans le domaine de la fantaisie, ces industriels n'ont fait aucune innovation qui mérite d'être signalée. Leurs animaux mythologiques, leurs chimères (fig. 174), leurs bêtes à double corps (fig. 175) sont autant de créations qui appartiennent à l'imagerie populaire des Grecs des îles et de la côte d'Asie.

## B. — LES ANIMAUX DES VASES ITALO-IONIENS. SÉRIE DE LA SALLE E DU LOUVRE (nos 743 à 781).

Les céramistes de cette série empruntaient les ornements et les animaux de leurs vases aux répertoires des Corinthiens et des Ioniens.

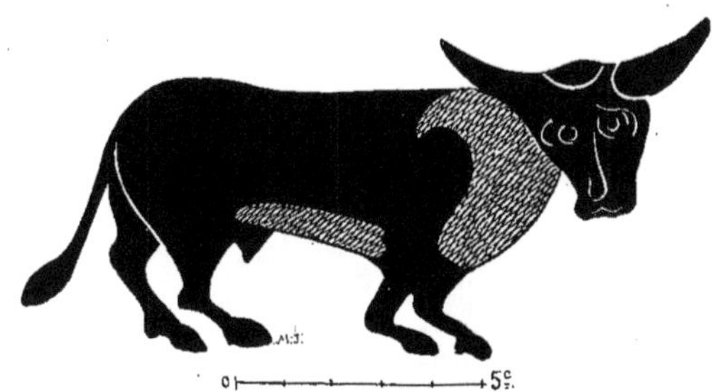

FIG. 176. — TAUREAU A TÊTE DE FACE. — Détail d'une amphore italo-ionienne du VIe s. av. J.-C. — *Louvre. Salle E*, no 751.

Ce taureau (fig. 176) exécuté d'après la formule corinthienne est très inférieur au modèle grec. Sa tête, vue de face, est telle qu'on la croirait conçue par un enfant. Son corps n'est pas mal dessiné, mais ses jambes, dont les proportions sont mauvaises, sont très mal rendues.

Un être fantastique composé de l'avant-train d'un bouquetin et d'une queue d'oiseau (fig. 177) se rapproche des figures de la céramique corinthienne par la forme et la disposition des retouches rouges, mais il s'en éloigne par la négligence avec laquelle il a été tracé et par le manque de charme avec lequel ses éléments sont combinés.

L'influence égyptienne est très accusée dans le dessin de ces deux

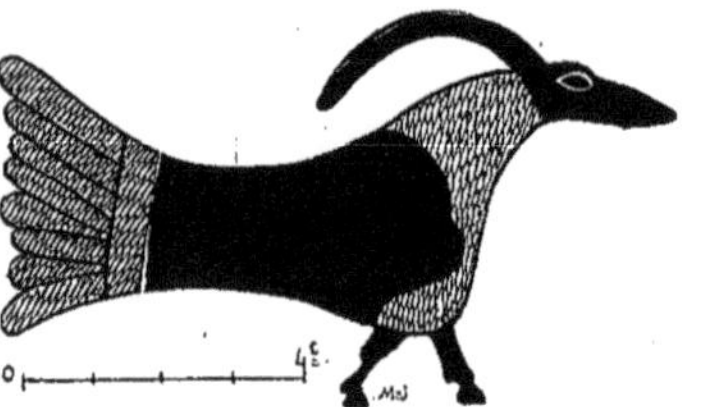

FIG. 177. — MONSTRE COMPOSÉ DE L'AVANT-TRAIN D'UN BOUQUETIN ET D'UNE QUEUE D'OISEAU. — Détail d'une amphore italo-ionienne du VIe s. av. J.-C. — *Louvre. Salle E*, n° 745.

animaux mythologiques qui ressemblent pour ainsi dire plus à l'oiseau-âme des Égyptiens qu'à la sirène des Grecs (fig. 178 et 179).

L'un de ces êtres allégoriques (fig. 178) a une barbe analogue à celle des éperviers égyptiens androcéphales (fig. 180). L'autre (fig. 179)

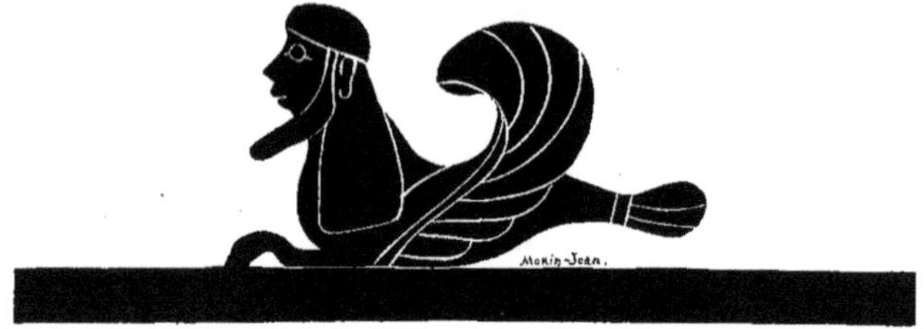

FIG. 178. — MONSTRE DÉRIVÉ DE L'OISEAU-AME (TYPE MASCULIN) DES ÉGYPTIENS. — Détail d'un vase de style italo-ionien. — *Musée de Munich*, n° 235.

est pourvu de bras comme ces figures que l'on voit sur les sarcophages et sur les papyrus (fig. 181).

Les formules employées dans les fabriques asiatiques d'où sortirent les hydries dites de Caere furent adoptées, avec leurs qualités et leurs défauts, par les céramistes de l'Italie du Sud. D'après elles a été exécuté ce bouquetin (fig. 182). Ses grandes cornes, son œil, sa barbe, ses jambes sont détaillés avec cette minutie que les Ioniens apportaient dans tous leurs travaux.

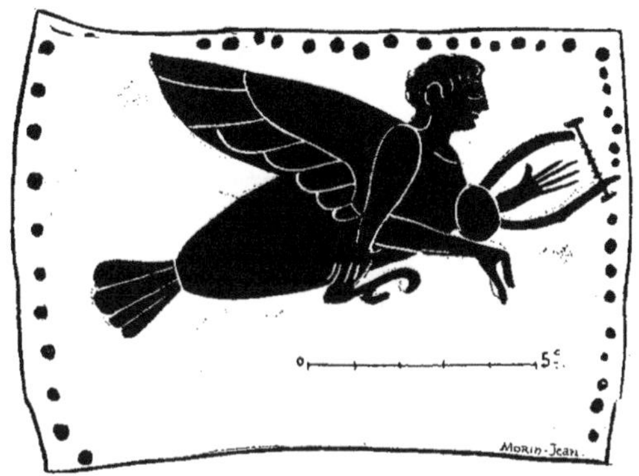


FIG. 179. — HARPIE JOUANT DE LA LYRE. — Détail d'une petite amphore à métopes de style italo-ionien. *Louvre, Salle E, n° 762.*

Mais il n'appartient que par ses cornes et sa barbe, à la famille

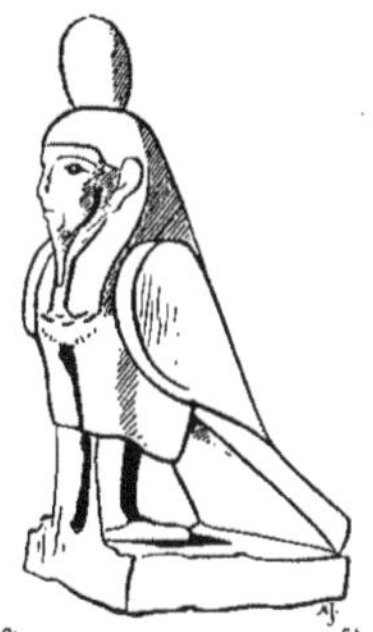

FIG. 180. — L'OISEAU-AME ÉGYPTIEN. — Statuette en bois peint. — *Collection Morin, n° 255.*

des ovidés. La tête, le corps, les jambes sont ceux d'un équidé. Le style surchargé des Cyrénéens et des Béotiens a séduit, lui aussi, les potiers italiotes. Il faut y rattacher ce gros oiseau qui semble

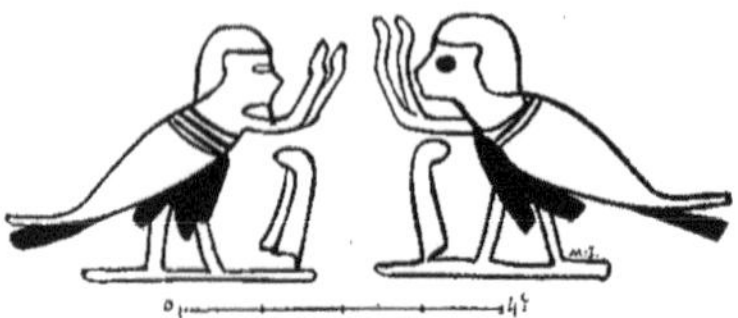

FIG. 181. — OISEAUX-AMES ÉGYPTIENS. — D'après une peinture provenant de la *Collection Devéria. Collection Morin*, n° 391.

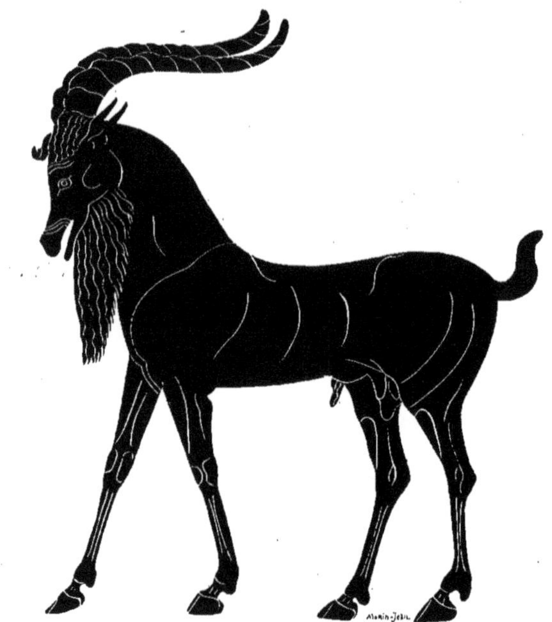

FIG. 182.— BOUQUETIN A CORPS ET JAMBES D'ÉQUIDÉ. — Détail d'une amphore italo-ionienne du VI° s. av. J.-C. — *Louvre. Salle E*, n° 755.

secouer ses ailes (fig. 183). La pose du volatile est très naturelle.

L'animal est tout entier convert de traits. Les incisions du corps et d'une partie des ailes sont en forme de V. C'est une disposition que l'on rencontre rarement dans les écoles de la Grèce.

Si les Italiotes du VI^e siècle ont adopté en grande partie, comme on vient de le voir, la technique des écoles du continent grec et de

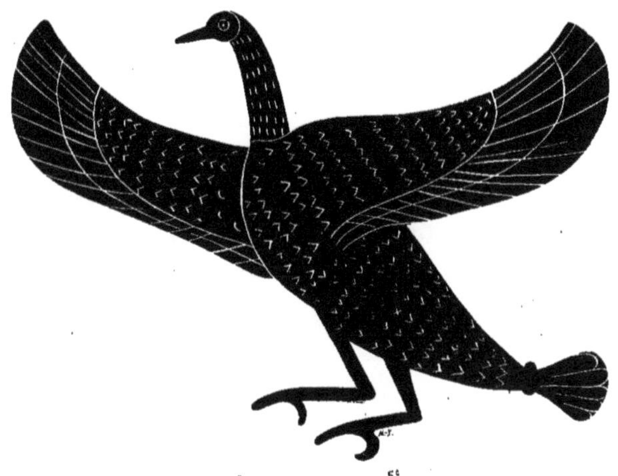

FIG. 183. — OISEAU SECOUANT SES AILES. — Détail d'une amphore italo-ionienne de la fin du VI^e s. av. J.-C. *Louvre, Salle E*, n° 754.

l'Ionie, ils n'en ont pas moins eu une personnalité bien marquée dans quelques représentations zoomorphiques.

Trois animaux formant frise sur une œnochoé du Louvre établissent le bien-fondé de cette assertion (fig. 184).

L'oiseau (cygne ou oie?) est fort bien fait. Ce n'est pas la copie servile d'une formule grecque. Ses contours sont tracés avec une grande liberté de main.

Le bouquetin, d'une facture très lâchée, relève la tête d'une façon expressive.

Le troisième animal n'a été, à ma connaissance, signalé jusqu'ici sur aucune poterie grecque. C'est un rongeur dont les caractères spécifiques sont si bien rendus qu'il n'est guère possible de voir en lui une autre bête que le « *castor fiber* ».

Cette figure est une des plus réalistes de l'art industriel italo-grec. Il a fallu voir des castors pour pouvoir dessiner avec autant de précision la gueule ouverte de ce rongeur, ses dents, sa moustache, son corps épais, sa grosse queue dont la forme est si caractéristique (1).

Il est donc évident que les peintres des vases italo-ioniens n'avaient pas tous la même conception artistique. Les uns, les plus

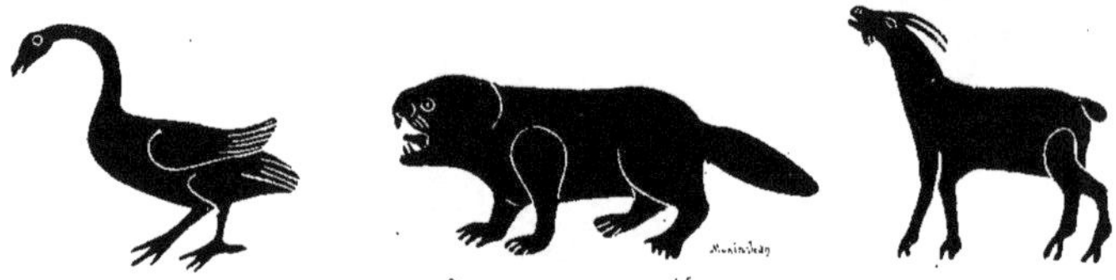

FIG. 184. — CYGNE, CASTOR ET BOUQUETIN. — Détail d'une œnochoé italo-ionienne de la fin du VIe s. av. J.-C. — *Louvre. Salle E*, n° 771.

nombreux, se contentaient d'employer les recettes courantes venues de Grèce. Les autres, plus indépendants, regardaient la nature qui les environnait et tiraient de leurs observations des formules pittoresques et très réalistes.

(1) L'artiste d'Italie a parfaitement pu voir des castors. On lit dans l'*Encyclopédie d'histoire naturelle* du Dr CHENU (*Rongeurs*, p. 58) que les Latins désignaient le castor sous le nom de *Fiber* et les Grecs sous celui de Κάστωρ (de γαστήρ = ventre, parce que le corps de cet animal est gros, surtout dans sa partie postérieure). Il est dit à la page 65 du même ouvrage : « Aujourd'hui, on tue de temps en temps des castors d'Europe auprès d'Arles, ainsi qu'à la hauteur de Beaucaire et Tarascon, ou même auprès d'Avignon. »

L'auteur ajoute que le castor d'Europe était beaucoup plus commun autrefois que de nos jours. Il existait jadis dans toute l'Europe.

Voici ce que dit de son côté A.-E. BREHM dans *La vie des animaux illustrée* (Mammifères, t. II, p. 153). « Le castor est connu depuis les temps les plus anciens. Élien le nomme *Castor*, « PLINE *Fiber*, ARISTOTE dit que, comme la Loutre, il cherche sa nourriture dans les lacs et les « rivières... PLINE, après avoir parlé des propriétés du *Castoreum*, avance que le castor mord « fortement, qu'il ne lâche pas l'homme qu'il a saisi avant de lui avoir broyé les os, qu'il coupe « les arbres comme avec une hache et qu'il a une queue comme les poissons et la loutre. »

BREHM ajoute, à la page 154 du même volume : « On croit l'avoir reconnu sur des *hiéro-* « *glyphes égyptiens* ; il aurait donc existé en Afrique. La religion des mages de l'Inde défend « de le tuer ; il a donc dû se trouver dans les Indes. GESNER écrivait en 1583 : ... *c'est un ani-* « *mal commun en Italie*, là où le Pô se jette dans la mer. »

## IX

## La zoographie dans la céramique attique à influence des écoles de Corinthe, de Béotie et de Chalcis.

Vers le début du VI^e siècle avant J.-C., les potiers d'Athènes ont fabriqué une grande quantité de vases, des amphores et des gros dinos, d'un travail assez négligé. Ces céramiques sont nombreuses au Louvre. Sur leur panse, divisée en zones, une foule d'animaux, peints d'une main lourde et maladroite, se suivent à la file ou obéissent aux rythmes héraldiques chers aux Corinthiens. Beaucoup d'entre eux, êtres réels ou mythologiques, lions, bouquetins, béliers, sangliers, oiseaux, sirènes, sphinx, etc., sont exécutés selon les formules employées à la même époque dans les ateliers de Corinthe.

Quelques-uns ont subi d'autres influences qu'il est très important de constater. Si l'on examine avec soin certaines sirènes, certains béliers, certains lions à tête de profil ou de face, on découvre qu'ils sont presque identiques aux figures zoomorphes des vases béotiens.

Les céramistes de Béotie ont donc eu, au VI^e siècle, sur ceux de l'Attique, une grande influence ; ce qui n'est pas sans nous surprendre. On est tellement habitué à voir les potiers d'Athènes imposer aux autres leur technique, qu'on a peine à concevoir l'existence d'un choc en retour aussi important que celui-ci.

Les animaux peints sur l'amphore E. 817 et sur le grand dinos E. 874 du Louvre ont été exécutés d'après les recettes des ateliers béotiens et des ateliers ioniens où l'on copiait des objets en métal ciselé.

La sirène (fig. 185) est une figure franchement béotienne. Son aile, de style oriental, fortement recoquillée, est couverte de lignes droites et courbes, d'imbrications, de zigzags profondément burinés dans l'argile. Elle est trop en arrière. Il y a entre elle et la tête de l'animal une grande surface noire dont la présence nuit à l'harmonie de l'ensemble de la silhouette. La chevelure tombe lourdement sur les épaules et se divise en quatre mèches ondulées.

Le lion est également traité à la façon béotienne (fig. 185, 186 et 187). La touffe de poils disposée sur le front, les énormes dents grossiè-

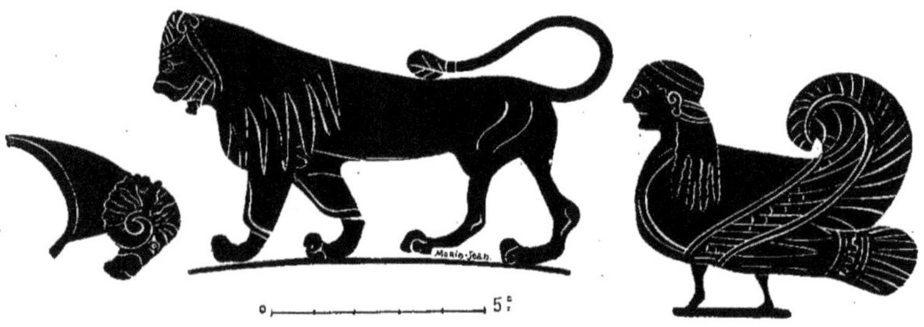


FIG. 185. — ANIMAUX PEINTS SUR UN GRAND DINOS ATTIQUE. — *Louvre. Salle E*, n° 874. — Première moitié du VI$^e$ s. av. J.-C. *Facture béotienne.*

rement schématisées, les griffes d'un dessin compliqué, la crinière à longues franges, la queue terminée par une partie arrondie ornée de traits parallèles représentant les poils et s'implantant sur un appendice en forme de V, tous ces détails donnent à la figure un aspect tout particulier où l'on sent l'art béotien.

Le sphinx (fig. 188) a l'extrémité de la queue ornée d'un appendice qui n'est qu'une variante de la formule employée pour le lion.

Les Corinthiens et les Béotiens n'ont pas été seuls à exercer une influence sur l'art industriel attique des débuts du VI$^e$ siècle. Il y a peut-être lieu d'ajouter les Chalcidiens à l'esthétique desquels se rattachent quelques quadrupèdes gras dont les jambes de derrière sont très en dessous du ventre (fig. 189). Ces animaux sont également apparentés à ceux des sarcophages de Clazomène.

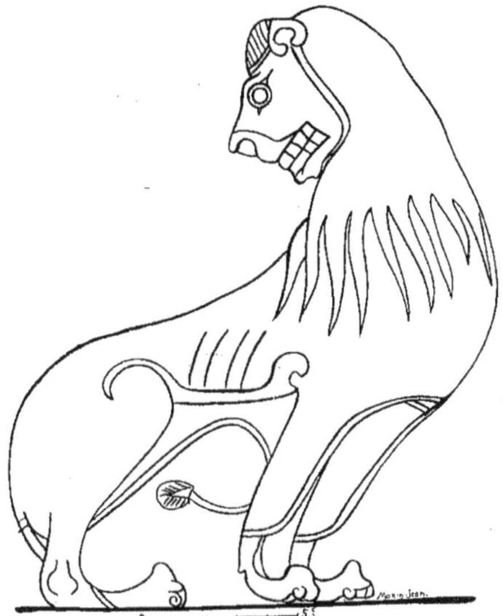

FIG. 186. — GRAND LION A CRINIÈRE DÉCOUPÉE. — Vase attique. — *Louvre. Salle E*, nº 817. — Première moitié du VIᵉ s. av. J.-C. *Facture béotienne.*

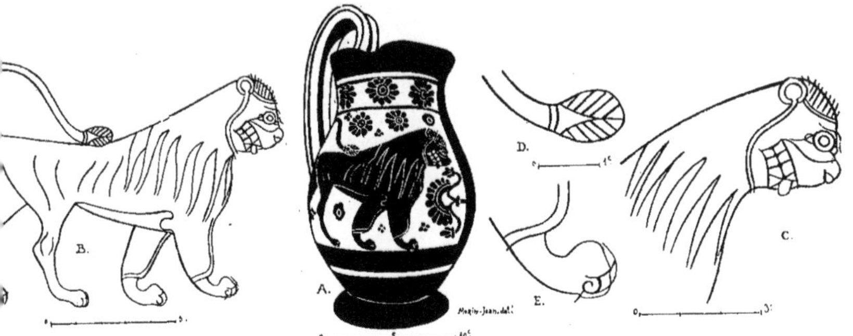


FIG. 187. — ŒNOCHOÉ ATTICO-BÉOTIENNE de la première moitié du VIᵉ s. av. J.-C. — *Collection Morin*, nº 3020. — A. Vue d'ensemble. — B. Le lion. — C. Détails de la tête. — D. Extrémité de la queue. — E. Patte de devant.

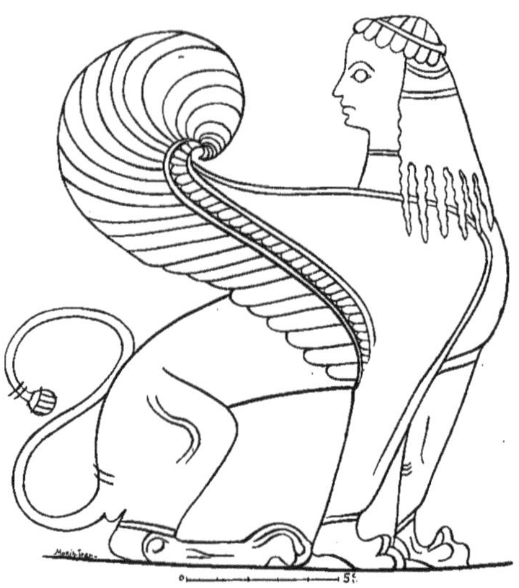

FIG. 188. — SPHINX ATTICO-BÉOTIEN. — Première moitié du VIe s. av. J.-C. — Détail d'une amphore attique. *Musée du Louvre. Salle E*, n° 819.

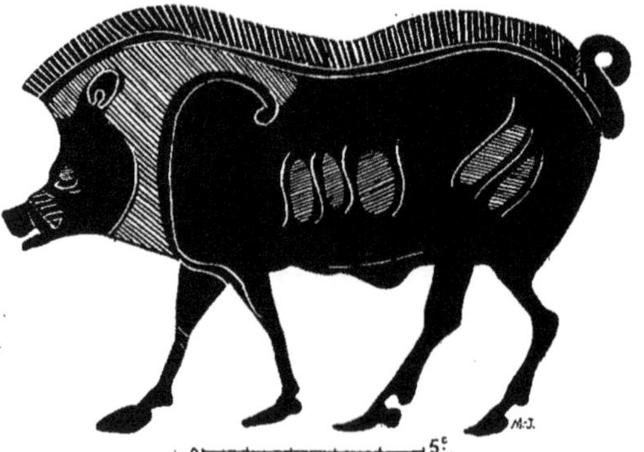

FIG. 189. — SANGLIER DE STYLE IONISANT, SE RATTACHANT AUX FIGURES DES SARCOPHAGES DE CLAZOMÈNE ET DES VASES CHALCIDIENS. — Détail d'un Dinos attique. — *Louvre: Salle E*, n° 873. Première moitié du VIe s. av. J.-C.

Il arrive parfois, dans le décor des poteries attico-corinthiennes, que les éléments ioniens sont plus nombreux et plus importants que les éléments corinthiens. Ici, par exemple (fig. 190), si le système de décor qui consiste à affronter les animaux se ressent des habitudes

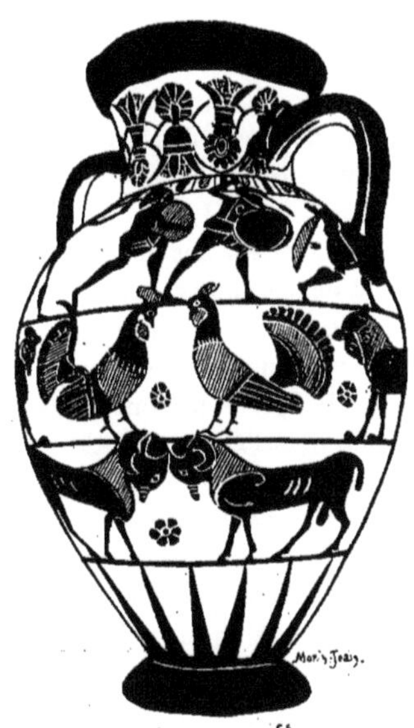

FIG. 190. — AMPHORE ATTICO-CORINTHIENNE. — *Louvre, Salle E*, n° 840.

corinthiennes, par contre, les béliers ont une rondeur et subissent des déformations étranges dont les origines doivent être cherchées dans les produits béotiens. Les coqs, de leur côté, ont des affinités avec ceux de l'Ionie. Ils se rattachent à eux par la disposition des plumes de leur queue, par l'ampleur des retouches rouges qui garnissent non seulement la crête et les caroncules de ces gallinacés, mais aussi tout le milieu de leur corps et une grande partie de leur queue.

Le terme de « *vases attico-corinthiens* » donné à cette série de céramiques n'est pas impropre, mais du moins insuffisant parce que trop restreint. Il ne tient pas compte d'éléments étrangers à l'art corinthien et qui entrent cependant pour une part très grande dans la constitution du décor de ces vases.

L'influence exercée par les fabriques béotiennes n'est pas douteuse. Il ne peut guère s'élever de discussion à cet égard : ce serait nier l'évidence. Mais, en ce qui concerne l'influence chalcidienne, il est prudent d'être plus réservé.

L'archéologue qui, en fait de vases chalcidiens, n'a vu que ceux du Louvre et du Cabinet des médailles, et c'est mon cas, n'est pas en mesure de résoudre facilement le problème. Sa documentation est très incomplète, car il ne connaît que des poteries chalcidiennes d'époque assez tardive. Il ignore presque complètement les *céramiques proto-chalcidiennes* dont l'étude minutieuse amènerait plus de clarté dans la question. Faute de cette étude, il est bien difficile de dire si les animaux de facture chalcidienne, peints sur les amphores attico-corinthiennes, sont issus de modèles réellement chalcidiens, ou s'ils sont tirés de formules ioniennes qui auraient été la source commune aux potiers de Chalcis et aux céramistes d'Athènes.

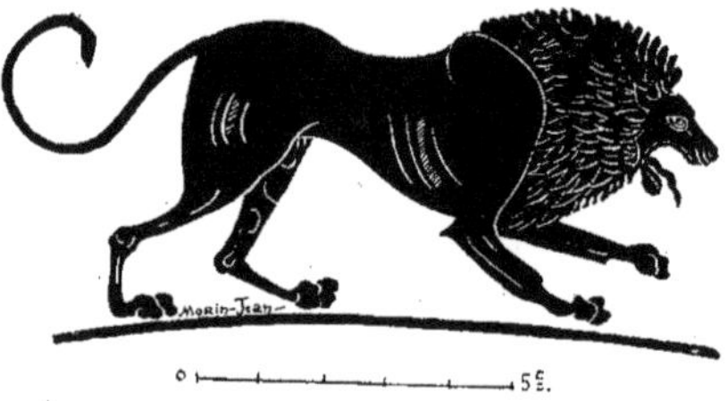


LION. Style de Nicosthènes. Seconde moitié du VIe s. av. J.-C.
*Collection Dutuit au Petit Palais*, n° 322.

# X

## L'école attique.

Après avoir copié presque servilement les animaux qui ornaient les zones des vases corinthiens, béotiens et chalcidiens, les céramistes d'Athènes s'efforcent de trouver une esthétique qui leur soit propre.

Après de nombreux tâtonnements, leurs recherches finissent par être couronnées d'un plein succès. Les peintres de vases de l'Attique font un choix intelligent entre de médiocres et d'heureuses formules qui étaient en usage dans les ateliers des diverses parties de la Grèce. Ils arrivent peu à peu, en épurant leur style, à tracer, sur l'argile, des animaux qui peuvent compter parmi les œuvres les plus puissantes de l'art industriel des Grecs.

### A. — Le style archaïque.

On sait qu'à l'âge du fer, à l'époque de la fabrication de ces grands cratères et de ces immenses amphores appelés « Vases du Dipylon », il existait une céramique proprement attique dont les motifs étaient empruntés aux scènes de la vie journalière des Athéniens.

Dans le courant du VIIe siècle ce caractère particulier de la poterie attique disparaît sous l'influence de principes et d'éléments propres aux autres écoles de la Grèce. Il faut arriver au temps de Clitias et d'Ergotimos pour voir les potiers d'Athènes constituer le véritable style attique archaïque. Ces peintres et leurs rivaux subissent encore l'ascendant des écoles de Corinthe, de Thèbes, et de Chalcis, mais leurs animaux deviennent sveltes, gracieux, élégants. Ils leur font des membres très minces. Ils les couvrent d'incisions multiples et agissent à cet égard comme les céramistes béotiens. Seulement, au lieu de recourir, comme le faisaient ces derniers, à des traits larges et grossiers, ils usent de lignes fines et délicates.

Les animaux du cratère François (1) (notamment cette grue, fig. 191), font bien comprendre le style mis en vogue dans les ateliers

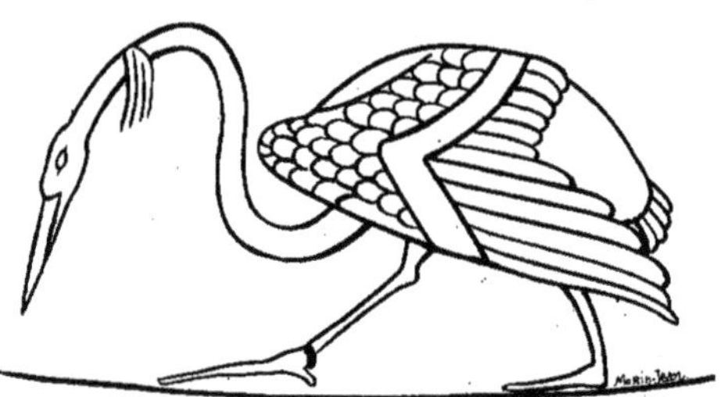

FIG. 191. — GRUE DESSINÉE PAR CLITIAS. — Détail de la frise ornant le pied du vase François (Cratère exécuté vers 570 av. J.-C.). — *Musée archéologique de Florence.*

attiques au début de la période de Pisistrate. Aimant les moindres détails, les peintres de cette époque sont, pourrait-on dire, trop consciencieux. Graveur infatigable, Timagoras trace d'innombrables imbrications sur le corps du dieu Triton (2). Amasis, de son côté, dessinant une chouette sur le bouclier d'Athéné (3), surcharge la silhouette de l'oiseau de traits droits ou arrondis, de hachures, de points (4) (fig. 192). Il paraît avoir une aversion systématique pour les grandes surfaces libres si estimées des céramistes chalcidiens.

Sur d'autres produits dus aux mêmes peintres, la surabondance

(1) Musée de Florence (RAYET et COLLIGNON, *Histoire de la céramiq. grecque*, fig. 45 et suiv. — FURTWAENGLER, *Griechische Vasen*, pl. 1, 2, 3, 11, 12, 13).

(2) Louvre. Salle F., n° 38 (ÉD. POTTIER, *Catal. des vases du Louvre*, p. 730).

(3) Louvre. Salle F., n° 30 (ÉD. POTTIER, *loc. cit.*, p. 725).

(4) Le souci du détail, la multiplicité des traits existent encore en plein Vᵉ siècle (Coupe à fond blanc du *British Museum*. Aphrodite sur un cygne). Bonne reproduction de cette coupe dans M. COLLIGNON, *L'Archéologie grecque*, p. 321, fig. 186.

des lignes disparaît, les détails sont sobrement indiqués. Les Grecs semblent alors s'apercevoir des défauts que présente un dessin trop poussé et comprendre le charme dont sont imprégnées les œuvres d'une facture simple et rapide.

Les *Kleinmeister*, ou petits maîtres, du VIe siècle ont beaucoup aimé la sobriété. Leurs animaux, petits, quelquefois minuscules, ont presque toujours le corps ramassé, les jambes longues et fines. Comme sur

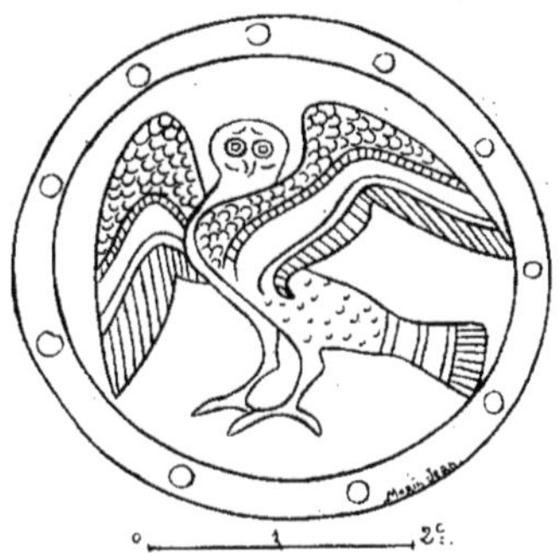

FIG. 192. — CHOUETTE DÉCORANT L'ÉPISÈME DU BOUCLIER D'ATHÉNA. — Détail d'une œnochoé attique signée par *Amasis*. VIe s. av. J.-C. — *Louvre. Salle F*, n° 30.

les poteries de Chalcis, leurs membres postérieurs sont souvent très en dessous du ventre. L'intérieur de leur silhouette est sillonné de lignes rares. L'essentiel seul y est figuré.

*Théozotos et les miniaturistes du* VIe *siècle.* — Le canthare de Théozotos (1) résume les plus brillantes conquêtes faites par l'école des Kleinmeister. La décoration de ce vase peut sembler avoir été faite par un peintre d'animaux. Pourtant l'auteur de ce petit chef-d'œuvre n'est pas à proprement parler un « animalier ». Il serait, par exemple, très difficile de le comparer aux petits maîtres hollandais qui ont fait des bêtes les sujets principaux de leurs tableaux. Il y a

(1) C'est le seul vase que l'on connaisse de lui. Cf. ED. POTTIER, *Catal. des vases du Louvre*, p. 744.

entre eux et lui des différences considérables. Ceux-ci suivent fidèlement les enseignements que leur a donnés la nature. Celui-là copie ses modèles d'atelier. Si nous connaissions l'œuvre entier de Théozotos, nous y trouverions sans doute des scènes où le zoomorphisme est très restreint, des scènes où aucun animal n'apparaît. La peinture d'animaux, c'est ma conviction, n'a pas constitué en Grèce un genre à part.

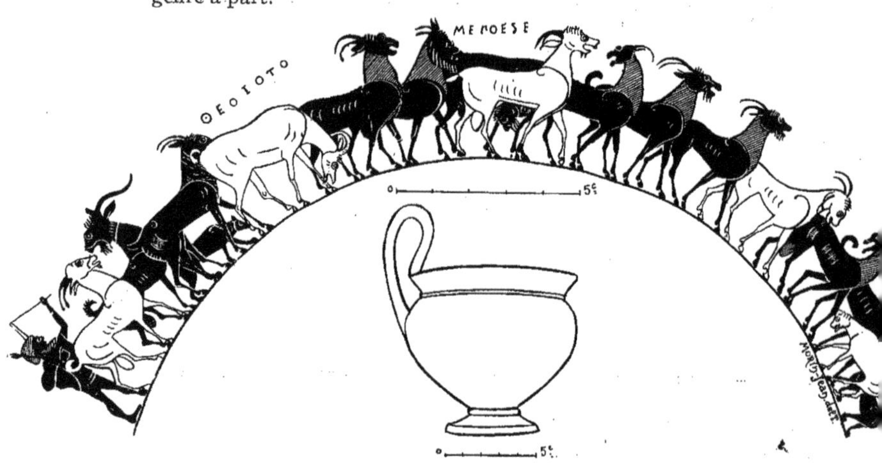

FIG. 193. — TROUPEAU DE CHÈVRES CONDUIT PAR UN BERGER. — Canthare attique signé par *Théozotos*, VIe s. av. J.-C. — *Louvre. Salle F*, n° 69.

Théozotos a formé, sur le canthare du Louvre, une jolie frise avec quatorze chèvres et un chevreau conduits par un berger accompagné de deux chiens (fig. 193). Ce grand artiste n'a certes pas dessiné ce troupeau d'après des modèles vivants ; et cependant, il est, à sa façon, un observateur de la nature. Son petit tableau de la vie champêtre est comme une illustration avant la lettre des poèmes de Théocrite et des bucoliques de Virgile. Il est simple et familier. Il est fait de couleurs sobres et gaies, de trois tons : le noir, le blanc et le rouge violacé. Dessinateur adroit, Théozotos est aussi un fin coloriste. Le sujet de son canthare s'arrange bien. C'est une jolie symphonie en trois couleurs. Il fait preuve d'une habileté merveilleuse en usant de son burin, en égratignant l'épiderme de sa céramique. Il laisse voir partout sa connaissance exacte des particularités et des habitudes propres à l'animal qu'il dessine. Des chèvres lui servent-elles à composer un motif, il leur donne un caractère hargneux, un aspect farouche, une allure combative, des attitudes agressives. Les yeux leur sortent de la tête. Leurs bouches sont prêtes à mordre. Quelques-unes semblent bêler éperdument. Telle d'entre elles tourne la tête et se montre courroucée vis-à-vis du berger qui se dispose à la frapper de son fouet à double lanière.

Un des chiens chargés de la garde du troupeau lève la tête et aboie tant qu'il peut. Il y a dans tout cela une vie et un mouvement qui rappellent, dans une certaine mesure, les rythmes dont l'emploi embellissait les œuvres préhelléniques.

Théozotos n'a pas imaginé un tableau de genre inconnu avant lui. Au VIIe siècle, un peintre béotien, Gamédès, avait déjà traité le même sujet. Sur une œnochoé due à cet artiste et précédemment décrite (ch. VI), figure un troupeau conduit par un berger (1) (fig. 142). Ces animaux sont exécutés avec mollesse et empreints d'une rondeur excessive. Leur ventre est démesurément gonflé. Ils sont couverts de gros traits et ont un aspect monotone.

Gamédès et Théozotos, tous deux originaires de Béotie, ne sont pas de la même époque. Ils s'opposent l'un à l'autre.

Le premier, très attaché à des idées de terroir, ne s'écarte pas des formules en usage dans les ateliers de son pays. Le second, dont l'existence se passe probablement à Athènes, adopte les procédés des céramistes attiques.

Si Théozotos est un artiste plus intéressant que Gamédès, ce n'est pas parce qu'il a, par des procédés nouveaux, changé la technique et bouleversé les principes adoptés avant son apparition. Il n'innove

(1) L'œnochoé de GAMÉDÈS a été publiée dans RAYET et COLLIGNON, *Histoire de la céramique grecque*, p. 81, fig. 42.

pas. Il reprend d'anciennes formules. Mais il les modifie, les emploie judicieusement, leur donne du charme, les combine et les juxtapose avec une habileté consommée. Les qualités dont il fait preuve apparaissent si clairement sur le canthare du Louvre qu'il est inutile de lui décerner de plus amples éloges.

Les brillants côtés de l'imagination et de la facture de Théozotos

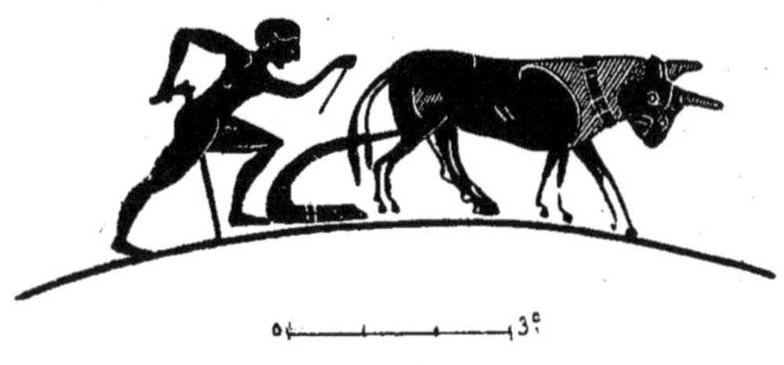

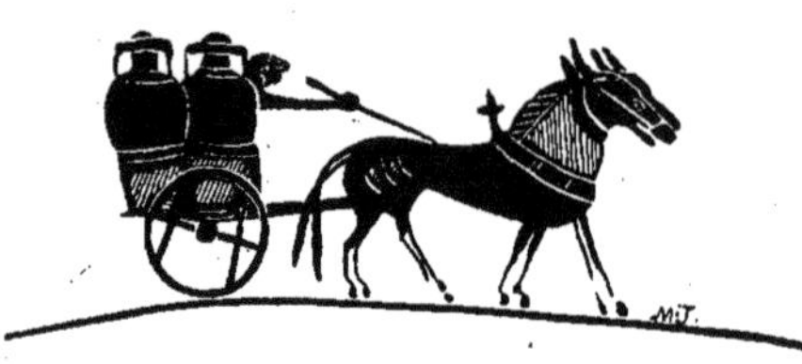

Fig. 194. — Scènes champêtres. — Labour et transport des grains. — Détails d'une coupe attique de l'école des Kleinmeister. vi[e] s. av. J.-C. — *Louvre. Salle F*, n° 77.

se retrouvent chez quelques-uns de ses contemporains. Ils les ont amenés à constituer de charmants petits groupes rustiques et en ont par cela même fait les véritables prédécesseurs de J.-F. Millet (fig. 194).

Les mulets attelés à un petit chariot chargé de grosses jarres, les bœufs au labour des Kleinmeister offrent un intérêt captivant, non pas seulement parce qu'ils sont d'excellentes images de mulets et de bœufs du vi[e] siècle avant J.-C., mais encore parce qu'ils prouvent que les animaux domestiques d'aujourd'hui sont identiques à ceux des temps jadis et que les bonnes et utiles bêtes d'autrefois sont demeurées sans cesse pour l'homme de fidèles auxiliaires dans ses travaux, des compagnons qui l'aident sans trêve à constituer les doux et harmonieux rythmes de la vie des champs.

Les petits maîtres sont des « impressionnistes ». Leurs tableaux sont esquissés avec rapidité et désinvolture. Ils ne sont pour ainsi

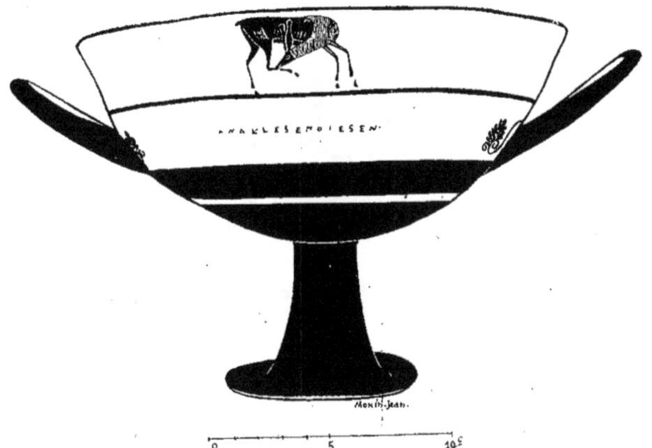

FIG. 195.— COUPE ATTIQUE SIGNÉE PAR ANAKLÈS. VIe S. av. J.-C. — *Collection Morin*, n° 3018 (ancienne *collection Paul Farochon*, architecte à Paris).

dire pas terminés. L'apparence plus que la forme précise des choses touche vivement ces miniaturistes.

Une coupe d'Anaklès, encore inédite, est ainsi décorée d'une représentation lestement exécutée, imparfaite dans une certaine mesure, et cependant tout à fait délicieuse (fig. 195). Le motif qui la décore est très sobre. C'est tout simplement une biche (fig. 196).

L'animal se lèche la patte. Ses oreilles sont étranges. Ses pattes sont très minces et ont des sabots qui n'y adhèrent pas ; une touche de pinceau, légère, subtile, a suffi à faire chacun d'eux.

Les Kleinmeister ont choisi, dans les mythes de la Grèce, ceux où entrent des animaux. Ils ont notamment, à maintes reprises, représenté Héraklès luttant avec le lion de Némée (1), avec Triton (2), avec l'Hydre de Lerne (3), l'histoire d'Actéon dévoré par ses chiens. Ils ont aussi, et fort souvent, traité, entre autres sujets familiers, des épisodes cynégétiques : les chiens poursuivant les lièvres, le chasseur, accompagné de son chien, rentrant au logis et ayant sur l'épaule un bâton auquel son gibier est attaché (4). Ces scènes de chasse, jointes à celles des champs, montrent bien que les petits

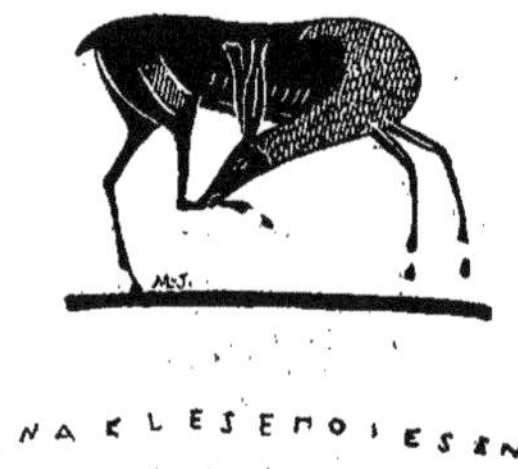

FIG. 196. — COUPE ATTIQUE SIGNÉE PAR ANAKLÈS. — *Collection Morin*, nº 3018. Détail.

maîtres attachaient une grande importance aux épisodes de la vie journalière. Ceux-ci les attiraient par l'intérêt qu'ils offrent, par leur fréquence, par la multiplicité de leurs côtés pittoresques. Cela contribue à mettre mieux leur pensée en contact avec la nôtre, à faire vibrer quiconque les suit dans les voies créées par leur esthétique issue de leur cœur autant que de leur raison.

*Nicosthènes.* — Il est, au VI$^{e}$ siècle, un peintre dont la personnalité est très complexe : c'est Nicosthènes. Son art est un amalgame de

(1) Coupe signée Charitaios, publiée dans les *Wienervorlegeblätter* de 1889, pl. VI. — Coupe de TLÉSON publiée dans les *Annali* de 1859, pl. C.

(2) Coupe du musée de Corneto, publiée dans les *Monumenti* XI, pl. XLI.

(3) Coupe du musée de Berlin signée par Anaklès et Nicosthènes, publiée dans les *Wienervorlegeblätter* de 1889, pl. VII, 3.

(4) Coupe du musée britannique signée par Tléson et publiée dans la *Revue archéologique* de 1891, p. 363, fig. 1.

qualités remarquables et d'un laisser-aller quelque peu déconcertant. Ici, son style est lâché ; là, il est ferme et précis. Sa facture est négligée sur tel de ses produits ; sur tel autre, elle est extrêmement consciencieuse.

Il ajoute, aux vieux thèmes de ses prédécesseurs des détails spirituels, de nouvelles figures décoratives. Aussi ses céramiques ont-elles un charme tout particulier, un attrait presque incomparable, une très grande originalité, quoiqu'il demeure étroitement appa-

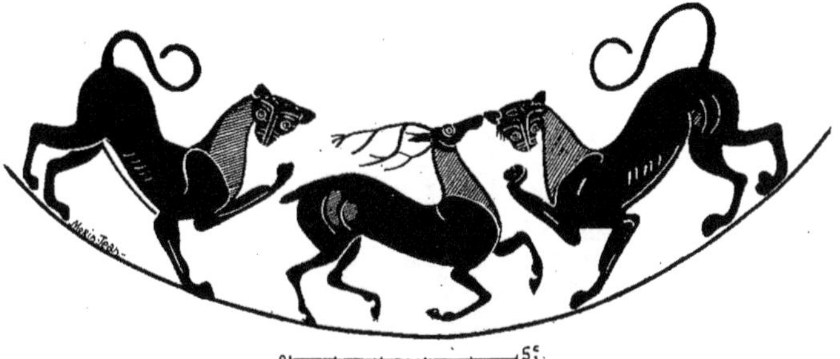

FIG. 197. — CERF ATTAQUÉ PAR DEUX FAUVES. — Détail d'une amphore de Nicosthènes. VIe s. av. J.-C *Louvre. Salle F*, n° 110.

renté aux Ioniens. Il recourt à une polychromie qui constitue la gaîté de ses œuvres et contribue à augmenter ses points de ressemblance avec Théozotos.

Lorsque Nicosthènes représente un cerf entre deux lionnes à tête de face, il emploie les formules de l'école des Kleinmeister (fig. 197). Quand il peint des oiseaux se suivant à la file, il use des recettes des ateliers ioniens et couvre de points blancs le cou et la gorge des volatiles (fig. 198). S'il dessine les ailes d'un génie ou d'un sphinx, il les recourbe toujours comme le faisaient les Orientaux (fig. 199). Aborde-t-il des sujets mythologiques, comme la fable d'Héraklès et du lion de Némée, il la présente sous divers aspects. Tantôt le héros étreint l'animal dans un corps-à-corps violent, l'étouffe sous son bras puissant (fig. 200). Tantôt les deux adversaires, au paroxysme de la colère, se dirigent furieusement l'un vers l'autre (fig. 201).

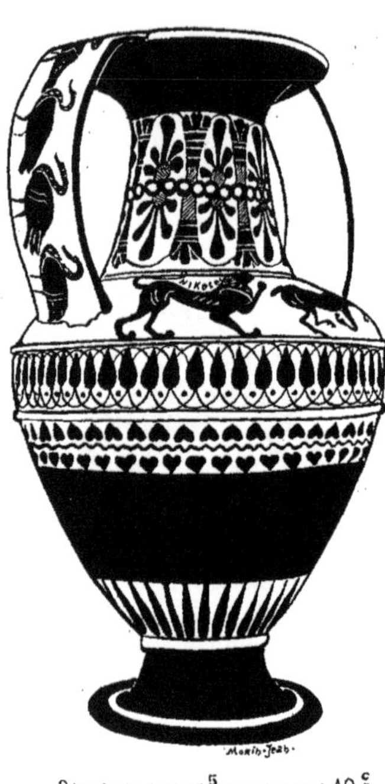


FIG. 198. — AMPHORE SIGNÉE PAR NICOSTHÈNES. VIe S. AV. J.-C. — *Louvre. Salle F*, n° 110.

L'*Hippalektryon* est un des sujets de décoration les plus amusants des vases de Nicosthènes (1) (fig. 202 et 203). Cet animal fantastique se compose en partie d'un corps de coq et en partie de

(1) L'Hippalektryon devait avoir chez les Grecs une valeur de prophylactère, d'αποτρόπαιον analogue à celle dont jouissait le Gorgonéion (*Dict. des Antiquités*, de M. SAGLIO au mot : Hippalektryon et fig. 3 840).

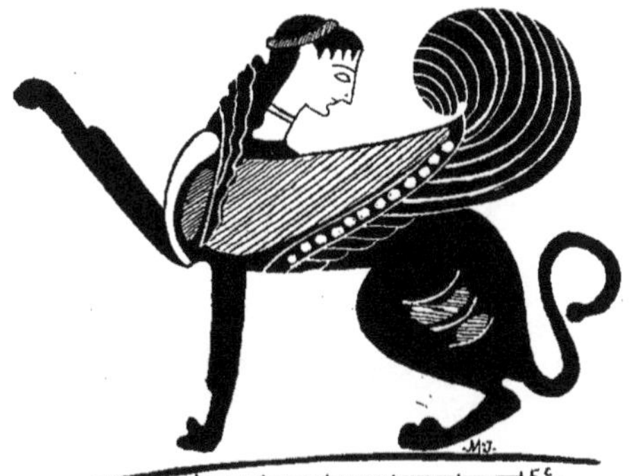

FIG. 199. — SPHINX A AILE COURBE. — Détail d'une amphore de Nicosthènes. — *Louvre. Salle F, n° 107.*

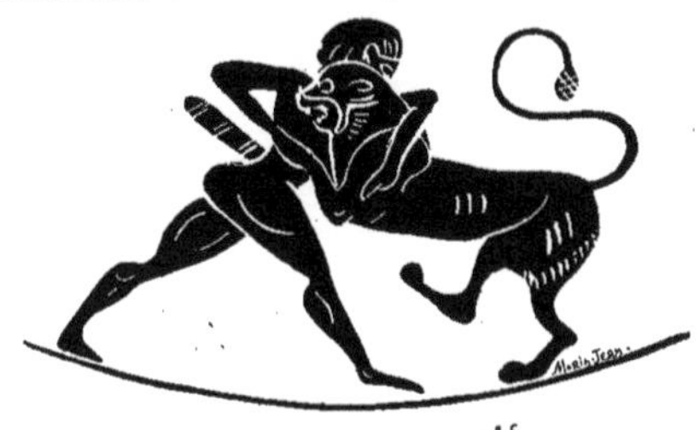

FIG. 200. — COMBAT D'HÉRAKLÈS ET DU LION DE NÉMÉE. — Détail d'une amphore de Nicosthènes. *Louvre. Salle F, n° 106.*

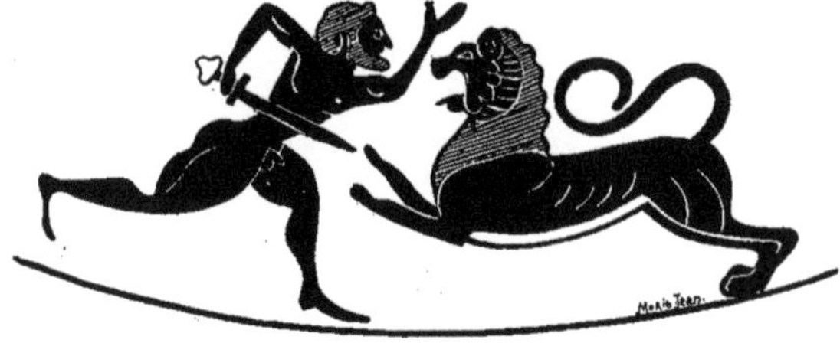

FIG. 201. — COMBAT D'HÉRAKLÈS ET DU LION DE NÉMÉE. — Détail d'une amphore de Nicosthènes. *Louvre. Salle F, n° 107.*

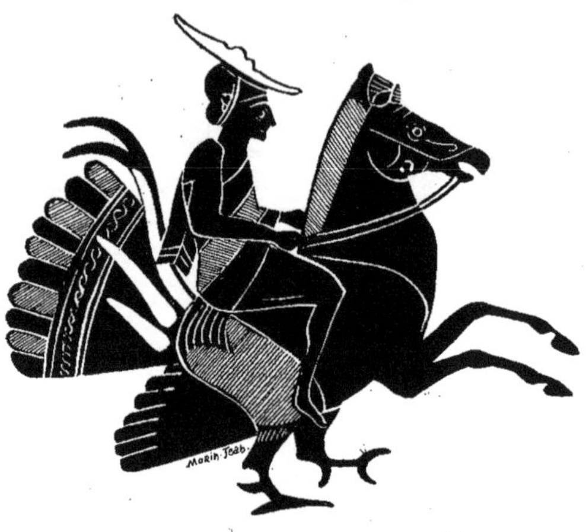


FIG. 202. — L'HIPPALEKTRYON. — Détail d'une amphore de Nicosthènes. — *Louvre. Salle F*, n° 100.

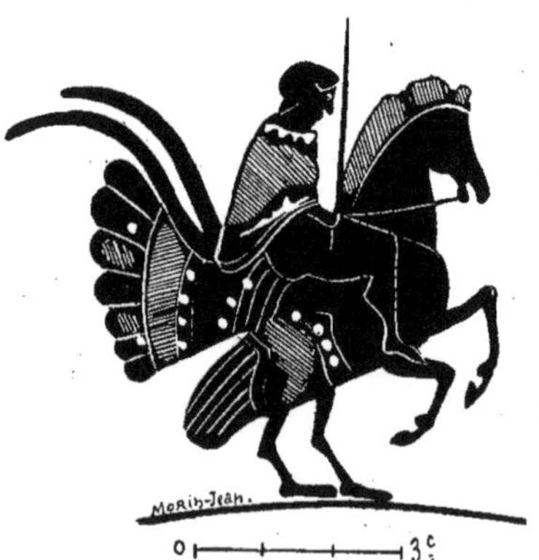


FIG. 203. — L'HIPPALEKTRYON. — Détail d'une coupe attique du VIe s. av. J.-C. (époque de l'invention des figures rouges). Petit Palais. — *Collection Dutuit*, n° 326.

l'avant-train d'un cheval. Il n'est pas sorti tel quel du cerveau de ce grand artiste. Il est né en Orient. Des tapis ont propagé ici et là sa curieuse physionomie. Un texte d'Aristophane ne laisse subsister aucun doute à cet égard :

> Je n'ai représenté ni *chevaux-coqs* ni
> Capri-cerfs à ton exemple et tels qu'on en
> Voit sur les *tapis de Perse*... (1)

L'Hippalektryon n'apparaît dans l'ornementation des vases qu'à l'époque de l'inventon des figures rouges.

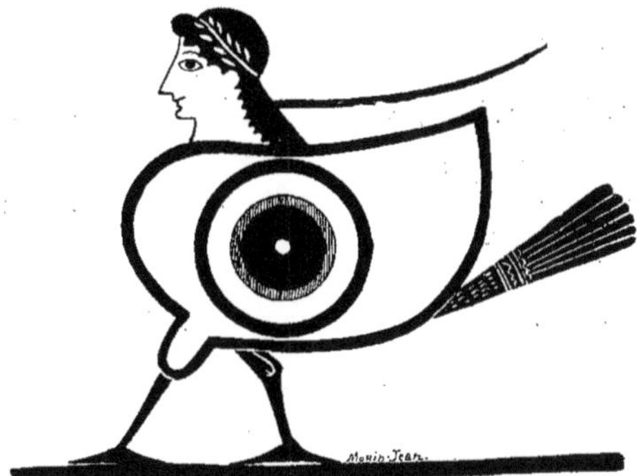

FIG. 204. — ANIMAL FANTASTIQUE FORMÉ D'UN GRAND ŒIL PROPHYLACTIQUE, D'UNE TÊTE HUMAINE, D'UNE QUEUE ET DE PATTES D'OISEAU. — Détail d'une amphore attique à figures noires du VIe s. av. J.-C. — *British Museum. Salle* n° 2, B. 215.

On peut en rapprocher une autre figure fantaisiste dont il n'existe, à ma connaissance, qu'un exemplaire au Musée Britannique. Cette bête étrange participe à la décoration d'une amphore à figures noires trouvée à Vulci, provenant de la collection Canino (2).

C'est une sirène qui a, en guise de corps, un de ces grands yeux prophylactiques dont sont ornées quantité de coupes du milieu du VIe siècle avant J.-C. (fig. 204). Malgré la bizarrerie des éléments qui la

(1) ARISTOPHANE, *Les Grenouilles*, vers 938.
(2) British Museum, *The second vase Room. Black.*, fig. B., 215. — *Guide to the Depart of Greek and Roman antiquities.* Third edition, p. 184-185, fig. 79.

composent, elle n'est pas dépourvue d'une certaine élégance. Elle est le résumé de plusieurs symboles égyptiens modifiés par les Grecs. L'œil prophylactique, c'est l' « oudja », l'œil d'Horus dont des amu-

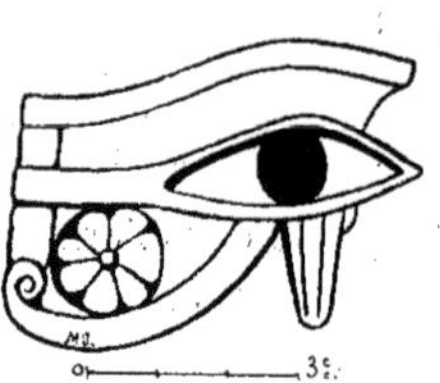

FIG. 205. — L'OUDJA. — Œil symbolique égyptien. Amulette de terre émaillée. — *Collection Morin*, n° 395.

lettes en cornaline, en lapis, en pâte de verre offraient d'innombrables représentations (fig. 205). L'oiseau, c'est « l'oiseau-âme », l'épervier à tête humaine traité en toute sorte de matières, notamment en bois, par les Égyptiens (fig. 180).

Sur le vase du British Museum, le sujet principal est flanqué, à droite et à gauche, de l' « œil-sirène ». A gauche, ce monstre est de

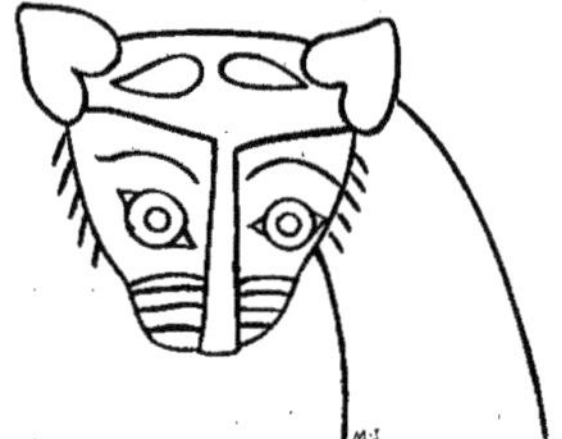

FIG. 206. — STYLISATION DE LA TÊTE DE FAUVE VUE DE FACE, SUR LES VASES DE NICOSTHÈNES. — *Louvre, Salle F*, n° 110.

sexe masculin; il est barbu comme l'oiseau-âme égyptien de la figure 180. A droite, il est de sexe féminin et n'a pas de barbe.

Pour faire une tête de fauve de face, Nicosthènes emploie souvent une formule qui diffère peu de celle dont on faisait usage dans les ateliers béotiens. Il y ajoute parfois, sur le front de l'animal, deux sortes de feuilles juxtaposées, leur partie la plus large se faisant vis-à-vis (fig. 206). Ce petit détail, autant que j'ai pu m'en rendre compte, n'existe que sur des vases sortis de son atelier.

Sur les poteries corinthiennes, le front des fauves à tête de face, ou bien ne porte pas d'ornements, ou bien est décoré d'un segment de cercle, ou encore d'une circonférence accostée de deux traits qui rejoignent les oreilles.

Les équidés de Nicosthènes n'appartiennent pas au type hiératique d'Exékias. Ils se rattachent au type rond et souple venu de l'Ionie. Ils ont les jambes de derrière très en dessous du ventre.

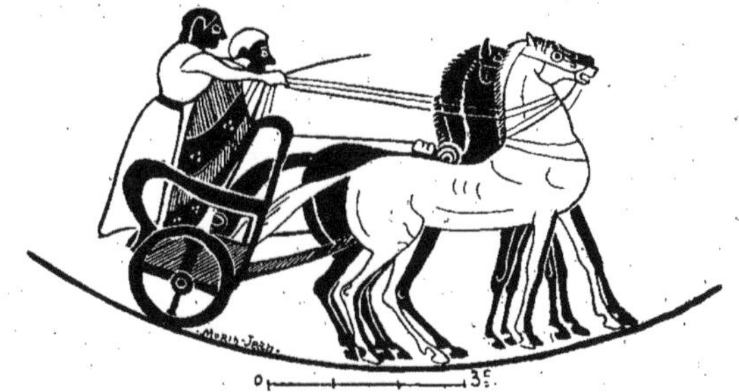

FIG. 207. — QUADRIGE. — Détail d'une amphore de Nicosthènes. — *Louvre. Salle F*, n° 107.

Certains chevaux attelés à un char minuscule ont des robes qui s'harmonisent bien (fig. 207). Parmi eux, celui du premier plan est entièrement blanc. Il se détache admirablement sur les chevaux noirs du second plan. Ces deux tons s'équilibrent et se heurtent, s'opposent et se soutiennent.

De semblables contrastes de couleurs existent sur d'autres vases; par exemple sur une amphore chalcidienne du Cabinet des médailles (1), et sur le canthare de Théozotos.

Nicosthènes ne dessine pas l'œil de ses animaux toujours de la

(1) GERHARD, *Auserlesene Vasenbilder*, 105. — DUMONT-POTTIER, *Les céramiques de la Grèce propre*, p. 279. — *Jahrbuch des deutschen Instituts*, 1887, p. 155.

même façon. Il emploie souvent la formule simple dont se servait Théozotos : deux cercles concentriques gravés effleurent le bord de la silhouette noire, le dépassant quelquefois, rien de plus (fig. 197 et 207).

De ces différentes observations, pourrait-on conclure que Nicosthènes est un chef d'atelier de la Béotie? Quelques archéologues ont été jusqu'à l'affirmer. Or, s'il se rapproche, dans une certaine mesure, des artistes de l'école béotienne, il s'en éloigne à plusieurs égards. Il vaut donc mieux, dans l'état actuel de nos connaissances, le laisser figurer au nombre des céramistes qui travaillèrent à Athènes.

Nicosthènes n'a pas peint seulement des vases à figures noires. Il ne s'est pas constamment, comme l'on fait les Béotiens, servi de modèles d'atelier employés par de longues générations.

Il a eu recours au système des figures rouges. Peut-être même en fut-il le promoteur. Il travaillait entre 540 et 510, à l'époque où l'art industriel subit un complet bouleversement. Il a fait sortir la peinture de vases de la routine. Il a préparé probablement, avec d'autres peintres, le mouvement d'émancipation des artistes qui, au cours du v^e^ siècle, acquerra toute son ampleur.

### B. — LE STYLE LIBRE.

Avec les premier vases attiques à figures rouges, un nouveau style apparaît.

Les animaux cessent d'être archaïques. Les différentes parties de leurs corps sont plus en proportion les unes avec les autres. Elles sont mieux dessinées, plus conformes à la vérité. Les détails des figures n'ont plus des dimensions excessives et occupent bien la place qu'ils doivent occuper. On n'en exagère plus l'importance pour rendre une expression, pour donner du caractère à une silhouette. L'arsenal des vieilles formules est délaissé. « La *nature vue* », comme le dit si justement M. Pottier, devient le but de l'art (1).

1. ED. POTTIER, *Catal. des vases du Louvre*, p. 843.

Il est fâcheux que, dans le courant du ve siècle, les animaux se fassent rares sur les vases. L'homme absorbe de plus en plus l'atten-

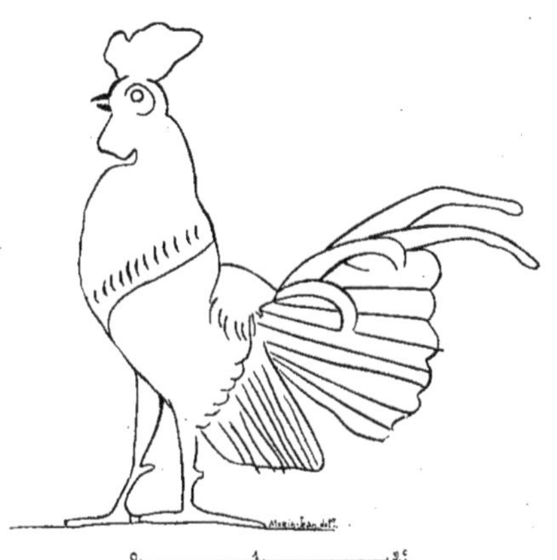

FIG. 208. — COQ. — Détail grandi d'un lécythe attique à fond blanc. ve s. av. J.-C. — *Louvre. Salle F*, n° 368.

tion des céramistes et le zoomorphisme cède la place à l'anthropomorphisme triomphant. Les bêtes ne figurent plus guère que

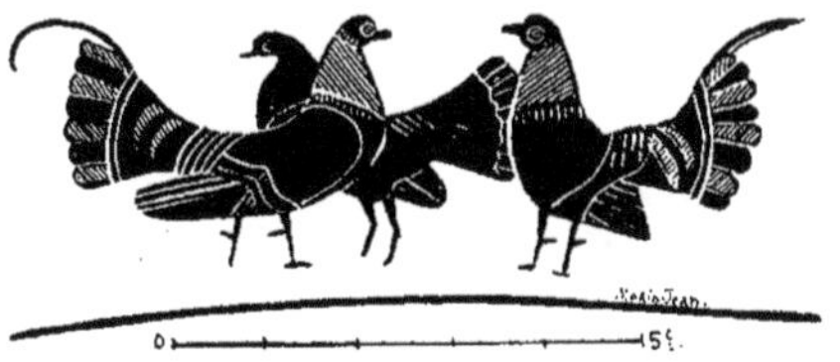

FIG. 209. — COQS ET POULE. — Détail d'une coupe attique de l'école des Kleinmeister. — *Louvre. Salle F*, n° 92.

comme des accessoires dans les représentations de cette époque.

Elles contribuent seulement à établir, comme il convient, les mythes célèbres, à permettre aux personnages de la mythologie d'apparaître sous leur aspect traditionnel. Mais elles sont souvent magnifiques ; quelquefois même elles constituent de purs chefs-

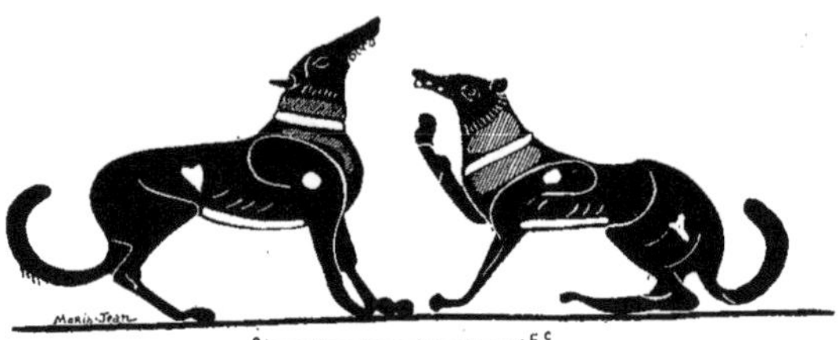


FIG. 210. — CHIENS DOMESTIQUES. — Détail d'une amphore de style attique du VI$^e$ s. av. J.-C. — *Louvre Salle F*, n° 2.

d'œuvre. Aussi est-il nécessaire de les étudier les unes après les autres.

*Oiseaux*. — Sur un lécythe blanc du Louvre, il y a un joli petit coq. La figure 208 en donne une reproduction très agrandie. Ce coq ne

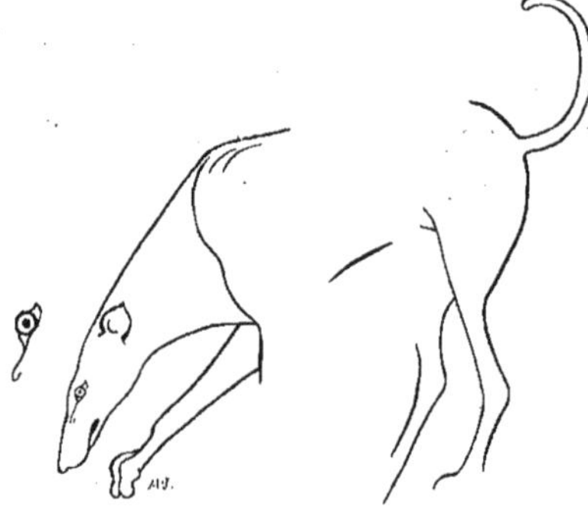

FIG. 211. — LE LÉVRIER SPARTIATE. — Détail d'une amphore attique à figures rouges. — *Musée de Munich*, n° 2305.

ressemble en rien à ceux de l'école archaïque que les Kleinmeister peignaient selon une technologie conventionnelle imprégnée des traditions ioniennes et corinthiennes (fig. 209). Il a de gros ergots, une crête irrégulièrement découpée. Son plumage est traité avec une grande liberté de main. Les plumes de son dos forment des saillies d'une vérité telle qu'on est tenté de passer la main sur elles. Une recette d'atelier a certes encore été utilisée ici, mais elle se rapproche

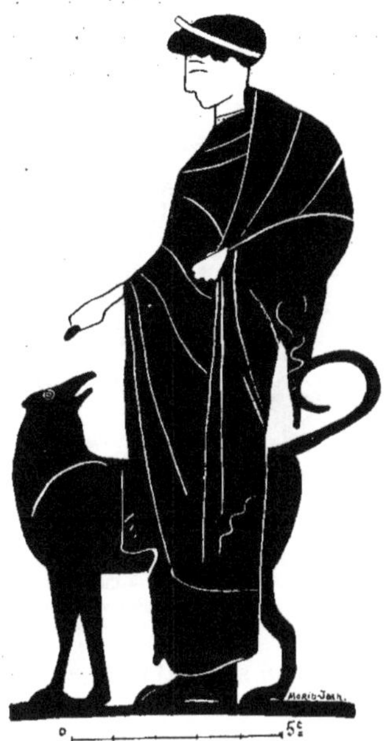


FIG. 212. — FEMME ACCOMPAGNÉE DU LÉVRIER SPARTIATE. — Détail d'une amphore attique à figures noires de style courant (début du ve s. av. J.-C.). — *Collection Morin*, n° 2100.

plus de la vérité que celles dont on faisait usage antérieurement. Son emploi suffit à montrer qu'une évolution complète s'est faite au ve siècle, en Grèce, dans la peinture des animaux.

Le coq n'est pas le seul oiseau dont le dessin se modifie alors heureusement. Presque tous les volatiles prennent à sa suite un aspect réaliste très accentué. Corbeaux (1), perdrix, grues, canards (2), ajoutent ici et là au charme de quantité de petits tableaux de genre. Les uns et les autres sont apprivoisés et se promènent en toute liberté dans les habitations (3).

*Canidés.* — Sur les vases du VI^e siècle nous avons trouvé des chiens qui appartiennent à des races très différentes. Les uns sont des chiens de berger (fig. 193), les autres des chiens domestiques : κύνες τραπεζῆες.

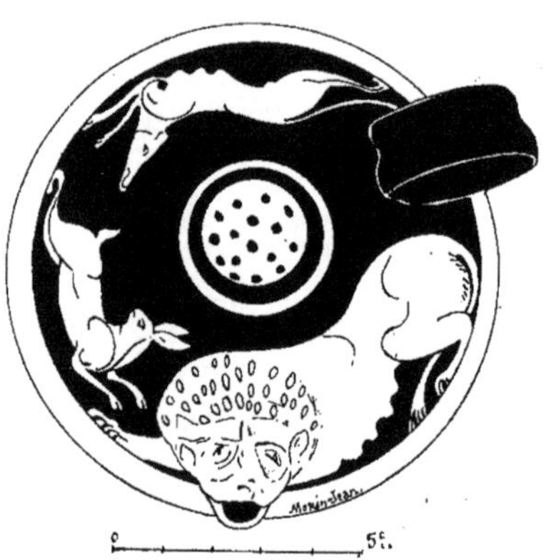

FIG. 213. — GUTTUS DE STYLE ATTIQUE A FIGURES ROUGES. — Chasse au lièvre et lion, dont la tête, exécutée en ronde-bosse, forme déversoir. — *Collection Morin*, n° 1927.

Parmi ceux-ci, il en est qui sont attachés à des pieds de table ou à des lits de banquet (fig. 210).

Les céramistes du V^e siècle s'attachent, eux, à représenter presque exculsivement le *chien spartiate* ou *laconien* (4). Très apprécié dans l'antiquité, ce lévrier jouissait d'une vogue qui le fit rechercher jusqu'en Afrique.

Cette belle bête a une allure élégante. Ses membres sont allongés.

(1) Lécythe publié par M. MAC-MAHON dans l'*Ephemeris archéol. d'Athènes*, 1905.
(2) Vase du Musée Britannique publié par M. MURRAY, *White Athenian vases*, pl. 3.
(3) *Dictionn. des Antiq.*, de M. SAGLIO, t. I, p. 702, fig. 847.
(4) *Dictionn. des Antiq.*, de M. SAGLIO, t. I, p. 882.

Son museau est effilé, sa poitrine large. Ses oreilles sont minces et pointues (fig. 211 et 212). Les peintres de vases lui donnent des attitudes très variées. Ici, le chien spartiate chasse le lièvre (fig. 213). Là, il est au repos, accroupi aux pieds de son maître. Dans cette dernière position, il est particulièrement intéressant. Les peintres du $V^e$ siècle, ce chien nous le prouve, comprenaient les raccourcis beaucoup mieux que leurs prédécesseurs (fig. 214).

*Ovidés.* — Ils ont aussi étudié les ovidés avec beaucoup de soin.

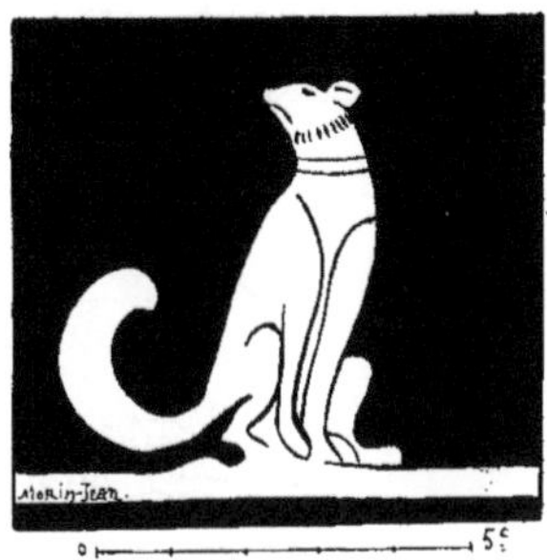


FIG. 214. — CHIEN SPARTIATE. — Détail d'une Péliké à figures rouges. — *Musée de Boulogne-sur-Mer*, n° 134.

Tête de bélier et tête de bouc (fig. 215) constituent d'excellents témoignages de la perfection de leur art. Ce bélier est d'un réalisme saisissant. Sa bouche entr'ouverte, son œil, sa corne, ses oreilles sont exécutés avec une admirable science de l'anatomie (1).

Le bouc, de son côté, est un étonnant spécimen du savoir-faire des artistes de cette époque. Il est l'indice palpable de l'évolution qui s'est produite à la fin du $VI^e$ siècle. Il est un amalgame d'anciennes recettes et d'une compréhension nouvelle des formes des animaux. Sa barbe et le poil de ses joues constituent des souvenirs des traditions ioniennes.

*Léporidés.* — Sur les vases archaïques, le lièvre n'apparaît que dans des scènes de chasse où il est poursuivi par des chiens.

(1) Pour arriver à cette perfection, les artistes du $V^e$ siècle ont fait usage de formules que nous étudierons plus loin en parlant du cheval (ch. XI).

Sur les poteries du v^e siècle, il n'est plus seulement un gibier, il est aussi un animal familier (1). On le voit tantôt blotti sur les genoux de son maître (2), tantôt tenu en laisse comme un petit chien (3), tantôt saisi par les oreilles et emporté de la sorte (4) (fig. 216).

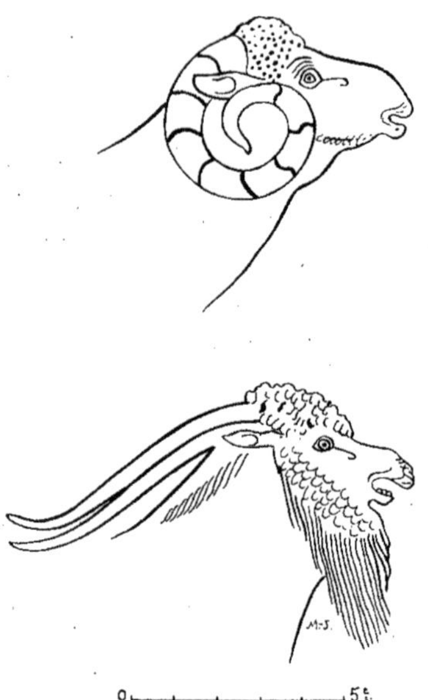

FIG. 215. — TÊTES D'OVIDÉS. — Détails d'un vase attique à figures rouges (v^e s. av. J.-C.). — *Louvre. Salle G*, n° 185.

Cet animal apprivoisé servait alors aux jeunes gens pour se faire un cadeau. Il ne ressemble pas au léporidé des poteries corinthiennes

(1) Sur les animaux familiers (*Bestiæ mansuetæ, cicures*), qu'il ne faut pas confondre avec les animaux domestiques, consulter le très intéressant article de MM. COUGNY et SAGLIO dans le *Dict. des Antiq.*, de M. SAGLIO, t. I, p. 689.

(2) ED. POTTIER, *Douris et les peintres de vases grecs*, fig. 21.

(3) Coupe du Musée de Berlin. GERHARD, *Trinkschal und Gefässe*, pl. XII.

(4) Canthare du Louvre, Salle L, publié dans *Musée des monuments de France*, 1906, pl. 37. — Coupe à figures rouges du cabinet de M. MARGUERITE DE LA CHARLONIE, à Paris.

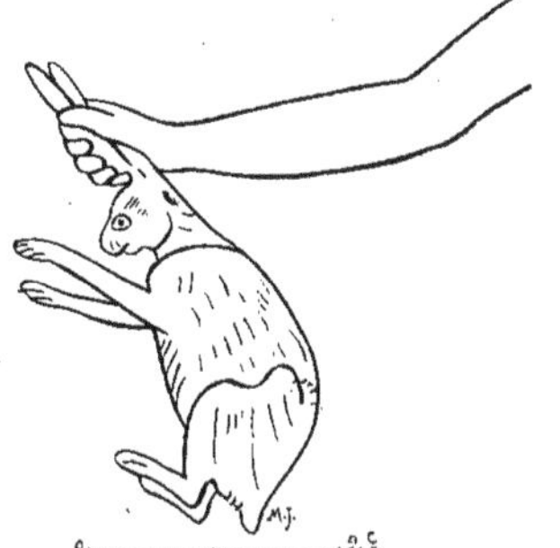


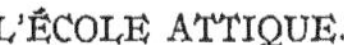

FIG. 216. — LIÈVRE FAMILIER. — Détail d'une coupe attique à figures rouges du Ve s. av. J.-C. conservée au *Musée Guimet*.

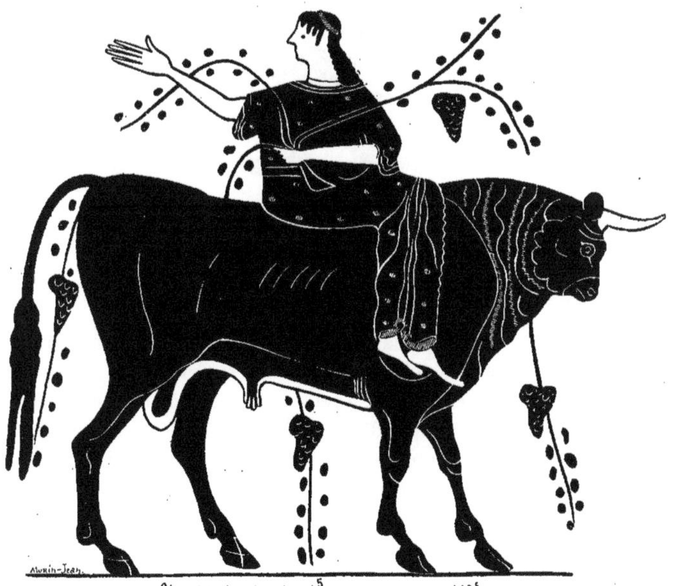

FIG. 217. — EUROPE SUR LE TAUREAU. — Détail d'une amphore attique du style à figures noires contemporain de l'invention de la figure rouge. — *Louvre. Salle F*, n° 255.

et ioniennes des VII-VI^e siècles. Les lignes qui le constituent sont sobres et correctes tout à la fois. Elles contribuent à former une image vivante et vraie.

*Bovidés.* — Le taureau n'est pas rare sur les céramiques attiques de la fin du VI^e et du V^e siècles.

Dans les produits à figures noires de cette époque, cet animal est exécuté d'après les lois qui régissent alors le dessin industriel,

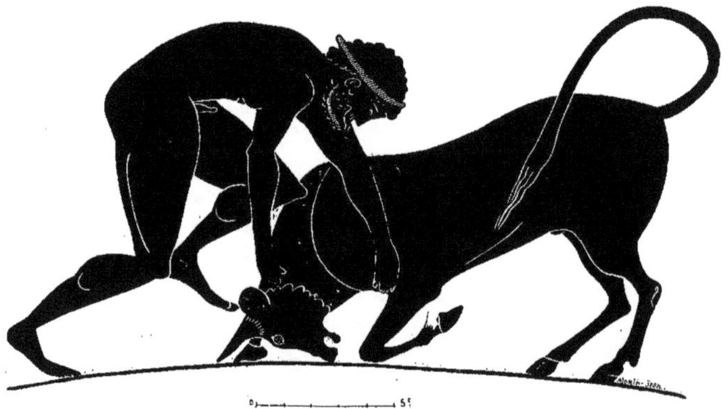

FIG. 218. — HÉRAKLÈS ET LE TAUREAU DE CRÈTE. — Détail d'une amphore attique à figure noire de la fin du VI^e ou du début du V^e s. av. J.-C. — *Louvre. Salle F*, n° 240.

mais il laisse encore voir, dans le détail, des traces de la facture des époques archaïques. Voici plusieurs bovidés. Celui-ci (fig. 217) a le cou orné d'ondulations pareilles à celles des bœufs ioniens du VI^e siècle. Celui-là (fig. 218), en dépit d'une incision tracée sur chacun de ses sabots, a les jambes d'un cheval. Il ressemble en cela aux animaux des hydries de Caere. Cet autre (fig. 219), dont le corps est placé de profil, tourne la tête de face.

La stylisation de cette tête est très curieuse. Le dessinateur attique n'a pas surchargé son œuvre de traits inutiles. Il n'a négligé aucun de ceux qui étaient nécessaires pour obtenir une belle image.

Dans les produits à figures rouges du v<sup>e</sup> siècle, le taureau est beau-

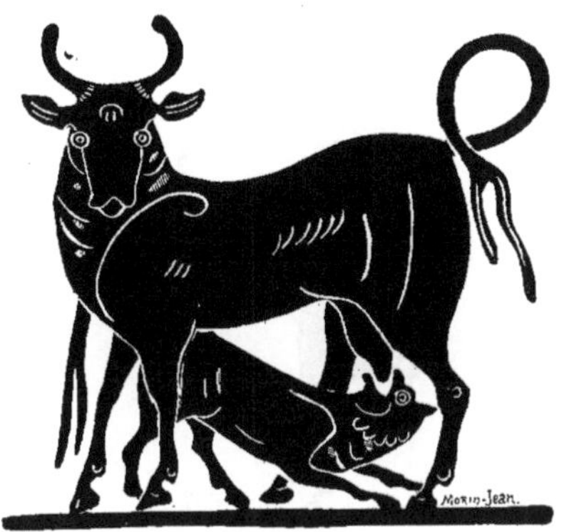

FIG. 219. — TAUREAU A TÊTE DE FACE. — Détail d'une œnochoé attique à figures noires du *Musée de Boulogne-sur-Mer*, n° 476.

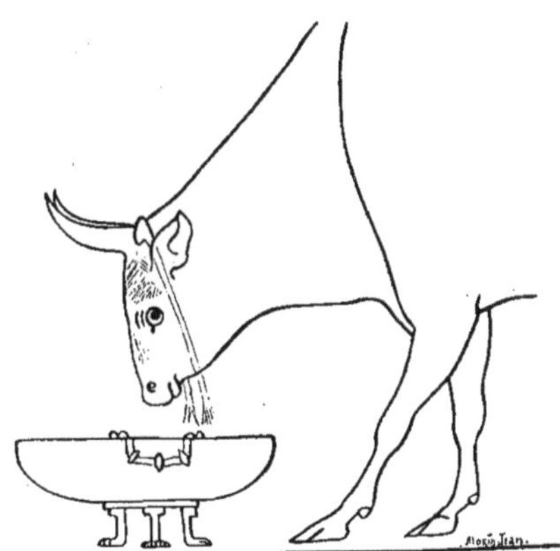

FIG. 220. — TAUREAU. — Détail d'un grand vase attique à figures rouges. v<sup>e</sup> s. av. J.-C. — *Musée de Munich*, n° 2412.

coup mieux fait (fig. 220). Ses jambes ne sont pas celles d'un cheval mais bien celles d'un bovidé, avec des sabots plats, des cuisses

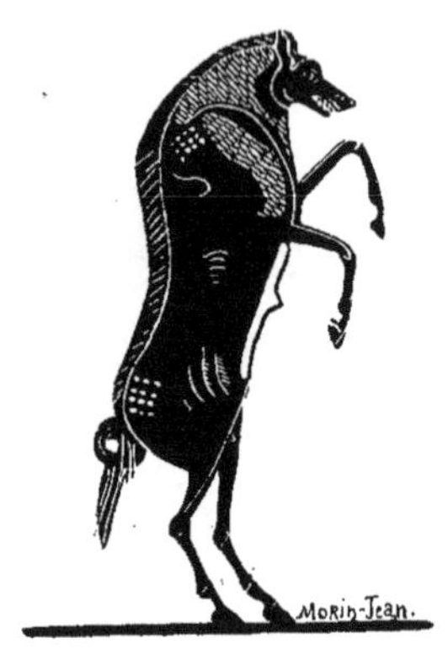


FIG. 221. — SANGLIER A JAMBES D'ÉQUIDÉ. — Détail d'une amphore attique, VIe s. av. J.-C. — *Louvre. Salle F.*, n° 19.

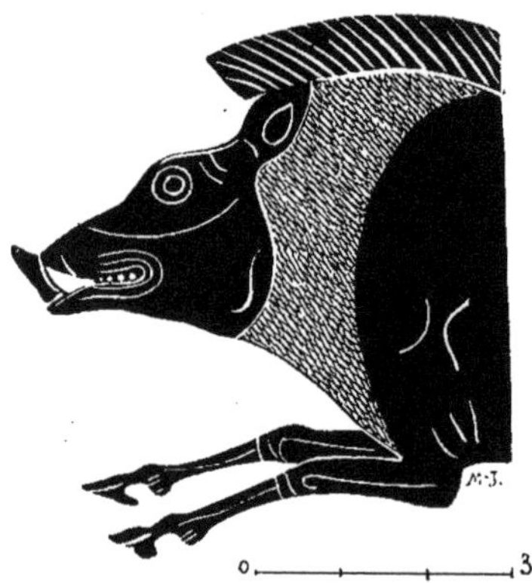


FIG. 222. — SANGLIER DE STYLE ARCHAIQUE. — Détail d'une amphore attique, VIe s. av. J.-C. — *Louvre. Salle F.*, n° 59.

un peu empâtées. Son oreille est bien construite et bien modelée.

*Suidés.* — Le sanglier du v^e siècle ne ressemble pas au sanglier archaïque. A l'époque d'Exékias, les céramistes attiques faisaient souvent à cet animal des jambes d'équidé (fig. 221). Ils donnaient à son

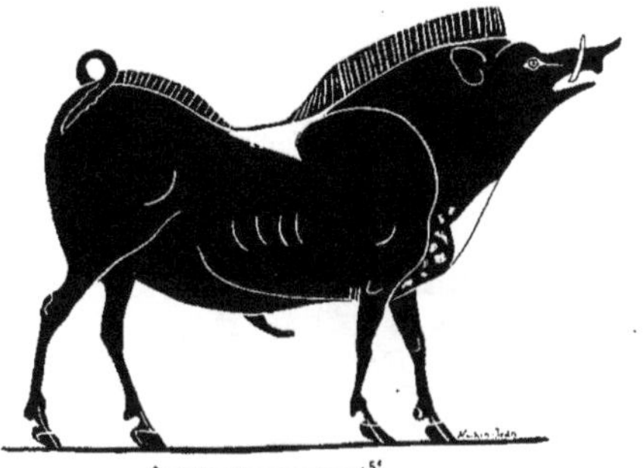

FIG. 223. — SANGLIER DE STYLE LIBRE. — Détail d'une amphore attique à figures noires contemporaine des vases à figures rouges. v^e s. av. J.-C. — *Louvre. Salle F*, n° 236.

œil des proportions hors d'échelle et employaient pour le dessiner soit la formule ionienne, soit la formule corinthienne (fig. 222). Leur recette diffère peu de celle dont usaient les peintres des sarcophages de Clazomène.

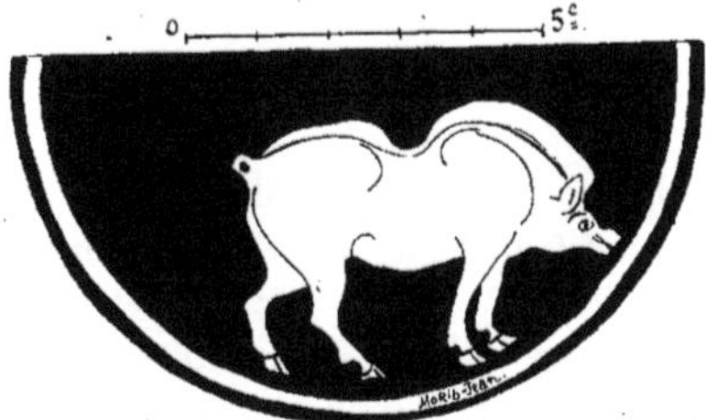

FIG. 224. — SANGLIER DE STYLE LIBRE. — Détail d'un *guttus* à figures rouges. — *Collection Morin*, n° 1263.

A la fin du VI^e siècle et dans le courant du V^e, le sanglier a un plus joli galbe (fig. 223). Son œil est mieux proportionné, son oreille plus étudiée. Les détails de sa structure sont plus sobrement indiqués (fig. 224).

*Félidés.* — En comparant entre eux les lions des céramistes du VIe siècle et ceux de leurs successeurs du début du Ve, on se rend facilement compte que l'art grec fit des progrès considérables dans un très court laps de temps.

Pour montrer toute la valeur de cette affirmation, il suffit de prendre trois exemples, d'étudier un spécimen de vase du début du VIe siècle, un autre de l'époque d'Exékias, un troisième des environs de l'an 500.

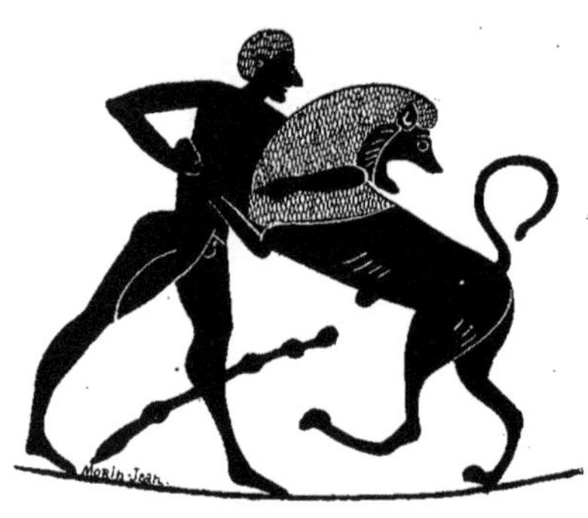


FIG. 225. — HÉRAKLÈS ET LE LION. — Détail d'un vase attique à figures noires antérieur au groupe Amasis-Exékias. — *Louvre. Salle F*, n° 1.

Sur le premier, le fauve a une allure héraldique. Il constitue, ici un motif décoratif analogue à celui d'un tapis ou d'une étoffe plus ou moins précieuse. Il est en somme assez banal, assez insignifiant (fig. 225). Sa queue en forme d'S n'a ni la longueur ni l'épaisseur qu'elle devrait avoir. Sa tête et ses pattes sont extrêmement négligées.

Sur le second (fig. 226), il est d'un dessin moins lâché, mais n'est pas plus vivant. Son œil, ovale et allongé, est ionien. Sa crinière, également ionienne, est limitée par des dentelures géométriques. Sa queue, toujours très mince, est plus longue que celle du carnassier précédemment décrit.

Enfin sur le dernier, il devient un animal plein de vie, remuant,

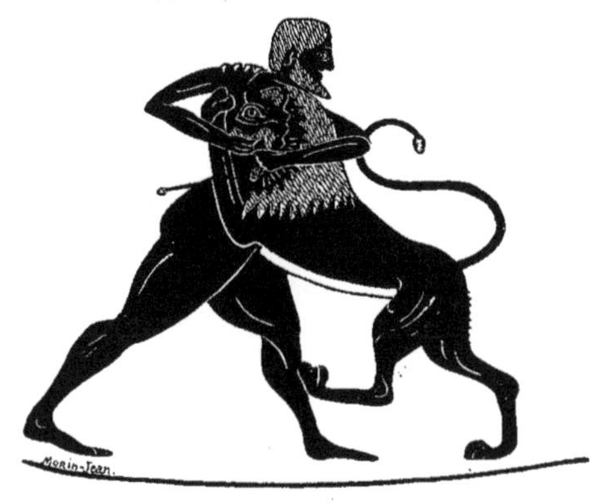

FIG. 226. — HÉRAKLÈS ET LE LION. — Détail d'un vase attique à figures noires de l'époque d'Exékias. *Louvre. Salle F*, n° 37.

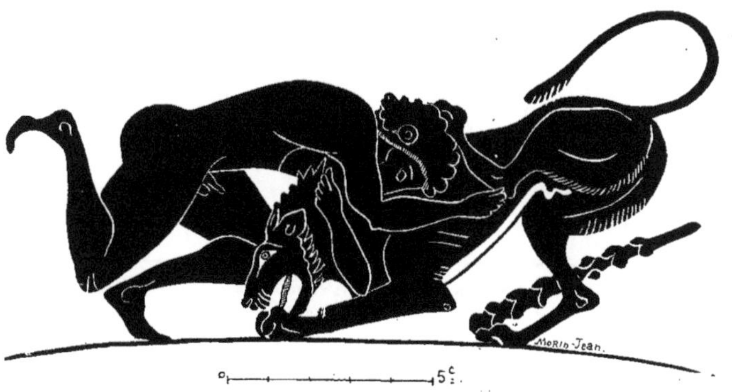

FIG. 227. — HÉRAKLÈS ET LE LION. — Peinture d'une œnochoé attique à figures noires du début du ve s. av. J.-C. — *Louvre. Salle F*, n° 349.

agissant, se mettant en colère. Il n'est plus un ornement dont les lignes ont seulement pour but de distraire ou d'amuser (fig. 227). Sa queue n'est plus un simple rinceau ; c'est bien une queue de fauve

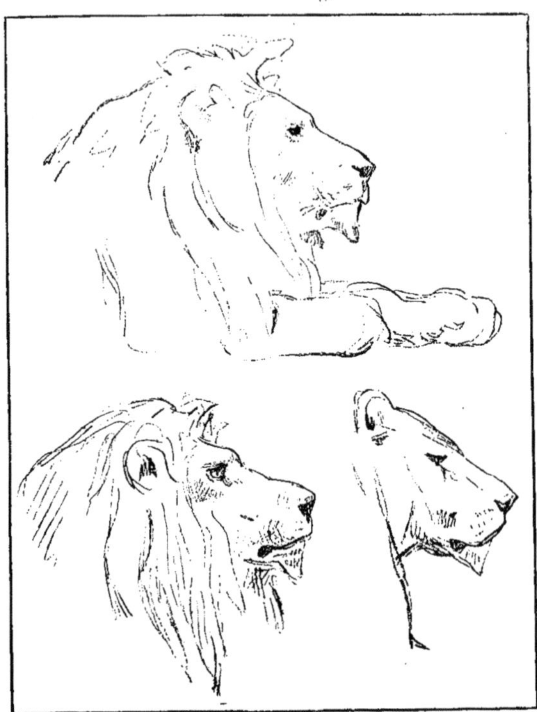

FIG. 228. — CROQUIS DE TÊTES DE FÉLIDÉS, d'après des fauves de la ménagerie du Muséum d'histoire naturelle de Paris.

qui bat l'air de ses mouvements rapides. Sa tête est fort bien traitée. On peut hardiment la rapprocher de croquis faits de nos jours d'après nature (fig. 228).

*Sphinx.* — Peint selon les vieilles formules des écoles archaïques, le sphinx de Nicosthènes est ionien ou corinthien (fig. 199). Le sphinx des vases à figures rouges du Ve siècle est issu d'une esthétique toute différente (fig. 229). Il devient un sujet de décoration d'une grande

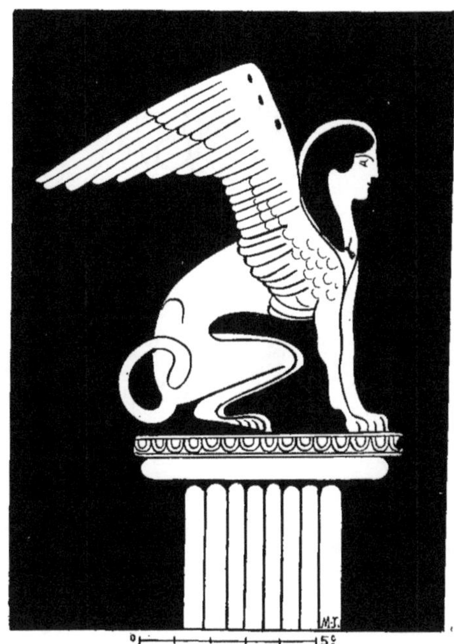


FIG. 229. — SPHINX. — Détail d'un vase attique à figures rouges, Ve s. av. J.-C. — *Louvre. Salle G*, n° 417.

envergure. Constitué avec un petit nombre de lignes, il cesse d'avoir des mouvements brusques. Sa queue n'a plus les sinuosités d'un S régulier. Elle a une courbe naturelle. Son aile rappelle celle des bons voiliers à os longs tels que la frégate. Elle n'est plus recoquillée comme celle des monstres orientaux. Les peintres attiques de la belle époque ont très bien compris le parti que l'on pouvait tirer des ailes des oiseaux de mer garnies de longues et belles plumes.

*Figures zoomorphes des boucliers. — Blason.* — L'étude des animaux des vases attiques demeurerait incomplète si l'on omettait

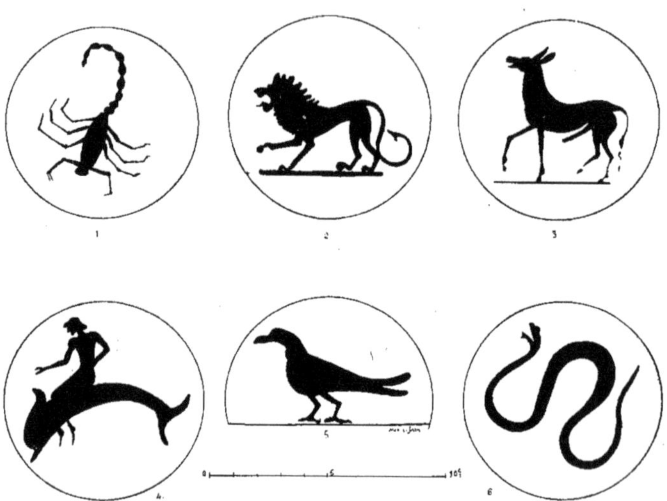


FIG. 230. — ÉPISÈMES DE BOUCLIERS ORNÉS D'ANIMAUX EXÉCUTÉS EN SILHOUETTES NOIRES SANS INCISIONS. Vases attiques à figures rouges du v^e^ s. av. J.-C. — *Louvre. Salle G*, (n° 47 — 1 à 5), (n° 46 — 6).

d'envisager la série des bêtes qui ornent les épisèmes des boucliers du V^e^ siècle.

Ces bêtes sont les ancêtres des figures héraldiques dont les blasons étaient fréquemment décorés au moyen âge et que l'on retrouve, aujourd'hui encore, dans des armoiries de villes ou de familles, sur des enseignes, sur de nombreuses marques de fabriques. Les céramistes attiques enjolivaient de lions, de dauphins, de coqs, de mulets, de corbeaux, de serpents, d'insectes, de scorpions, les boucliers de leurs guerriers (fig. 230). Toutefois ils n'attachaient pas une très grande importance à cette ornementation. Ils employaient, pour le faire, le procédé de la silhouette noire sans incisions.

Le scorpion est assez rare sur les vases grecs quoiqu'il n'existe guère, parmi les arthropodes, d'animal plus souvent mentionné dans les fables de l'antiquité. Cet arachnide, très répandu dans tout le bassin oriental de la Méditerranée, entra à maintes reprises dans la

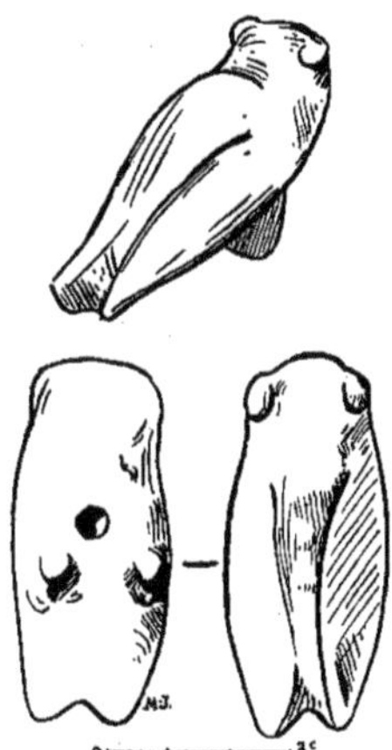

FIG. 231. — CIGALE EN TERRE CUITE. — Art grec. — *Musée du Louvre.*

composition des œuvres des artistes de la Chaldée (1) et de l'Égypte (2).

Les insectes se rencontrent en plus petit nombre encore que les arachnides dans le zoomorphisme figuré des Grecs. Sur un cratère à figures noires du musée de Vienne, un bouclier est orné d'un hyménoptère du genre guêpe, très reconnaissable par le mouvement de son abdomen (3). Sur une coupe à figures rouges, attribuée à Brygos, et

(1) Borne-limite du Musée Britannique, *Catalog. des Antiquités babyloniennes et assyriennes*, p. 86-87, pl. XI.

(2) On lit dans le *Dictionnaire d'Archéologie égyptienne*, de M. PAUL PIERRET, p. 496, que le scorpion était l'emblème de la déesse Selk. Cet animal était fort redouté des Égyptiens, qui récitaient des formules magiques pour se préserver de sa piqûre.

(3) Cratère à figures noires du musée de Vienne (Autriche). *Tischbein* V, pl. 25.

reproduite par de Luynes (1), un insecte plus difficile à déterminer décore un épisème de bouclier.

Sur un vase ionien d'époque plus ancienne (fin du VII^e siècle), provenant des fouilles faite en Égypte par le professeur Flinders Petrie (2), se trouve une sauterelle. Il existe enfin des cigales (3) modelées en ronde bosse et que l'on peut faire remonter aux environs du V^e siècle (fig. 231).

Les Grecs n'ont pas dessiné de coléoptères. Le scarabée, qui, venu d'Égypte, pullula dans toute la Méditerranée à l'époque de la grande diffusion des amulettes de pierre dure, de verre ou de terre émaillée, n'a pas attiré leur attention.

Les lépidoptères, qui sont intervenus si souvent et si heureusement dans les décorations d'Orientaux tels que les Chinois et les Japonais, ne les ont guère plus intéressés. On peut cependant signaler, sous toute réserve, deux papillons qui déploient leurs ailes sur une coupe à figures noires de la seconde moitié du VI^e siècle publiée dans Tischbein (4).

L'art attique a eu, sur la Grèce entière, une influence considérable. Au V^e siècle, il n'existe plus, à proprement parler, qu'une école, celle d'Athènes. Elle eut même une action réelle, efficace, jusque sur les confins les plus éloignés du monde connu des anciens. Cela montre, jusqu'à l'évidence, combien les Attiques ont su faire preuve d'ingéniosité, d'imagination et d'adresse dans l'exécution de leurs produits industriels.

(1) DE LUYNES, *Description de quelques vases peints*, Paris 1840.

(2) FLINDERS PETRIE, *Tanis Fourth memoir of the Egypt exploration*. Fund London, 1888, pl. XXV.

(3) Il est souvent question de la cigale dans les auteurs grecs. HÉSIODE et THÉOCRITE ont parlé de son chant ANACRÉON lui a consacré sa quarante-troisième ode. ÉSOPE la fait parler dans ses fables. HOMÈRE compare à des cigales les vieillards qui entourent Priam :

γήραϊ δὴ πολέμοιο πεπαυμένοι ἀλλ' ἀγορηταὶ
ἐσθλοὶ τεττίγεσσιν ἐοικότες, οἵτε καθ' ὕλην
δενδρέῳ ἐφεζόμενοι, ὕπα λειριοεσσαν ἱεῖσι.

(*Iliade*, chant III, vers 150).

(4) Tome III, pl. 60. (Ces papillons sont peut-être des voiles et des cordages de navire ma compris) (ED. POTTIER).

Les peintres céramistes d'Athènes n'ont été en pleine possession de leur talent dans la représentation des animaux qu'après avoir renouvelé complètement et à plusieurs reprises leurs modèles d'atelier.

A l'âge du fer, leurs conceptions sont enfantines. Elles ont un caractère autochtone qui s'efface au fur et à mesure que les influences orientales se font davantage sentir.

Pendant la période de production des vases dits « attico-corinthiens », leur originalité disparaît presque entièrement.

Sous Pisistrate, leur dessin prend de la distinction, de l'élégance, mais il conserve une sécheresse et une raideur bien archaïques.

Avec l'invention des vases à figures rouges, leur style devient plus libre et s'inspire de plus en plus de la nature. Mais l'art attique de la belle époque ne se fait jamais l'esclave de la vérité ; il n'attache pas à la réalité une importance considérable.

Des œuvres bien établies, logiquement conçues, pondérées et savantes, admirables en un mot, apparaissent au V^e siècle, s'épanouissent comme des fleurs déployant à la lumière leurs pétales jusque-là emprisonnés dans leur enveloppe verte, émanent d'un peuple dont la civilisation brille de tout son éclat.

Elles ne tirent leur richesse ni de l'harmonie des couleurs ni de l'emploi d'un modelé subtil et délicat : elles constituent le triomphe du dessin au trait.

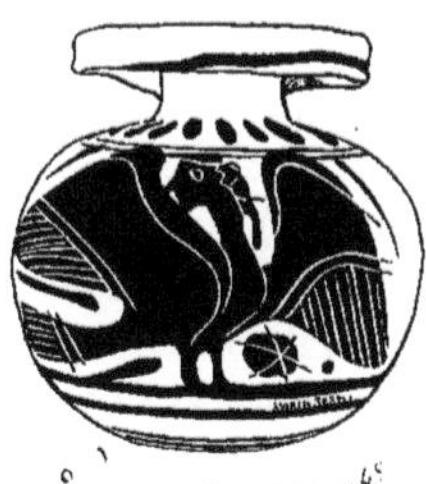

ARYBALLE DÉCORÉ D'UNE SIRÈNE, fin VII^e s. av. J.-C.
*Collection Morin*, n° 1485.

XI

## Le dessin du cheval dans la céramique attique depuis le style dit « attico-corinthien » jusqu'à la ruine d'Athènes en 404 (VIe-Ve siècles).

### A. — Style attico-corinthien.

Au début du VIe siècle, les céramistes d'Athènes n'ont pas encore une esthétique bien déterminée. Ils sont à la recherche d'un idéal. Ils se laissent influencer par les autres écoles de la Grèce. Dans le dessin des chevaux, ils emploient tantôt la formule corinthienne, tantôt la formule béotienne. Ils appliquent, selon les cas, celle-ci ou celle-là au vieux thème dipylonien, qui n'a pas entièrement disparu. Leurs équidés ont le corps trop long et trop étroit, les jambes sèches et nerveuses, un galbe rigide. En eux survit le style athénien primitif. Les influences étrangères, pourtant considérables à cette époque, ne sont pas parvenues à faire disparaître les principes d'art de la grande cité grecque (fig. 232).

Les incisions disposées en arête de poisson sur la queue des chevaux des vases attico-corinthiens ont une origine orientale.

Des coupes cyrénéennes (1) et des objets de travail phénicien (2) nous le prouvent. Il y a là une ornementation conventionnelle qui ne correspond guère à la réalité. C'est peut-être une façon synthétique de représenter des queues tressées analogues à celles dont sont pourvus les chevaux des bas-reliefs assyriens.

(1) Louvre. Salle E, n° 665.

(2) Louvre. Coupes de Dali (Chypre) VIIe s. av. J.-C. Perrot et Chipiez, *Histoire de l'art*, t. III, fig. 546-548.

Les équidés des poteries attico-corinthiennes ont la crinière divi-

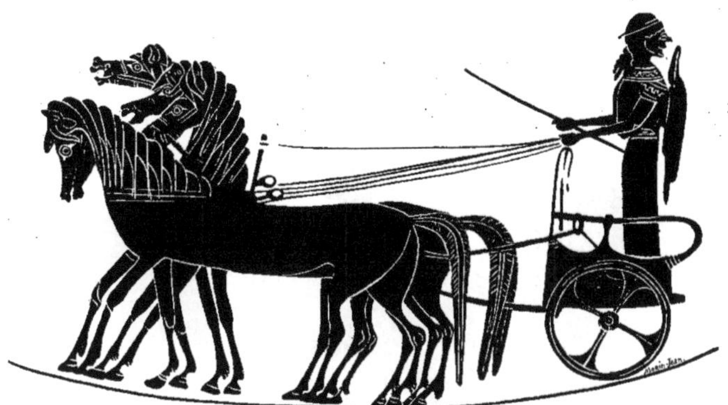

FIG. 232. — QUADRIGE. — Détail d'un Dinos attique à décor influencé par les écoles de Corinthe, de Béotie et d'Ionie. — Première moitié du VIe s. av. J.-C. — *Louvre. Salle E*, n° 874.

sée en grosses mèches comme ceux des vases béotiens. Leur tête, trop

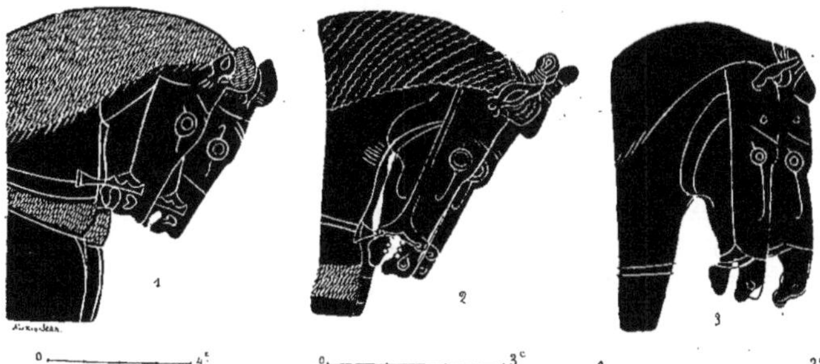

FIG. 233. — TÊTES D'ÉQUIDÉS : 1. TYPE CORINTHIEN (*Louvre F.*, 10) ; 2. TYPE HIÉRATIQUE DE L'ÉCOLE DE TIMAGORAS (*Louvre F.*, 39) ; 3. TYPE DE STYLE LIBRE A CHANFREIN BUSQUÉ (*Louvre F*, 47).

courte, a les proportions trapues du canon corinthien (fig. 233 n° 1). Leurs lèvres n'ont pas assez de développement en longueur. Leur masséter est un peu trop haut. Leur œil est formé d'un petit cercle enfermé dans un cercle plus grand lequel est accosté de deux traits courts.

A Athènes comme à Corinthe, le quadrige vu de face est une bien naïve image. Dans un atelier comme dans l'autre, les recettes sont pauvres lorsqu'il s'agit de représenter un cheval de face. Les potiers

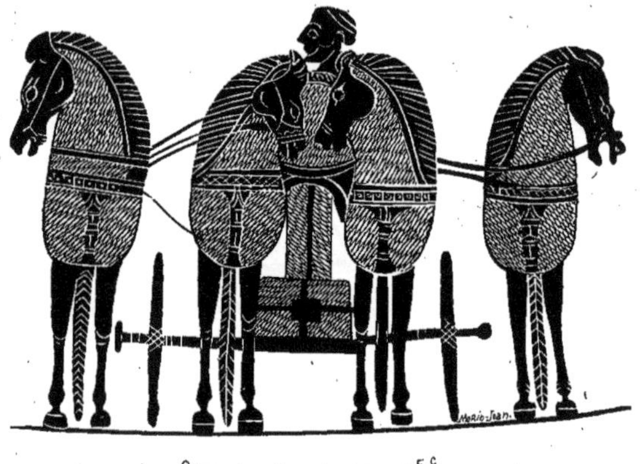


FIG. 234. — QUADRIGE VU DE FACE. — Détail d'un Dinos attico-corinthien de la première moitié du VIe s. av. J.-C. — *Louvre. Salle E*, no 873.

ignorent la myologie des équidés et ne comprennent pas les raccourcis des muscles (fig. 234). Ils s'intéressent beaucoup aux détails du harnachement et s'efforcent à les exprimer de leur mieux.

L'enlumineur du moyen âge ne procédera pas autrement. Raideur sécheresse, symétrie, impuissance à copier la nature, amour excessif des détails et des accessoires, telles sont les caractéristiques du « *faire* » des peintres de chevaux en Attique, au début du VIe siècle avant J.-C.

A la même époque et dans la même série de vases, il est un cheval plus élégant, dont les membres postérieurs sont très en dessous du

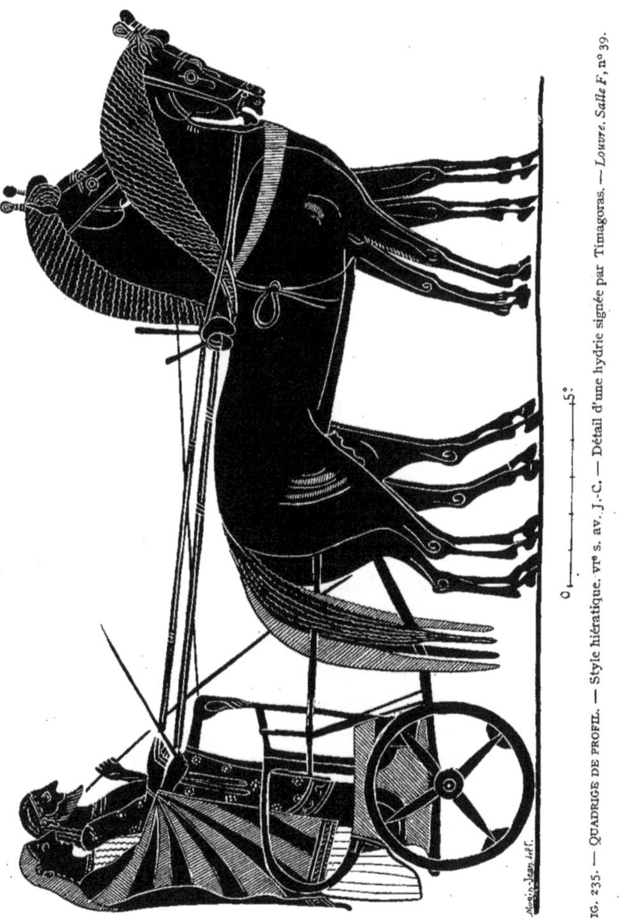

FIG. 235. — QUADRIGE DE PROFIL. — Style hiératique, VIe s. av. J.-C. — Détail d'une hydrie signée par Timagoras. — *Louvre, Salle F*, n° 39.

corps (1). Cet animal se rattache au type ionisant qu'on faisait figurer sur les produits corinthiens en même temps que ses congénères du type continental. Il finira par régner en maître sur les vases et supplantera son rival à l'époque d'Andokidès.

### B. — Style archaique.

A l'époque de Pisistrate, l'équidé de style ionisant est presque toujours relégué dans les parties les moins en vue du vase, tantôt sur l'épaule, tantôt près du pied. En bonne place, au milieu de la panse, apparaît un cheval sec et raide. Il constitue un type que je proposerai d'appeler « *le type hiératique de l'école d'Exékias et de Timagoras* ». Cette dénomination, qu'on ne s'y trompe pas, n'a qu'une valeur d'étiquette. Les noms d'Exékias et de Timagoras sont très connus des archéologues. Ils figurent sur des vases dans le décor desquels entrent de très beaux chevaux. Ils peuvent synthétiser l'œuvre de toute une époque où les Néarchos, les Tychios et d'autres jouèrent sans doute un rôle équivalent à celui de ces deux artistes, mais dont l'importance exacte ne nous apparaît pas encore clairement.

Quoi qu'il en soit, les produits de cette école de céramistes constituent un progès sur ceux du début du siècle. Ce sont des œuvres splendides où l'on admire la pureté du style et la sûreté de main du graveur (fig. 235). Leurs auteurs n'ont pas fait table rase du passé. Ils ont conservé aux jambes des équidés la raideur qu'elles avaient sur les amphores du Dipylon, à leur corps l'allongement qu'il avait sur les poteries corinthiennes. Ils ont rendu leur crinière par un grand nombre d'incisions ondulées. Ils ont agrémenté le sommet de leurs têtes de magnifiques pompons. Ces pompons sont pareils à ceux des chevaux du char de guerre de Sanhérib (2).

Le cheval de Timagoras a une belle queue dont les ornements ne sont plus en arête de poisson. Sa tête est longue et élégante

(1) Louvre. Salle E, n° 852.
(2) Roi assyrien des VIIIe-VIIe siècles avant J.-C. (Bas-reliefs de Koujoundschik).

(fig. 233 nº 2). Son masséter est bien en place et la ligne qui indique la courbure de ce puissant muscle se prolonge à l'intérieur de la silhouette noire pour souligner le *maxillo-labial*. Son oreille est mieux faite et plus longue que chez les équidés corinthiens. Son œil a une forme curieuse ; il se termine à la partie inférieure, par un trait long qui forme crochet à son extrémité et qui sépare ingénieusement le

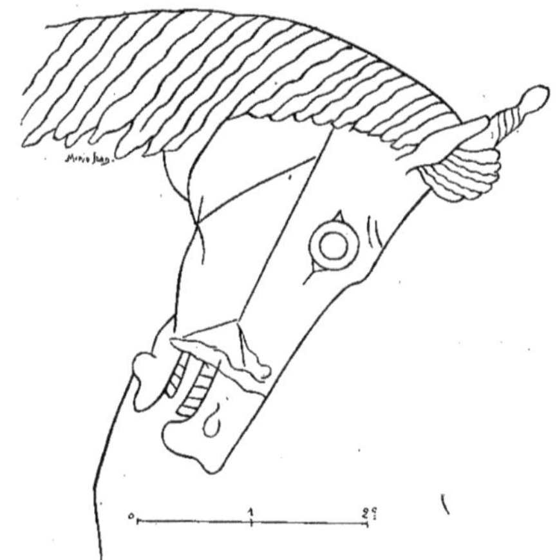

FIG. 236. — TÊTE D'ÉQUIDÉ. — Style hiératique. VIe s. av. J.-C. — Détail d'une amphore signée par Exékias. — *Louvre. Salle F*, nº 53.

chanfrein de la joue (1). Ses genoux et ses jarrets portent une incision en forme de crosse qui correspond aux saillies des muscles sur les têtes d'os (fig. 235).

Sur l'amphore 53 de la salle F, au Louvre, Exékias a pris soin, en dessinant la bouche d'un de ses chevaux, d'indiquer les dents de l'animal (fig. 236). Il y a là une précision dans le détail qui existait déjà à l'époque des vases proto-attiques, sur les œnochoés de Phalè-

(1) Cette façon de dessiner l'œil du cheval semble particulière à l'école attique. On la rencontre, avant l'époque d'Exékias, sur un Dinos du Louvre (Salle E, nº 876). Elle était employée pour toute sorte d'animaux (chèvre de Théozotos. Louvre F, nº 69).

res. Dans la figure humaine, les dents n'ont été représentées que beaucoup plus tard, sous l'influence de Polygnote, selon Pline.

Les chevaux de l'école d'Exékias et de Timagoras ont une allure sculpturale et hiératique qui produit une impression saisissante. Leur silhouette, tout en paraissant découpée à la scie, ne manque ni de noblesse, ni de grandeur. Il est évident que le céramiste, en les peignant, n'a pas copié la nature. Il s'est inspiré, pour exécuter son travail, des ex-voto de bronze consacrés dans les temples par les riches familles de la cité, et des statues en bois d'ébène couvertes d'incrustations d'ivoire.

Au VIe siècle av. J.-C. le nom du cheval est souvent inscrit sur le vase, à côté ou au-dessus de l'animal (1). Sur une amphore du Louvre signée par Exékias (2), on lit :

Καλλίκομη, à la belle crinière.
Πυροκομη, à la rouge crinière.
Καλλιφορα, à la belle allure.
Σεμος, le ( cheval) majestueux.

Sur un autre vase du même peintre, conservé au musée de Berlin, est inscrit le mot : Φαλιος, cheval blanc. Un fragment de poterie, découvert sur l'Acropole (3), et signé par Néarchos, représente Achille harnachant lui-même les chevaux de son char, Ξανθος et Βαλίος à qui Hêra avait accordé le don de la parole :

αὐδήεντα δ'ἔθηκε Θεὰ λευκώλενος Ἥρη (4).

## C. — Style libre.

*I. Type d'Andokidès.* — A l'époque de l'invention de la figure rouge, une évolution s'accomplit dans le dessin du cheval.

(1) On trouve des noms de chevaux non seulement sur les vases attiques, mais aussi sur les poteries corinthiennes.
(2) Louvre. Salle F, n° 53.
(3) W. Klein, *Meistersignaturen*, p. 38.
(4) *Iliade*, chant XIX, vers 424.

Le type hiératique est délaissé. A sa place, sur la panse des vases, apparaît un équidé tout différent, souple et svelte, dont les jambes postérieures sont ramenées très en dessous du ventre. Le peintre de vases devient ionisant ; mais, tout en se servant des vieilles formules ioniennes, il étudie consciencieusement la nature. Le corps

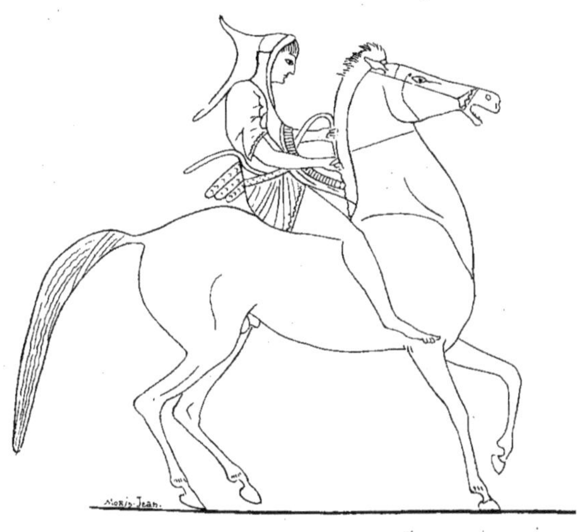


FIG. 237. — ÉQUIDÉ DE STYLE LIBRE. — Détail d'une amphore attique signée par *Andokidès*. Fin du VI^e s. av. J.-C. — *Louvre. Salle F*, n° 203.

de l'animal, qui jusqu'alors avait toujours été trop long, est établi par Andokidès dans ses vraies proportions : la hauteur de terre au garot est égale à la longueur de la pointe de l'épaule à la pointe de la fesse (fig. 237).

Le siècle de Périclès est proche. Le cheval prend une allure voisine de celle qu'il aura sur les bas-reliefs du Parthénon. Le caractère religieux du dessin disparaît sous l'influence d'idées profanes, du moins dans une certaine mesure. L'art grec se libère des entraves qu'un esprit religieux trop étroit lui a fait longtemps subir. Il procède tout autrement que l'art égyptien qui, lui, n'a jamais cessé d'être l'esclave de principes théocratiques et absolus.

Les enlumineurs du moyen âge évoluèrent comme les artistes grecs de la seconde moitié du VI^e siècle avant J.-C. Mus par des sentiments nouveaux pour leur temps, eux aussi abandonnèrent un ensemble de

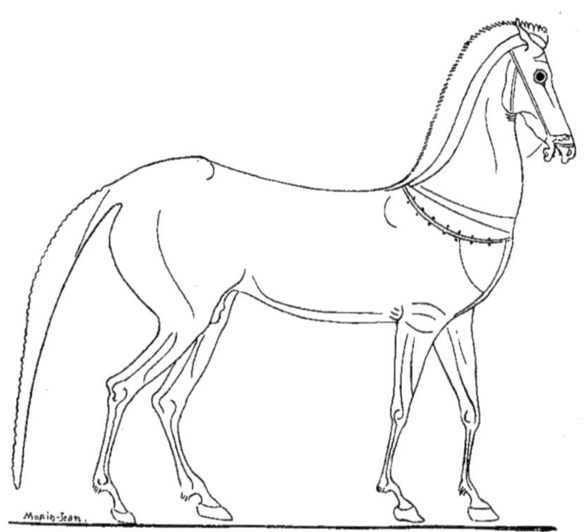


FIG. 238. — CHEVAL PEINT PAR PANPHAIOS SUR UN VASE DU CABINET DES MÉDAILLES, n° 254. Fin du VI^e s. av. J.-C.

motifs utilisés à satiété par les moines. Ils donnèrent ainsi naissance à l'esthétique des temps présents et permirent aux artistes futurs de s'engager librement dans un vaste et riche domaine jusque-là inexploré.

En grandissant le cheval d'Andokidès, on peut se faire une idée assez nette de ce que pouvait être l'art d'un grand peintre comme Micon.

Au fur et à mesure que se transforme l'esthétique des Athéniens, la musculature du cheval prend du relief, sa vitalité s'accentue; ses formes s'arrondissent. Plusieurs races d'équidés concourent à orner les vases. Si quelques têtes de chevaux empruntées à ces diverses races conservent un profil rectiligne qui est celui du type aryen pur,

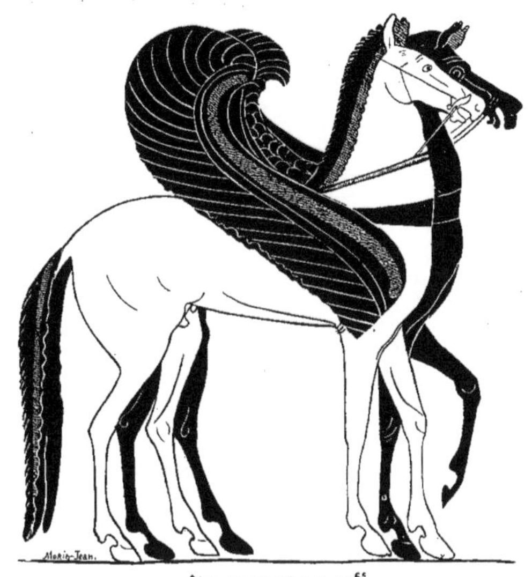


FIG. 239. — CHEVAUX AILÉS DU CHAR DE POSEIDON. — Détail d'une hydrie de la seconde moitié du VIe s. av. J.-C. — *Musée de Compiègne* (Oise), n° 1056.

d'autres ont le chanfrein busqué (fig. 233 n° 3) et semblent correspondre à des métis de ce type avec l'espèce mongolique.

Un contemporain d'Andokidès, Panphaios, adoptant le nouveau style, donne de la rondeur aux muscles de ses animaux, mais ses équidés conservent une certaine raideur archaïque dans le galbe général. Ils ont des jambes aussi sèches et aussi courtes, du genou au sabot, que dans les peintures d'Exékias (fig. 238).

A ce type, en quelque sorte mixte, il faut rattacher les coursiers du char de Poseidon (fig. 239). Ces coursiers ne sont pas également bien traités. L'un d'eux, le blanc, a des jambes bien faites ; l'autre, le noir, en a de mauvaises. Leurs ailes, qui en font des être fabuleux, sont recoquillées comme celles des œuvres orientales et exécutées

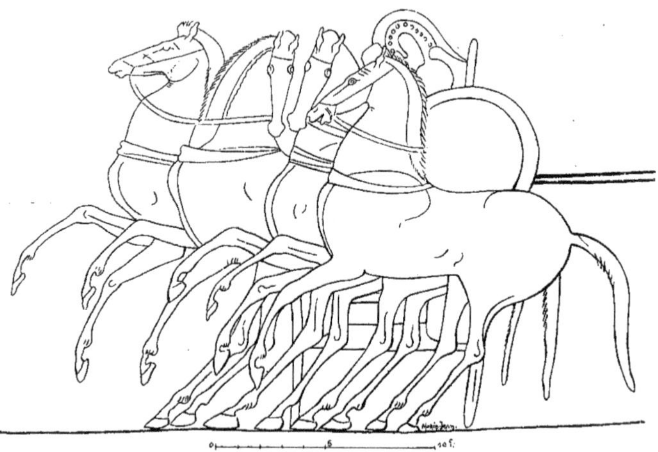

FIG. 240. — QUADRIGE VU DE TROIS QUARTS. — Peinture d'une amphore attique. Figures noires de fabrication courante continuant à subsister avec les figures rouges. Fin du VI$^{e}$ au début du V$^{e}$ s. av. J.-C. — *Collection de M. Bignault*, à Paris

d'après de vieilles formules demeurées presque invariables depuis le début du VII$^{e}$ siècle av. J.-C.

C'est à l'époque d'Andokidès et de Nicosthènes qu'il faut faire remonter les premières représentations du char vu de trois quarts.

Les dessins de chars placés de la sorte deviennent peu à peu de plus en plus nombreux (1). L'artiste attique prend plaisir à peindre des attelages autrement que de face et de profil, à supprimer de son œuvres les rigidités archaïques (fig. 240). Néanmoins il reste très naïf.

(1) Louvre, Salle F, n$^{os}$ 296, 297, 315. Cabinet des médailles (amphore, n° 208). — Musée d'Auxerre hydrie à figures noires, etc.).

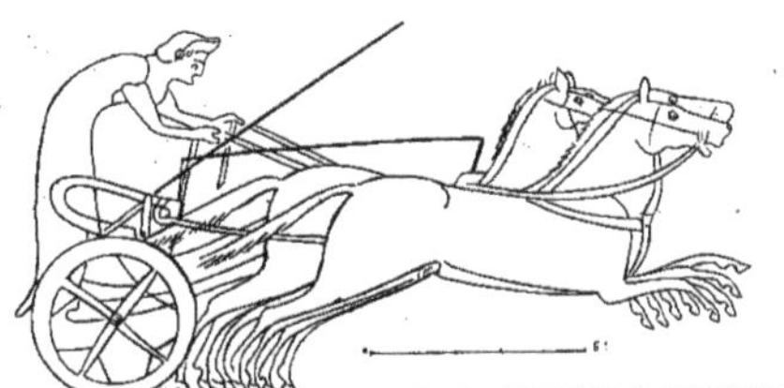

FIG. 241. — QUADRIGE EN PLEINE COURSE. — Détail d'un vase à figures noires de style tardif. — *Louvre Salle F*, n° 346.

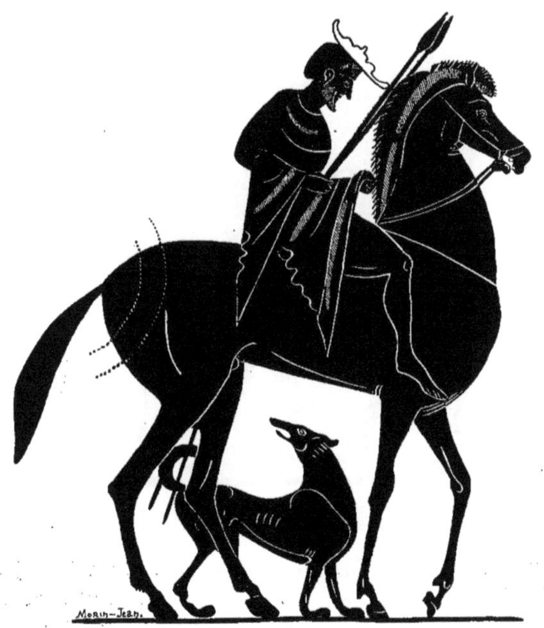


FIG. 242. — CAVALIER DE LA FIN DU VI^e OU DU DÉBUT DU V^e S. — Détail d'une amphore attique du *Louvre. Salle F*, n° 261.

Il conçoit mal les objets vus de trois quarts, et, pour escamoter les difficultés qui surgissent devant lui, il combine plus ou moins bien des choses vues de face et des choses vues de profil.

Alors qu'on continue à rencontrer sur les vases le char posé de

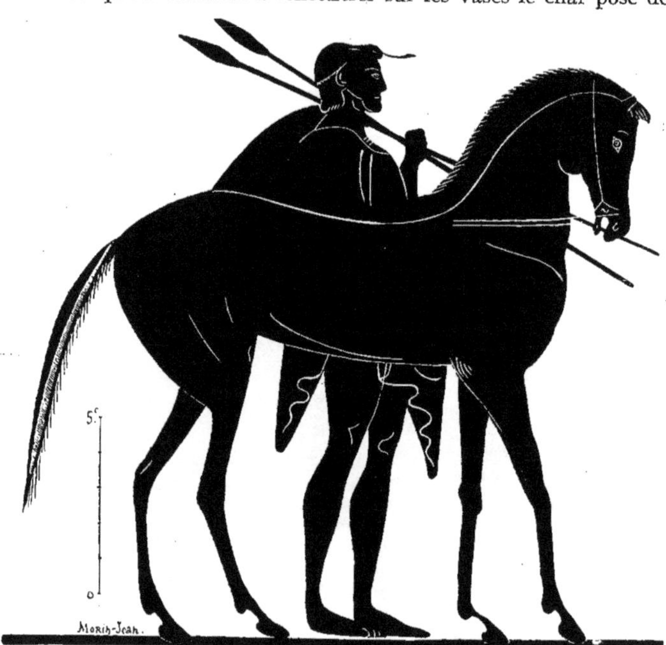


FIG. 243. — ÉCUYER CONDUISANT UN CHEVAL. — Peinture d'une amphore attique à figures noires de style tardif. Premières années du v$^e$ s. av. J.-C. — *Collection Morin*, n° 2100.

trois quarts, le quadrige en pleine course devient un des sujets préférés des décorateurs de poteries. Il est ordinairement d'une facture négligée. Le conducteur de l'attelage, penché en avant, tient les rênes à pleines mains. Ses chevaux sont dans l'attitude dite « du galop volant » (fig. 241). Au cours du v$^e$ siècle, le Δρόμος se multiplie dans l'imagerie populaire. Il orne souvent les amphores panathénaïques (1) et les vases à figures noires de style tardif (2).

Les vases à figures noires contemporains des poteries à figures rouges sont fréquemment ornés de chevaux placés dans les attitudes les plus variées. Sur une amphore du Louvre (fig. 242), il y a une bête altière, aux formes arrondies, montée par un cavalier. Sa tête est d'un beau galbe. Son oreille, menue et allongée, se courbe à son extré-

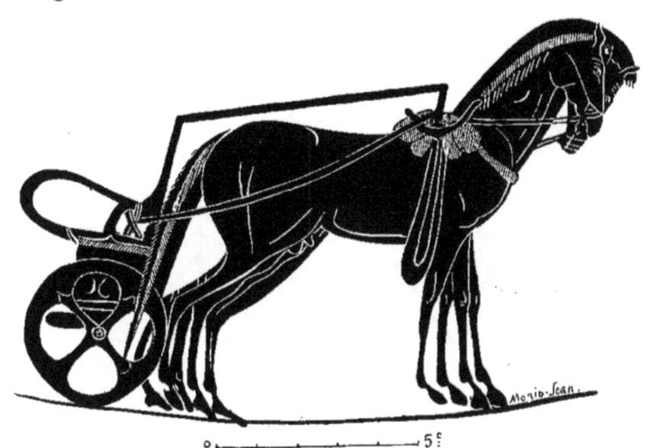

FIG. 244. — CHAR ATTELÉ DE DEUX CHEVAUX DONT L'UN EST MUSELÉ. — Détail d'une œnochoé attique à figures noires de style tardif. — *Louvre. Salle F*, n° 345.

mité. Ses jambes de devant, chose bizarre, sont beaucoup plus minces que celles de derrière. Sous le masséter et à l'attache de la jambe, les plis de la peau sont indiqués par des traits fins. Des traits, servant à rendre les mêmes détails, sillonnent souvent les sculptures zoomorphes de cette époque.

Sur un autre vase, un cheval se laisse conduire docilement par un écuyer (fig. 243). Une autre poterie a pour décoration deux équidés attelés à un bige et dont l'un, fait digne de remarque, est muselé (3)

(1) Louvre. Salle F, n° 283.
(2) Louvre. Salle F, n^os^ 317, 318, 346, 412.
(3) Sur la muselière antique (κημός, φιμός) voir *Dictionn. des Antiq.*, de M. SAGLIO, t. I p. 896.

(fig. 244). Une autre encore est ornée de chevaux que l'on cherche à dresser (1) (fig. 245).

Quoique d'une facture négligée, tous ces petits tableaux sont intéressants et révèlent l'attraction que les scènes de la vie journalière exerçaient sur les céramistes.

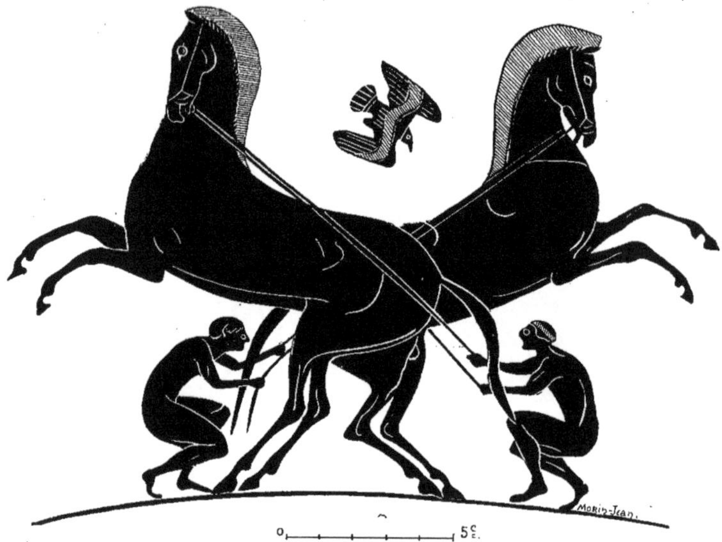


FIG. 245. — CHEVAUX AU DRESSAGE. — Peinture d'une amphore attique à figures noires de style tardif. [*Louvre. Salle F*, n° 223.

Malgré les progrès accomplis dans la science du dessin, les chevaux de face restent, à la fin du VI^e siècle et même dans le courant du V^e, des sujets de décoration peu séduisants. Ils ne sont pas exempts de la raideur des premiers âges (fig. 246).

Par contre, il est, au V^e siècle, des chevaux de profil attelés à un

(1) Même sujet au Musée Britannique. Salle II, vitrine B, n° 234, et salle III, E, n° 21 (coupe du V^e siècle).

char, prêts à partir pour le concours hippique, qui sont splendides à beaucoup d'égards. Ils sont très différents de ceux que peignait Exékias moins d'un siècle auparavant. Ils sont souples, nerveux, vivants. Leurs jambes ne sont pas d'une exécution parfaite, mais, en faisant la part des défauts inhérents à tout produit industriel, il est certain

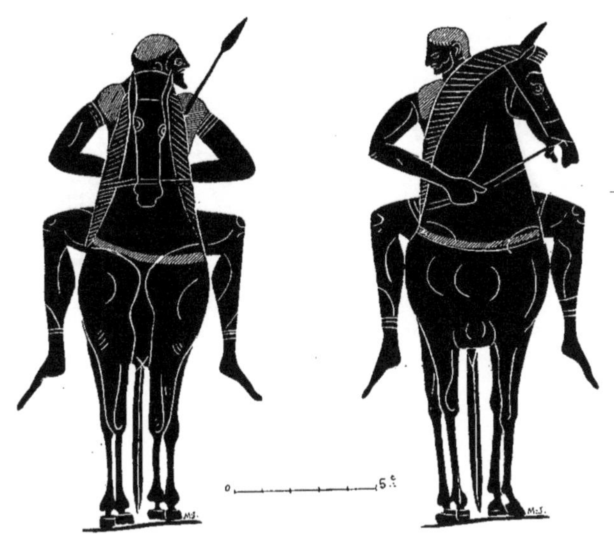

FIG. 246. — CAVALIERS VUS DE FACE. — Détails d'une amphore attique à figures noires de style tardif. *Louvre. Salle F, n° 217.*

qu'on est ici en présence d'une œuvre presque aussi puissante que celle de Phidias (fig. 247).

De part et d'autre, dans la composition du céramiste comme dans la frise du Parthénon, des tendances semblables se manifestent et laissent voir un goût marqué pour des formes harmonieuses dues à la simplicité des principes adoptés pour l'étude de la nature et des rythmes qui en font la beauté.

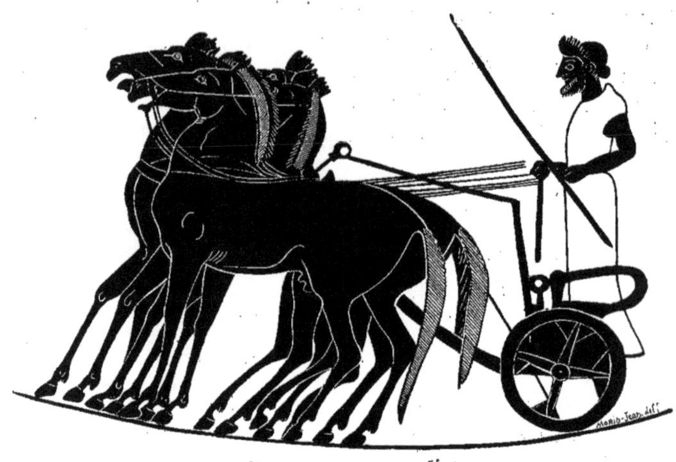

FIG. 247. — QUADRIGE. — Peinture d'un vase attique à figures noires de style tardif. — Début du Vᵉ s. av. J.-C. — *Louvre. Salle F.*, nº 317.

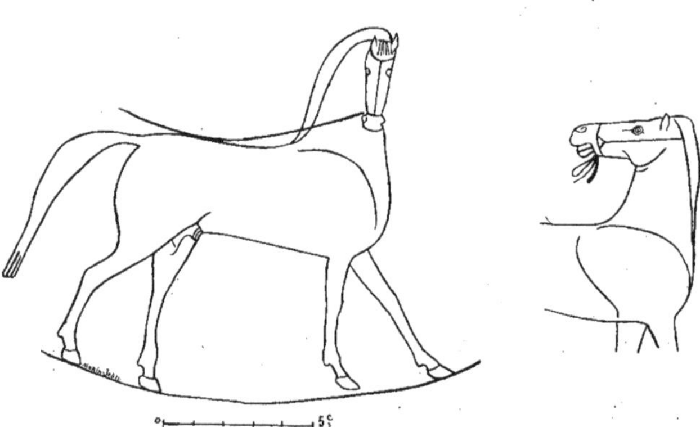

FIG. 248. — CHEVAUX EN FIGURES ROUGES DU Vᵉ S. AV. J.-C. — Détails d'un vase attique. — *Louvre. Salle G*, nº 59.

*II. Type d'Euthymidès.* — Sur les vases à figures rouges, les peintres se plaisent à représenter l'homme sous tous ses aspects. Le zoomorphisme n'a pas pour eux beaucoup d'attrait. Ils font seulement des attributs et des accessoires avec les motifs qu'ils lui empruntent. Si les animaux ne leur ont pas beaucoup servi à illustrer les céramiques sorties de leurs mains, néanmoins ils ont eu souvent recours à des chevaux pour établir leurs décorations. Tels de leurs

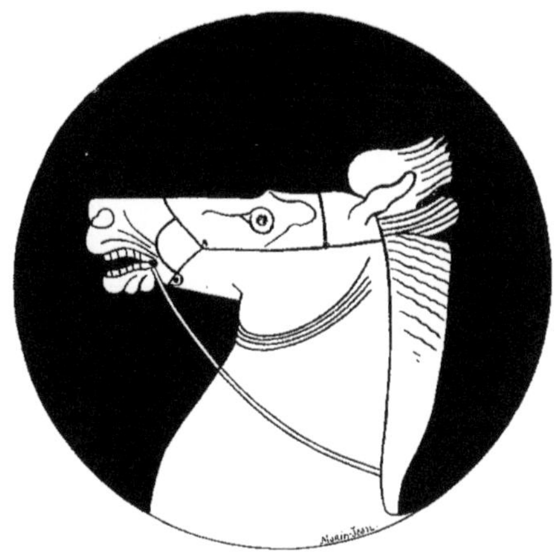

FIG. 249. — TÊTE DE CHEVAL DU Ve S. AV. J.-C. — Détail d'une coupe à figures rouges. — *Musée de Munich.*

équidés, tournant la tête, regardant de face (fig. 248), ont un galbe peu satisfaisant. Tels autres, regardant de profil, sont d'une exécution bien meilleure et doivent être rangés parmi les plus beaux ornements des produits industriels de la Grèce (fig. 249 et 250).

Ces chevaux vus de profil sont l'œuvre des Euthymidès et des Euphronios. Quelques-uns d'entre eux conservent l'allure fougueuse que leur donnait Andokidès (fig. 249). Quelques autres sont plus placides, moins fringants (fig. 250).

Les membres postérieurs de ces derniers ne sont pas trop en dessous du ventre. Leurs jambes, aux contours parfaits, prouvent que l'artiste attique connaissait, dans ses moindres détails, la myologie des équidés. Leurs dents sont étudiées avec soin. Leurs oreilles sont tournées de manière à faire voir l'entrée du conduit auditif.

Sur une coupe à figures rouges du Cabinet des médailles, un cheval impétueux montre qu'en plein V^e siècle la formule d'Ando-

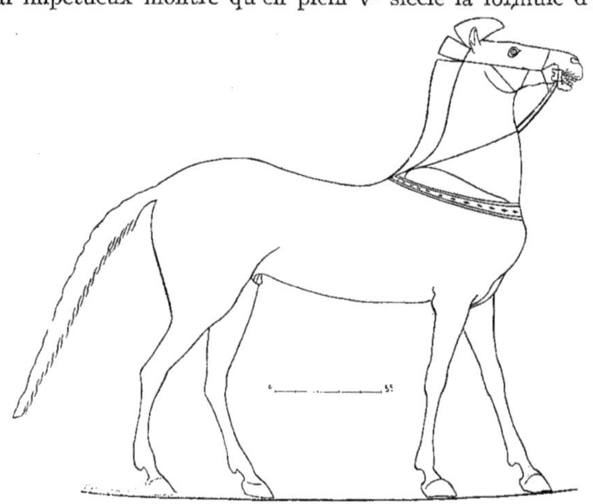

FIG. 250. — CHEVAL DU STYLE D'EUTHYMIDÈS. V^e s. — Détail d'une amphore attique à figures rouges. — *Louvre. Salle G. n° 44.*

kidès n'a pas disparu. Sa tête est admirable. C'est une interprétation savante et large de la nature (fig. 251).

Jusqu'à la fin du V^e siècle, les équidés conservent tout à la fois cette belle vigueur et cette magnifique harmonie de lignes. Seuls les derniers de cette époque ont un peu de rondeur et de mollesse.

D'importantes transformations se préparent. Le IV^e siècle va apporter la solution de problèmes complexes, notamment de celui de la perspective linéaire et aérienne. Le dessin va perdre toute raideur. Néanmoins l'heure de la décadence sonne pour les peintres céramistes.

Une conclusion s'impose. En moins d'un siècle les lignes du cheval se sont transformées avec une étonnante rapidité. Elles ont subi trois métamorphoses. De gauches et naïves qu'elles étaient pendant la période de production des vases dits « *attico-corinthiens* », elles devinrent sévères sous le burin des artistes contemporains de Pisistrate. Puis, dès la fin de VIe siècle, elles perdirent toute allure hiératique et rendirent de mieux en mieux les mouvements et les expressions.

Les peintres de la Grèce n'étaient pas esclaves de la routine. Toujours épris d'idéal, toujours à la recherche de formules nouvelles, ils ne laissèrent pas emprisonner leur esthétique dans des principes immuables ni dans des moules d'une rigidité absolue.

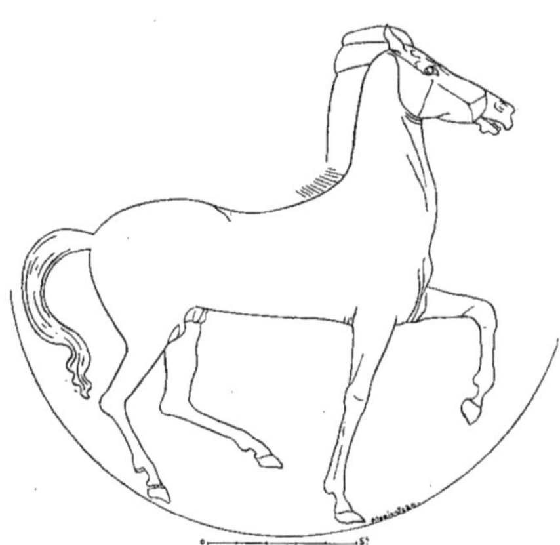

FIG. 251. — CHEVAL GREC DU Ve S. AV. J.-C. — D'après une coupe attique à figures rouges du Cabinet des médailles.

## XII

### La décadence (IVᵉ-IIIᵉ siècles avant J.-C.)

Après la ruine d'Athènes (404) de profondes modifications sont apportées sur les vases dans le dessin des animaux. A partir de cette époque, la fabrication attique est sur son déclin. Par contre, les ateliers qui fonctionnaient déjà dans la seconde moitié du Vᵉ siècle, en Italie méridionale, sont en pleine prospérité. Jusqu'au début du IIIᵉ siècle av. J.-C., on a fait en Apulie, en Campanie et en Lucanie une grande quantité de vases qui sont étroitement apparentés à ceux de l'école attique de la fin du Vᵉ et du IVᵉ siècles.

A la suite des grandes découvertes de Polygnote et de ses rivaux, le dessin industriel subit une évolution complète.

Les potiers font disparaître de leurs produits les dernières traces d'archaïsme, placent leurs sujets de trois quarts, ont recours aux raccourcis, se risquent à donner du modelé à leurs figures.

Mais, s'il y a progrès à cette époque, il y a aussi décadence. Les artistes ne visent plus autant qu'au siècle précédent à évoluer dans le domaine de l'idéal et de la pureté esthétique. Leurs représentations sont bizarres, tourmentées. Leurs compositions sont touffues, encombrées d'éléments parasites. Leurs personnages sont en général médiocrement dessinés. Leurs animaux, au contraire, le sont souvent fort bien. Une renaissance du zoomorphisme se manifeste ostensiblement.

Des bêtes réelles ou irréelles, analogues à certains égards à celles créés par l'art mycéno-crétois, sont jetées sur la panse d'une foule de vases. La loi du flux et du reflux dans les manifestations artistiques établie par Renan trouve ici son application.

### A. — Figures réalistes.

*Monde marin.* — Le monde marin semble avoir tout particu-

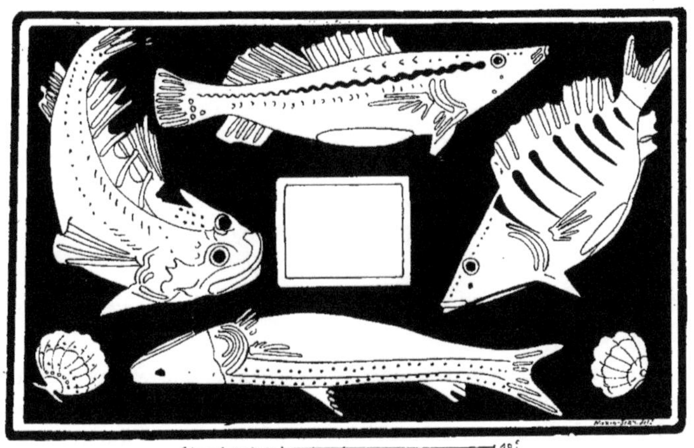

Fig. 252. — Plat rectangulaire orné de quatre poissons. — Italie méridionale. IVe s. av. J.-C. *Louvre. Salle K*, n° 590.

lièrement préoccupé les céramistes de l'Italie méridionale. Apuliens, Campaniens et Lucaniens ont décoré des plats d'une forme spéciale, de poissons et de mollusques souvent faciles à identifier. Ces emprunts faits au monde marin nous permettent de supposer que leurs fabriques étaient établies dans des ports.

Les ateliers de poterie de la Grande-Grèce sont, à travers les siècles, apparentés à ceux de Mycènes. Dans les uns comme dans les autres, des poissons servirent souvent de sujets d'ornementation.

Le décorateur préhellénique représentait la faune marine dans son élément ; il s'attachait à la suivre dans ses évolutions au milieu des algues et des polypes, à étudier ses mouvements au sein des flots.

Le céramiste italiote, lui aussi, est un observateur de la nature. Dessine-t-il des poissons, il prend ses modèles sur les marchés ou dans des barques de pêcheurs. Réaliste, il l'est autrement que le potier mycénien, il l'est comme le furent plus tard les peintres flamands, comme le furent les Fyt, les Snyders, les Cornelius de Vos, comme le furent au XVII^e siècle les maîtres qui se complurent à représenter les magnifiques étalages des poissonneries de leurs cités respectives.

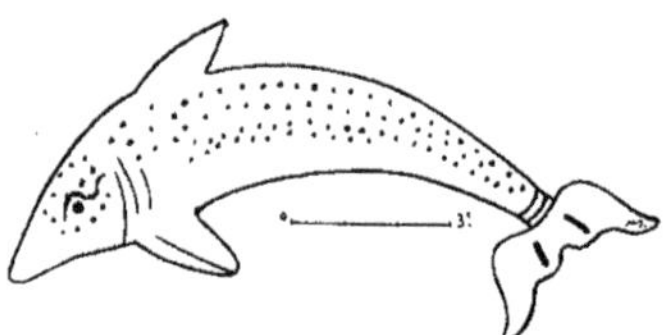

FIG. 253. — LA GRANDE ROUSSETTE OU CHIEN DE MER. — Détail d'un plat à poissons de la décadence. Italie méridionale. IV^e s. — *Louvre. Salle K*, n° 589.

Il ne prend pas soin, comme le faisaient les céramistes de l'époque de Pisistrate, de tracer une à une les écailles des poissons. Il attache seulement de l'importance aux lignes principales, aux traits qui permettent de reconnaître les espèces. La charpente des nageoires le préoccupe plus que leur aspect d'ensemble ; il ne néglige pas de tracer les nervures rigides, les rayons osseux. Il exagère l'épaisseur de ces nervures et oublie souvent d'indiquer la membrane qui les relie. Il aime à synthétiser et à styliser.

Il peint l'opercule des branchies avec du blanc très épais. Il le constitue avec de larges bandes arquées réunies à leur partie inférieure par une bande plus large qui court d'un bout à l'autre du ventre du poisson et se divise en deux parties pour former la bouche (fig. 256, en haut).

Il se sert, pour faire la nageoire pectorale, d'une tache blanche d'où partent des lignes en formes d'éventail ; parmi ces lignes, la ou

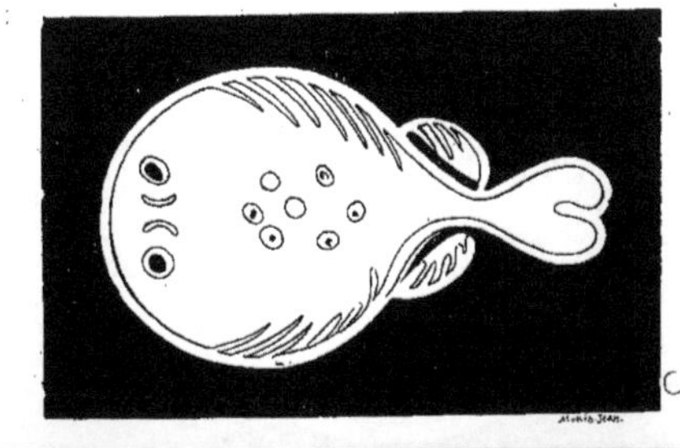

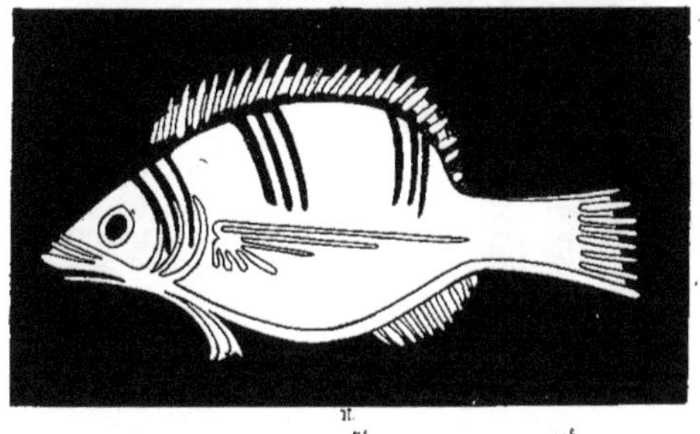

Fig. 254. — I. La raie torpille. — II. Labridé, d'après un plat de l'Italie méridionale. — *Louvre. Salle K*, n° 581.

les plus centrales se prolongent quelquefois fort loin dans l'axe longitudinal de l'animal (fig. 254, n° II).

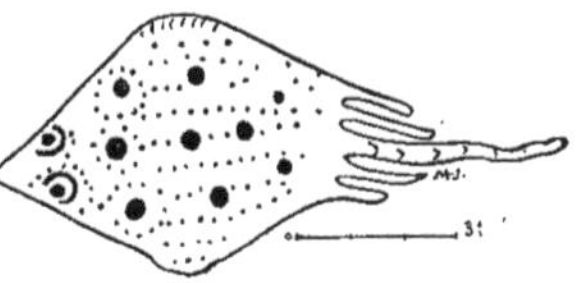

Fig. 255. — Raie bouclée, d'après un plat du *Louvre. Salle K*, n° 587.

Il se livre à une recherche de la ligne qui fait penser aux préoccupations esthétiques des céramistes chypriotes du premier âge du fer. Mais le décorateur de Chypre ne se souciait pas de dessiner telle ou telle espèce de poisson. Il se plaçait à un point de vue très général pour envisager le monde animal. Le dessinateur italiote donne à chaque poisson ses caractères spécifiques, les nageoires qui

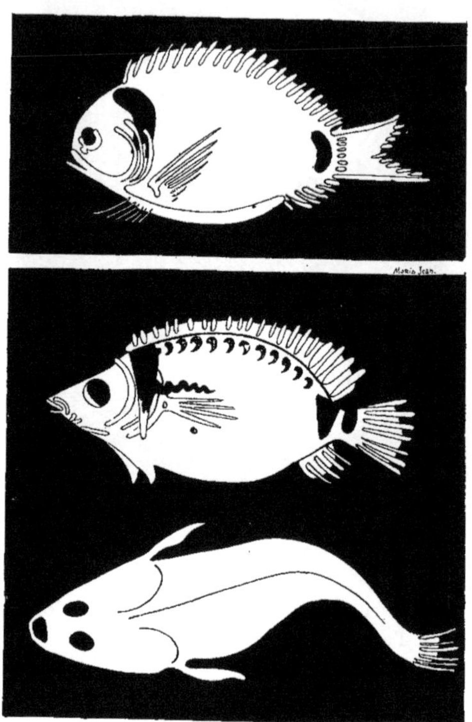

FIG. 256. — POISSONS DE LA MÉDITERRANÉE, d'après les plats du *Louvre. Salle K*. Italie Méridionale, n° E-D.1001. (*Napoléon* 3032) et n° 588.

lui sont propres, les marbrures particulières à sa peau (fig. 260). Il fait des croquis comme un ichthyologiste qui recourt à des schèmes pour se faire clairement comprendre.

Aussi ses plats nous permettent-ils de savoir quels poissons entraient dans l'alimentation des anciens (1).

En les examinant, on reconnaît aisément :

1° *Le Trigle* (Trigla) (2), poisson épineux à côtes longitudinales

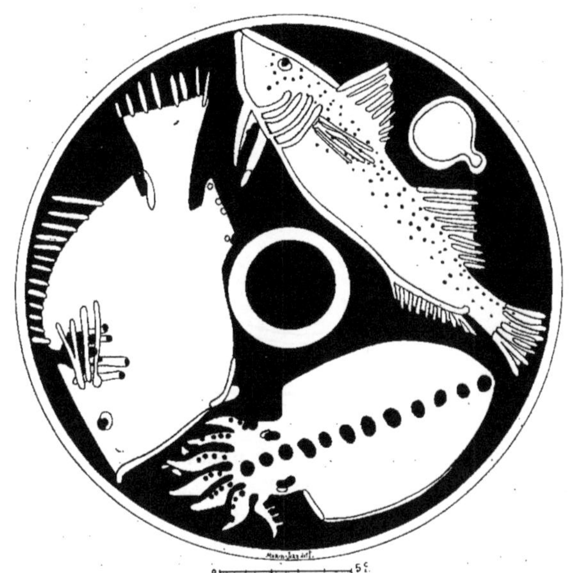

Fig. 257. — Plat de la décadence italiote orné de *deux poissons* et d'une *sepia*. — *Louvre. Salle K* n° 585.

saillantes, se présentant ici dans un raccourci très hardi (le potier a très bien dessiné les plaques osseuses qui garnissent ses joues) (fig. 252, à gauche).

(1) Sur les poissons qui entraient dans l'alimentation des anciens, consulter le *Dictionn. des Antiq.*, de M. Saglio, t. I, deuxième partie, p. 1162 et suiv. à l'article *Cibaria*.

(2) A.-E. Brehm, *Merveilles de la nature, Les poissons*, p. 220. — Dr Chenu, *Encyclopédie d'histoire naturelle, Les poissons*, p. 211.

2° *La grande Roussette ou Chien de mer* (Scyllium canicula) (1), caractérisé par ses taches nombreuses (fig. 253).

3° *La Raie torpille à taches* (Torpedo oculata) (νάρκη) (2) (fig. 254, n° 1).

4° *La Raie bouclée* (Raja clavata) (3) (fig. 255).

5° *Le Crénilabre* (Crenilabrus mediterraneus) (4), dont le dessin est d'une remarquable exactitude, même dans les plus petits détails, tels que la légère concavité du profil de la tête au-dessus des yeux, la forme des lèvres, etc. (fig. 256).

Les poissons qui ornent les plats de l'Italie méridionale ne sont

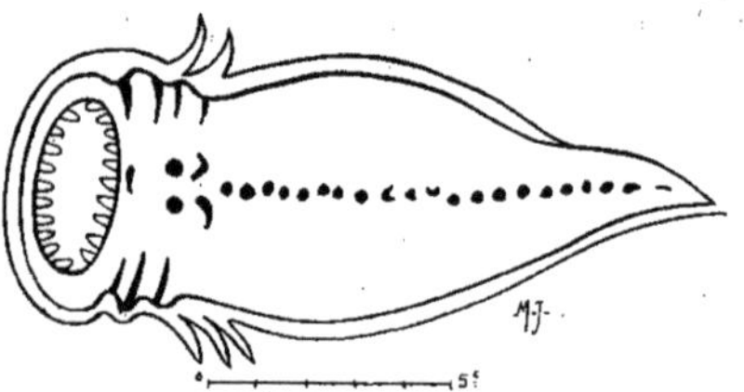

FIG. 258. — MURÈNE. — D'après un plat à poissons de l'Italie méridionale. *Musée de Vienne* (Autriche). *Salle XIII*, n° 783.

pas tous aussi faciles à déterminer. Ce n'est qu'avec la plus grande réserve que je rattacherai à la famille des *Labridés* cet acanthoptère dont les lèvres sont très grosses, dont les nageoires ventrales sont insérées sous la gorge, et dont la caudale n'est pas fourchue (5) (fig. 254, n° 2) ; à la famille des *Sargues* (Σαργός) (6), ce poisson à unique et longue nageoire dorsale et à caudale fourchue (fig. 256, en haut) ; à la famille des *Scombéroïdes* (7), celui qui décore la partie

(1) A.-E. BREHM, *loc. cit.*, p. 151. — CHENU, *loc. cit.*, p. 353.
(2) A.-E. BREHM, *loc. cit.*, p. 167, et fig. 212, p. 129. — CHENU, *loc. cit.*, p. 353.
(3) A.-E. BREHM, *loc. cit.*, p. 170. — CHENU, *loc. cit.*, p. 354.
(4) A.-E. BREHM, *loc. cit.*, p. 348.
(5) A.-E. BREHM, *loc. cit.*, p. 346. — CHENU, *loc. cit.*, p. 265.
(6) BREHM, *loc. cit.*, p. 210. — CHENU, *loc. cit.*, p. 224, fig. 85. — Dans ses *Halieutica*, OPPIEN décrit le sargue en enjolivant son histoire biologique de curieuses fables qui se sont propagées jusqu'à la Renaissance, dans les écrits de RONDELET.
(7) BREHM, *loc. cit.*, p. 266.

inférieure du plat rectangulaire (fig. 252) ; à la famille des *Loups* (Perca Labrax) (1) ce poisson tacheté pourvu de deux dorsales distinctes (fig. 257) ; à la famille des *Murènes* (2) cet être curieux dont

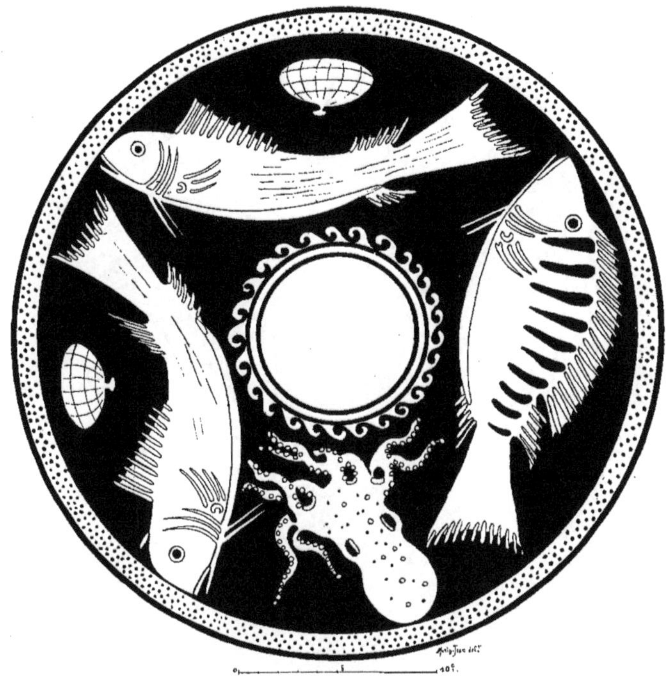

FIG. 259. — PLAT DE L'ITALIE MÉRIDIONALE, orné de *trois poissons* et d'un *poulpe*. IVe s. av. J.-C. — *Louvre Salle K*, n° 579.

la gueule, largement ouverte, est armée de nombreuses dents (fig. 258).

(1) BREHM, *loc. cit.*, p. 190.
(2) BREHM, *loc. cit.*, p. 575.

Sur le grand plat n° 579 du Louvre (Salle K) sont peints divers animaux marins (fig. 259). Parmi eux, deux poissons rappellent un peu, par la conformation de leur tête, le *Mulle rouget* (Mullus bar-

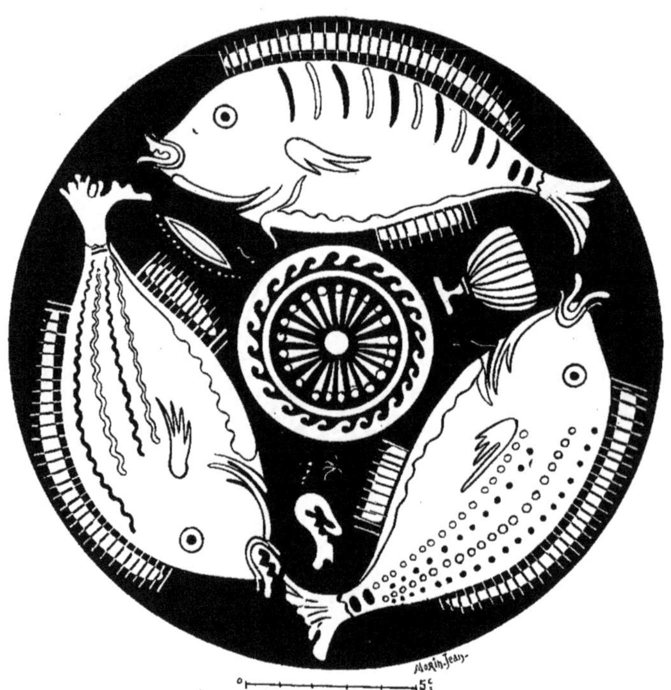

FIG. 260. — PLAT ORNÉ DE TROIS POISSONS. — Italie méridionale. IV° s. av. J.-C. — *Collection Morin*, n° 2497

batus) (1), mais n'ont de lui ni la barbe, ni la queue profondément échancrée. Ils se rapprochent davantage des *Sciénoïdes* (2).

Les mollusques figurés sur les plats de la décadence italiote sont

(1) BREHM, *loc. cit.*, p. 202.
(2) BREHM, *loc. cit.*, p. 254.

très faciles à dénommer. Ce sont des *coquilles Saint-Jacques* (Pecten Jacobaeus) (fig. 259 et 260), des *poulpes* (Octopus vulgaris) (1)

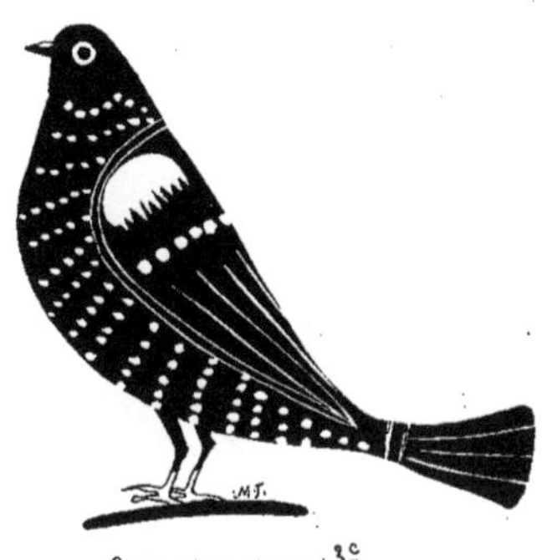

FIG. 261. — ÉTOURNEAU. — Italie méridionale. IVe s. av. J.-C. (survivance de la figure noire à incisions. Peinture d'un vase du *Louvre. Salle K* (N. 2572-E-D. 398).

dessinés avec une rigoureuse exactitude et dans un très bon mouvement (fig. 259); des *céphalopodes décapodes* du genre *Sepia* (2) (fig. 257).

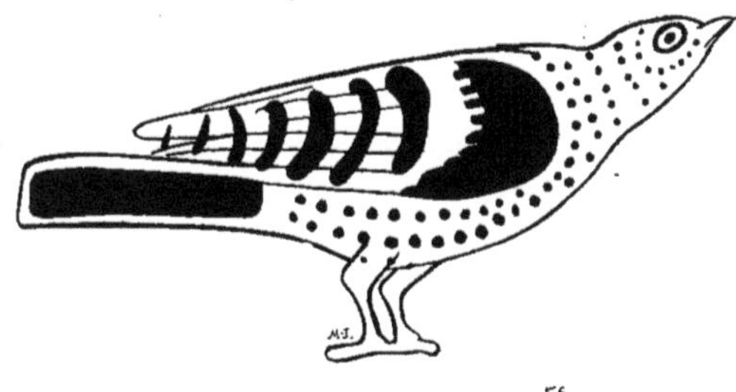

FIG. 262. — GRIVE. — Italie méridionale. IVe s. av. J.-C. — Peinture d'une Pyxis du *Louvre. Salle K*, n° 573.

(1) A.-E. BREHM, *loc. cit.*, *Les mollusques*, p. 450.
(2) A.-E. BREHM, *loc. cit.*, *Les mollusques*, p. 462.

La seiche peinte sur le plat n° 585 du Louvre (Salle K), peut être une *Sepia officinalis* dépourvue de ses deux longs bras préhenseurs

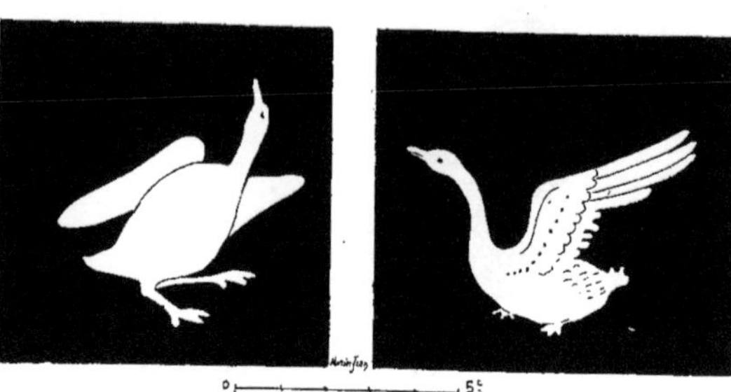

FIG. 263. — OISEAUX d'après des vases de la décadence italiote conservés au *Musée de Compiègne* (Oise). A gauche : *Pelikè*, n° 963. — A droite : *Œnochoé*.

par suite d'un manqué au four (1) ou appartenir à une variété qui porte des taches sur le dos et dont les bras sont tous à peu près de la même longueur.

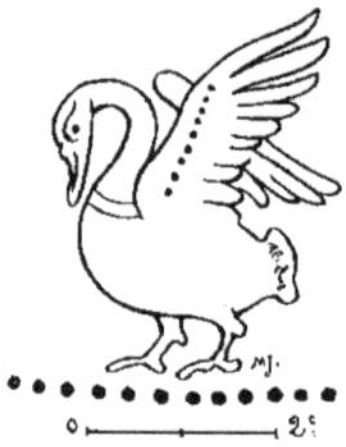

FIG. 264. — CYGNE, peint en blanc crémeux sur un vase apulien de la série dite de *Gnathia*. *Louvre, Salle K*, n° 623.

*Oiseaux.* — Les dessins d'oiseaux des vases italiotes des IVe-IIIe siècles accusent de profondes différences. Les uns ont été exécutés avec la préoccupation de faire connaître les particularités des espèces. Les autres, établis avec un moindre souci de l'ornithologie, indiquent jusqu'à quel point leurs auteurs se sont ingéniés à saisir sur le vif les plus insaisissables mouvements.

Pour bien établir les différences qui existent entre ces deux séries de dessins, il est nécessaire de donner quelques explications et de recourir à quelques exemples. A cet effet nous examinerons, d'une part, un étourneau et une grive

(1) Il existe, sur un plat du Musée Britannique, une *sépia* pourvue de ses deux grands bras. Salle de la vie grecque et romaine, n° 248 (*Catal.* p. 115, fig. 100).

(fig. 261 et 262), d'autre part, des cygnes et des pigeons (fig. 263 à 265).

C'est bien un étourneau (Sturnus vulgaris) qui décore un vase de la salle K, au Louvre (fig. 261). Il a été très consciencieusement tracé d'après nature.

Toutefois les préoccupations géométriques des Grecs s'y font encore jour dans une certaine mesure. Les taches blanches réparties

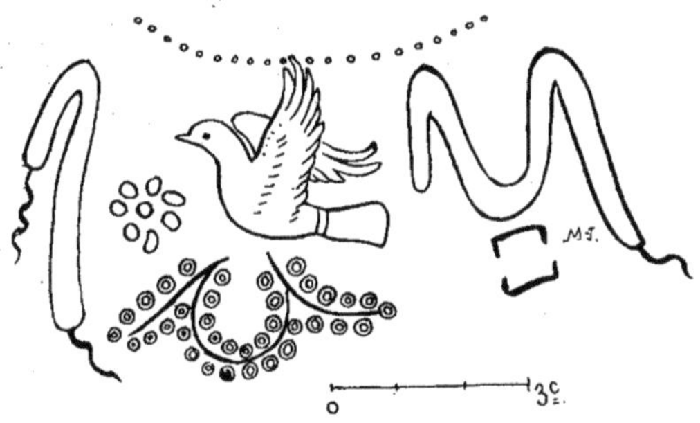

FIG. 265. — PEINTURE d'un vase à décor crémeux de la série dite de *Gnathia*. (Apulie). — *Louvre. Salle K nº 619.*

sur le corps de l'animal sont disposées en bandes régulières alors que, dans la réalité, elles ne sont pas symétriques.

C'est incontestablement une grive (Turdus) qui s'enlève en clair sur le fond noir d'un autre vase du Louvre (fig. 262). Elle a, comme dans la nature, des taches noires sur tout son plumage.

Les oiseaux des vases à décor crémeux de la décadence apulienne (série des vases dits de Gnathia) ne sont pas aussi faciles à déterminer qne cette grive ou cet étourneau. Mais ils ont plus d'intensité de vie. Peints en blanc épais, ils ont des allures très naturelles et par cela même très amusantes. Ils ont été exécutés avec une étonnante liberté de facture qui fait songer à celle d'un Benjamin Rabier ou de quelque autre animalier humoriste de notre temps. Ils sont bien modelés. Souvent leurs plumes s'ébouriffent. Quelques coups de pinceau ont suffi à leur donner un aspect intéressant.

Ce sont des animaux qui vivent et qui bougent (fig. 263 à 265) (1).

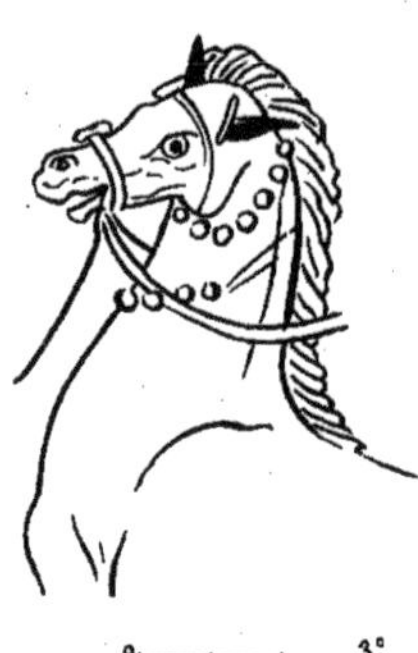

FIG. 266. — TÊTE DE CHEVAL VUE DE TROIS QUARTS. — Détail d'une œnochoé d'Italie méridionale. IVe s. av. J.-C. — *Louvre. Salle K.*

*Équidés.* — Les chevaux des vases des IVe-IIIe siècles sont en quelque sorte plus savamment dessinés que ceux des poteries attiques du Ve siècle, mais pourtant bien des défauts gâtent leur physionomie.

Le potier grec du IVe siècle et le céramiste de l'Italie méridionale savent faire tourner le cou d'un animal, savent bien établir les plans perspectifs, mais ils ne réussissent pas à éviter d'être maniérés. Leurs chevaux sont gras, quelquefois empâtés. Ils ont les muscles ronds et sont sans vigueur. Leur crinière est très découpée, leur queue se tord dans des mouvements convulsifs. Leur tête est placée de trois quarts, un trois-quarts correct et tel que nous le comprenons encore aujourd'hui (fig. 266 et 267). Le peintre italiote étudie les harnais et les accessoires comme le faisaient les artistes archaïques. Il cherche

(1) Les artistes ont toujours eu beaucoup de peine à faire en sorte que leurs œuvres donnent la sensation du mouvement. Rendre par une attitude déterminée de continuels changements d'attitude, faire comprendre par l'immobilité d'un homme ou d'un animal la mobilité qui est la caractéristique la plus manifeste d'un être vivant, c'est un problème très difficile à résoudre. L'œil ne perçoit pas séparément toutes les modifications successives que comporte la manifestation d'un effort physique quelconque. Il en voit seulement l'ensemble. La photographie instantanée le prouve. Elle établit combien les mouvements sont compliqués, combien leur mécanisme échappe à nos perceptions. Il faut, pour qu'une statue, pour qu'une création picturale ait l'air de bouger, qu'elle soit une synthèse des poses successives qu'un être qui se meut prend pendant le temps dont nous avons besoin pour imprimer une image sur notre rétine. Les représentations d'hommes ou d'animaux qui constituent une pareille synthèse n'abondent pas. Il en est de célèbres. De leur nombre sont les mammouths tracés sur les parois des grottes paléolithiques, les taureaux des gobelets d'or de Vaphio, les volatiles des vases apuliens des IVe-IIIe siècles. Par contre, de grands artistes comme DAVID pour n'en citer qu'un, n'ont pas toujours su établir, comme il fallait, cette synthèse. Aussi bon nombre de leurs figures sont-elles quelque peu figées et paraissent-elles assez conventionnelles malgré l'ampleur de leurs gestes, malgré la violence de leurs attitudes.

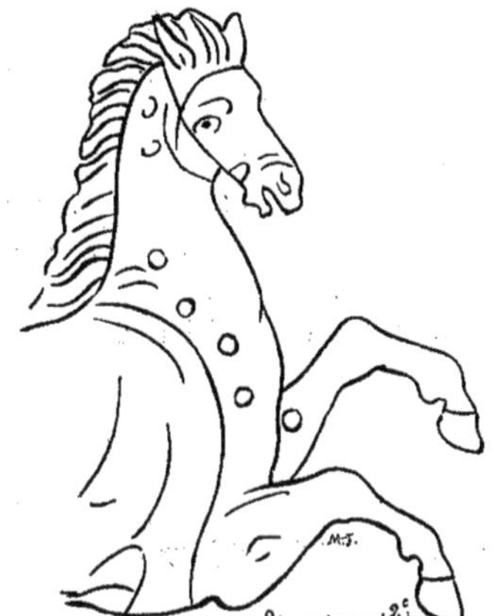

FIG. 267. — CHEVAL A TÊTE VUE DE TROIS QUARTS. — Détail d'une grande amphore d'Italie méridionale. IVe s. av. J.-C. — *Louvre. Salle K.*

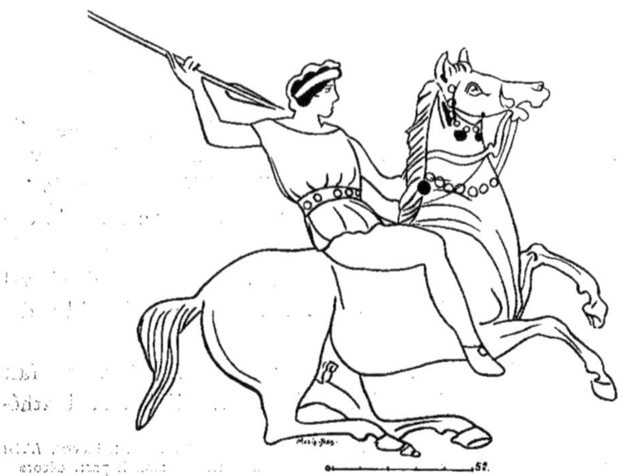

FIG. 268. — CAVALIER LUCANIEN. IVe s. av. J.-C. — Détail d'une hydrie du *Louvre, Salle K*, n° 429.

des effets dans le rendu de détails insignifiants et dissimule ainsi l'indigence de sa pensée (fig. 268). On sent, dans tout cela, que l'art théâtral influençait alors beaucoup les décorateurs de poteries.

Sur les vases de la décadence on trouve des chars qui ressemblent à ceux des poteries du v^e^ siècle, mais les chevaux ont des attitudes maniérées. Ils se dressent, se cabrent. Ils ont des mouvements qui dépassent la mesure et la vraisemblance (fig. 269).

Au IV^e^ siècle, une nouvelle position du quadrige apparaît. Le

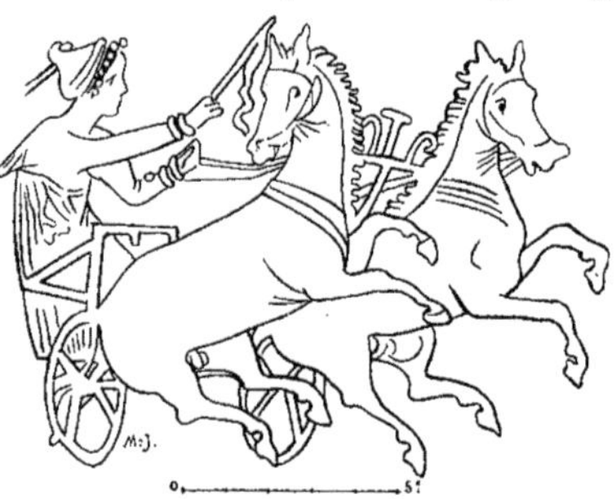

FIG. 269. — BIGE peint sur un vase de la décadence italiote conservé au *Musée Guimet*.

char est placé de face et les chevaux se divisent en deux groupes de profil, rabattus symétriquement à droite et à gauche d'un axe vertical passant par le centre de l'image. Ce dispositif assez grandiose a été repris plus tard par les artistes byzantins (1), par ceux de la Renaissance et des temps modernes.

*Autres quadrupèdes.* — Les observations faites à propos du cheval peuvent en grande partie s'appliquer à tous les quadrupèdes des vases de la décadence.

Un taureau peint sur un grand cratère du Louvre (fig. 270) fait bien comprendre l'évolution qui a eu lieu au IV^e^ siècle dans l'esthé-

(1) Ascension d'Alexandre. Bas-relief de l'église Saint-Marc de Venise, CH. BAYET, *L'Art byzantin*, p. 189, fig. 61. (Les chevaux sont remplacés par des griffons, mais le parti décoratif de l'ensemble est le même.)

tique des céramistes grecs. C'est une des meilleures images dues au pinceau des potiers de cette époque. Il est représenté dans une attitude spéciale appelée « *cornupète* » par les numismates (1). Il baisse la tête et laboure le sol d'un de ses pieds de devant. Son anatomie est parfaite. Ses formes sont très bien observées.

Si beau que soit cet animal, il n'est pourtant pas exempt des imperfections propres à l'art de la décadence. Sa queue se tord à

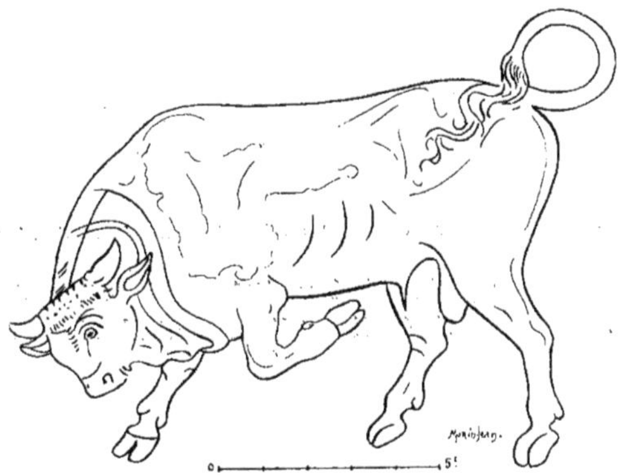

FIG. 270. — LE TAUREAU CORNUPÈTE. — Détail d'un cratère du *Louvre. Salle K*, n° 3. Style attico-italiote du IVe s. av. J.-C.

l'excès. Les lignes de la tête et des jambes n'ont ni la fermeté ni la simplicité des dessins du Ve siècle.

Un bouc, autre figure du IVe siècle, dont le pelage est rendu par un grand nombre de traits (fig. 271), a des affinités avec les animaux des vases cyrénéens dont le corps est surchargé de lignes.

Comme les autres quadrupèdes, les chiens de la décadence, malgré quelques défectuosités, sont pris sur le vif (fig. 272).

Sur les poteries noires à décor blanc crémeux de l'Apulie (série

(1) Le taureau cornupète est assez fréquent sur les monnaies antiques, notamment sur celles de Thurium (Lucanie). Voir BARTHÉLEMY, *Manuel de Numismatique ancienne*, p. 146. — La même attitude se retrouve sur les vases rouges à décor en relief de la Gaule romaine. Voir J. DÉCHELETTE, *Les vases céramiques ornés de la Gaule romaine*, t. II p. 136, n° 898.

de Gnathia), on rencontre assez souvent un canidé à poils longs dont la queue est retroussée en forme de panache. Il est facile à déterminer. C'est le Μελιταῖον κυνίδιον, le chien de Malte ou bichon (1).

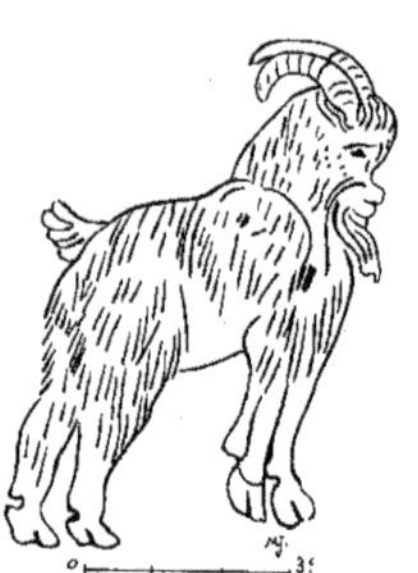

FIG. 271. — BOUC. — Détail d'un cratère de la décadence italiote. — *Louvre. Salle K*, n° 238.

Ce chien apparaît en Grèce dès le v^e^ siècle, sur des coupes de l'époque de Brygos. Aux IV^e^-III^e^ siècles il sert d'ornementation à maint et maint

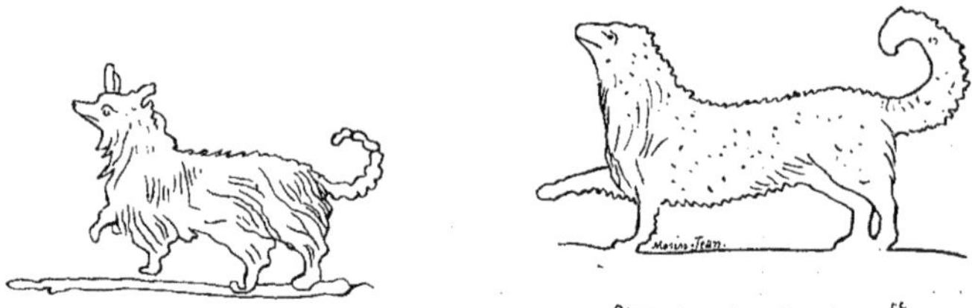

FIG. 272. — CHIENS DE MALTE OU BICHONS. — D'après des vases italiotes de la série dite de « *Gnathia* » *Louvre. Salle K*, n^os^ 601 et 611.

vase et contribue à donner aux compositions de cette époque l'aspect de petits tableaux de genre, à les apparenter aux œuvres de notre XVIII^e^ siècle, si charmantes et si délicates.

(1) Voy. *Dictionn. des Antiq.*, de M. SAGLIO, t. I, p. 698 et 883, fig. 1113.

### B. — FIGURES ALLÉGORIQUES.

Nombreux sont les animaux fantastiques qui entrent dans les compositions allégoriques des vases de la décadence. Beaucoup de ces allégories, de ces mythes, de ces histoires merveilleuses sont brodés sur de vieux thèmes qui déjà avaient servi de base aux créations plas-

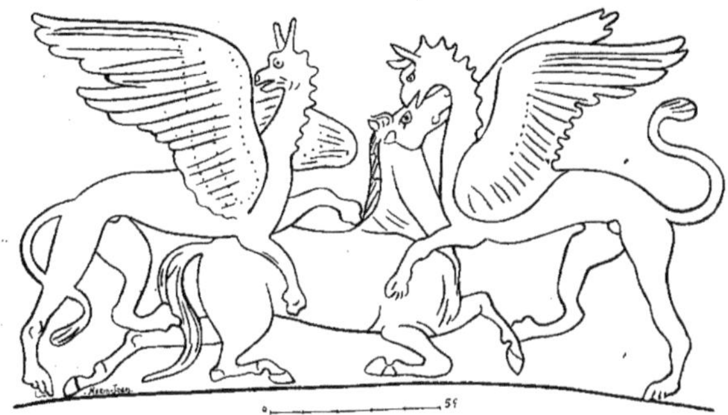

FIG. 273. — CHEVAL ATTAQUÉ PAR DEUX GRIFFONS. — Cratère à figures rouges du IVe s. av. J.-C. — *Louvre, Salle H*, n° 529.

tiques de Mycènes et de l'Orient. Les sphinx, les griffons, les centaures, les chimères abondent tant sur les vases de la décadence grecque que sur ceux de l'Apulie, de la Lucanie et de la Campanie. Ce sont, pour la plupart, des figures lourdes et maniérées, d'un dessin mou et rond.

Sur un cratère à figures rouges du IVe siècle, un artiste céramiste a repris le sujet du pachyderme attaqué par des fauves. Mais la scène, au lieu d'être plus ou moins réaliste comme la concevaient les peintres ioniens et chalcidiens, n'est ici qu'une fantaisie décorative.

Deux griffons, peints en blanc, placés symétriquement par rapport à un axe, terrassent un équidé (fig. 273).

La façon de grouper les animaux est la même que sur l'hydrie attico-ionienne du Louvre (voir ci-devant, fig. 153).

Les lions et les panthères qui ornent les vases de la décadence se rattachent aux animaux allégoriques tant leur aspect est héraldique, tant ils ont été exécutés avec des préoccupations où l'observation précsie de la nature fait presque complètement défaut (fig. 274). Tels les ornements d'une tenture ou d'un tapis, fantaisies récréatrices qui n'ont pas la prétention d'émouvoir.

Les céramistes de la décadence ont peint des figures ailées et ont

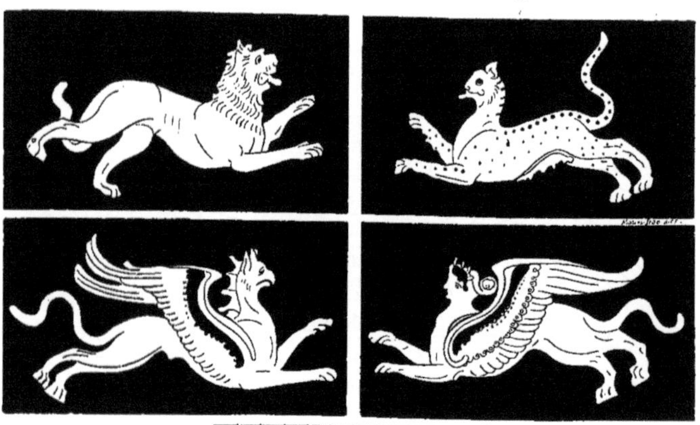


FIG. 274. — LION, PANTHÈRE, GRIFFON ET SPHINX. — Décor du couvercle d'un vase de la décadence, IVe s. av. J.-C. — *Musée de Compiègne.*

suivi en cela leurs devanciers. Mais les ailes de leurs animaux mythologiques et de leurs génies ne ressemblent guère à celles du VIe ou du Ve s. Elles ont une forme caractéristique qu'on ne rencontre sur les vases qu'à partir du début du IVe siècle. Elles se découpent sur le fond noir des poteries ; les rémiges sont souvent détachées les unes des autres et laissent entre elles de profondes échancrures, elles se retroussent à leur extrémité (fig. 275, C). C'est une recette très voisine de celle qui fut employée beaucoup plus tard au moyen âge (fig. 275, D).

Il se glisse d'ailleurs dans l'imagerie des potiers de l'Italie aux

IV^e^-III^e^ siècles des figures où les principes fondamentaux de l'art grec ne sont plus rigoureusement suivis. Ces figures sont, en grande partie, constituées d'éléments différents de ceux inhérents aux formules qui régirent si longtemps l'esthétique hellénique (1). Elles sont les

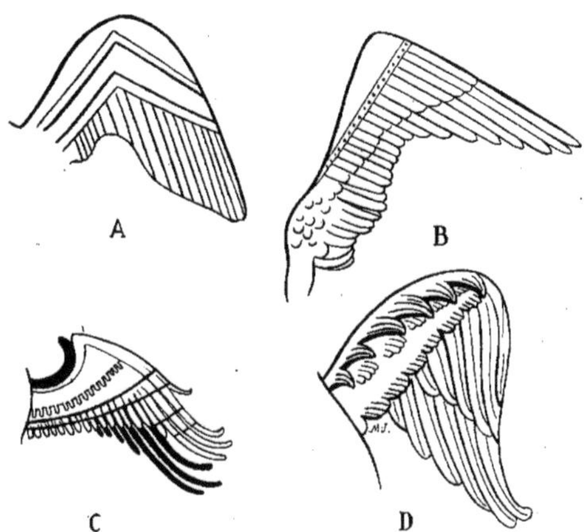


FIG. 275. — LE DESSIN DE L'AILE : *A. au* VI^e^ *s. av. J.-C.* (Vase Corinthien. *Collection Morin*, n° 1483).— *B. au* V^e^ *s. av. J.-C.* (Vase attique du *Louvre. Salle G*, n° 417). — *C. aux* IV-III^e^ *s. av.* J.-C. (Vase apulien. *Collection Morin*, n° 910. — *D. au XII^e^ s. ap. J.-C.* (Bas relief du *musée d'Angoulême*).

créations d'une mentalité nouvelle dont les manifestations s'imposeront pendant tout le moyen âge. Une nouvelle esthétique prend corps et se substitue partout à l'ancienne. C'est un monde qui s'éclipse, c'est un autre monde qui naît.

(1) Témoin le monstre que Persée s'apprête à tuer et qui fait partie d'une importante composition peinte sur une amphore apulienne du musée de Naples (bonne reproduction dans les *Griechische Vasen* du D^r^ FRITZ HŒBER, p. 119, fig. 72). Cet être fantastique ne serait pas déplacé en bordure d'un manuscrit enluminé du XIII^e^ ou du XIV^e^ siècle.

## CONCLUSION

Le domaine de l'art est très vaste. Il s'y trouve des chemins battus. Certaines de ses parties sont connues de tous. D'autres sont assez ignorées ou ont même été jusqu'ici complètement délaissées. Un coin abandonné de ce domaine m'a paru intéressant à explorer. Je m'y suis hardiment aventuré. J'y ai, j'imagine, fait de curieuses découvertes. Sans doute y aurait-il encore de fructueuses observations à y recueillir.

Si des archéologues veulent me suivre dans la voie où je suis entré, ils pourront, après moi, y faire de sagaces remarques qui m'ont échappé et, en groupant leurs recherches, donner une valeur plus grande au but que je me suis efforcé d'atteindre.

Toutes les idées exprimées dans ce livre proviennent d'un examen attentif des spécimens de la céramique grecque que renferment le Louvre et quelques autres musées.

Pour bien connaître la mentalité des artistes qui évoluèrent autour d'un foyer particulièrement intense de civilisation dans l'antiquité, il n'est rien de tel que d'étudier de près leurs œuvres, que de les prendre en main pour considérer attentivement tous les détails de leur ornementation.

Les illustrations de ce volume ne suivent pas toujours l'ordre chronologique. Elles sont disposées de façon à faire apparaître clairement les idées générales, à établir d'instructives comparaisons.

Les dessins d'animaux utilisés ici ne sont pas d'égale valeur esthétique. Parmi eux il s'en trouve de bien médiocres.

Quelque admiration qu'on ait pour la Grèce, il faut se garder d'en louer en bloc toutes les productions. Il ne faut pas craindre de dire que, dans les œuvres qu'elle nous a laissées, il y a des silhouettes très négligées à côté d'autres qui atteignent à la perfection.

Les œuvres des potiers du bassin oriental de la Méditerranée ont, pour la plupart, été inspirées par de grandes peintures ou par des sculptures importantes. Toutefois elles sont le plus souvent loin de constituer des copies serviles. Elles ont été presque toujours conçues avec une certaine liberté d'interprétation et exécutées avec désinvolture. Quoiqu'elles soient fréquemment fort imparfaites, quoiqu'elles aient été enfantées par d'humbles artisans, elles valent maintes et maintes fois mieux que bien des productions modernes dont il est de bon ton de s'enthousiasmer parce que les actuels arbitres du goût s'extasient sur leur prétendue perfection et veulent faire passer leurs défauts pour des qualités.

L'art grec, à son apogée, a eu un tel éclat qu'il a répandu ses rayons jusque sur les produits industriels. Trouvant moyen de donner aux objets vulgaires un bel aspect, les céramistes grecs ne se bornèrent pas à suivre machinalement d'antiques traditions et ne laissèrent pas leurs conceptions esthétiques se figer dans des formules déterminées et immuables.

Dans le dessin des animaux, des quadrupèdes notamment, les proportions ont changé constamment dans la suite des temps. Elles ont aussi varié, à une même époque, d'une école à l'autre.

Elles ont donné naissance à différents *canons* auxquels les ouvriers eurent recours pour avoir de faciles moyens de reproduction.

Étant donnée l'importance de ces canons, il est bon, pour les mieux faire comprendre, de les juxtaposer dans un *tableau synoptique*, méthodique et précis (Voy. Tableau, p. 242).

Cette énumération faite, il convient de résumer brièvement quelles furent les tendances particulières aux écoles où ces canons furent adoptés :

L'école de Corinthe subit des influences diverses. Elle est orientale quand elle fait choix, pour décorer des poteries, de motifs pris dans la faune de l'Asie et de l'Afrique ou dans le monde des animaux fan-

## TABLEAU DES CANONS INDUSTRIELS (1)

| | |
|---|---|
| I. CANON DE L'OMBRE-PORTÉE. | Les déformations produites par l'ombre-portée ont donné naissance à un canon employé sur les vases du Dipylon. Ce canon survit sur les vases corinthiens et sur maints produits attiques de l'époque des figures noires. |
| II. CANON D'ADAPTATION AUX SURFACES A ORNER. | *A. Canon à corps allongé*, subordonné au système ornementaire de la zone. — Employé par les Rhodiens, les Corinthiens, les Béotiens. |
| | *B. Canon variable.* — Déformations subordonnées non seulement à la zone, mais à toute surface quelconque, — Employé surtout par les Corinthiens et les céramistes qui leur ont fait des emprunts (moins souvent ailleurs). |
| III. CANON TRAPU. | Corps court et gras — Croupe saillante ; jambes postérieures des quadrupèdes trop en dessous du ventre. — Origine orientale. — Employé sur les sarcophages de Clazomène et sur les vases chalcidiens.<br>Repris ensuite par les Attiques. |
| IV. CANON NATURALISTE. | Les proportions, telles qu'elles existent dans la nature, ont été observées, un peu dans toutes les écoles, par les grands artistes. — Dans la céramique, le canon naturaliste est employé sur les hydries de Caere, sur les vases dits « cyrénéens » et sur les poteries attiques du v^e siècle avant J.-C. |

(1) Dans la réalité, les *canons* énumérés au tableau ci-dessus ne sont pas partout aussi nettement délimités. Il y a eu, et il importe d'en tenir compte, des pénétrations d'école à école, des combinaisons mixtes, des chocs en retour.

tastiques de l'Orient. Elle prend à l'Orient ces animaux; mais, du moins dans la majorité de ses produits, elle ne les dessine pas comme le font les artistes orientaux, sauf peut-être lorsqu'elle donne aux jambes des quadrupèdes une allure lourde (1).

Elle s'oppose aux écoles gréco-asiatiques et est franchement continentale par l'application du canon variable d'adaptation, par la suppression des menus détails, par l'emploi exclusif des traits essentiels.

Les écoles de l'Ionie, dans leurs conceptions esthétiques, se rapprochent de l'Orient plus que l'école de Corinthe. Elles font des compositions plus riches, plus séduisantes, ornent leurs vases de scènes pittoresques, souvent surchargées de détails dont l'utilité n'apparaît pas toujours clairement. Elles se préoccupent de la réalité. Leurs animaux ne sont jamais déformés comme le sont ceux des poteries corinthiennes.

Les artistes gréco-asiatiques dessinent avec plus de précision, plus de soin que les Corinthiens. Ils ont un esprit analytique plus développé que leurs rivaux du continent. En dépit de leur naturalisme, beaucoup de leurs figures restent néanmoins froides et figées. Moins vrais que les leurs, les animaux corinthiens sont souvent plus expressifs.

En dehors des céramistes de Corinthe, il en est d'autres, sur le continent, qui ont des liens étroits de parenté avec les écoles ioniennes. Ce sont les Béotiens et les Chalcidiens.

Les Béotiens ne font pas preuve d'une éducation très raffinée. Ils emploient de gros traits pour faire leurs dessins et les burinent tout à la fois avec mollesse et avec une vigueur exagérée. Leurs œuvres forment contraste avec celles des Corinthiens.

Les Chalcidiens ont un goût plus sûr que les Béotiens.

Contrairement à eux et à l'instar des Corinthiens, ils ne s'ab-

(1) Les jambes des quadrupèdes sont très épaisses sur les produits les plus anciens de l'école de Corinthe (Louvre, E. 423-609). Sur les grands cratères d'époque plus récente, elles sont ordinairement plus minces (Louvre, E. 629-637). Peut-être faut-il voir dans ce changement une influence exercée sur l'école de Corinthe par l'école attique.

sorbent pas dans les détails. Mais ils s'éloignent de ces derniers et se rapprochent davantage des Ioniens en adoptant le *canon trapu* observé si souvent dans les peintures des sarcophages de Clazomène.

Les écoles grecques ont, malgré les divergences de technique qui les séparent, un caractère commun. Toutes, sans exception, font, dans une certaine mesure, peu de cas de la vérité. Elles traitent tout en *décoration*.

L'artiste grec, même lorsqu'il cherche à copier la nature, se laisse entraîner loin d'elle par son imagination. Il a l'esprit abstrait et s'éprend des manifestations de la nature pour les synthétiser. Par là il est très différent et des peintres de la période préhellénique, et des peintres modernes. Il recourt à des recettes d'atelier dans lesquelles les lignes sont réduites à un nombre assez restreint et où chaque trait a son utilité. Il rythme en des formules générales la vie des gestes essentiels.

Les Grecs s'adonnent à saisir les caractéristiques d'un type. Les différences individuelles qui existent entre les spécimens d'une même espèce les embarrassent peu.

Ils ne représentent pas une femme, un éphèbe, un cheval, mais la femme, l'éphèbe, le cheval. Leurs figures sont des *entités*.

Beaucoup d'expressions leur échappent ou les laissent indifférents. La déchéance physique, du moins pendant les époques qui précèdent la période hellénistique, ne semble pas les impressionner. Ils ne se laissent pas émouvoir, comme nos artistes modernes, à son contact. Dessinent-ils des chevaux, ils représentent toujours des bêtes jeunes, fringantes, vigoureuses. Jamais il ne leur vient à l'idée de peindre une pauvre haridelle, succombant sous le poids de son labeur, ayant des jambes déformées, montrant toute l'horreur de son squelette.

Ils sont loin d'un Potter ou de tel autre animalier des temps modernes, qui ont su s'inspirer de la misère des bêtes pour nous impressionner et ont réussi si pleinement à nous émouvoir en faisant surgir à nos yeux les animaux victimes d'un mauvais sort.

Ils voient la nature autrement que nos artiste contemporains qui aiment leur inspiratrice jusqu'à en indiquer les côtés les plus horribles.

Sans doute le potier grec devait chercher quelquefois, le γραφίς en main, à noter les mouvements des êtres qui évoluaient autour de lui. Mais il ne devait pas souvent faire des esquisses d'après nature. On doit se le représenter surtout copiant plus ou moins des modèles d'atelier.

L'idée de dessiner d'après nature ne naît pas subitement dans notre esprit ; elle n'éclôt pas spontanément dans notre cerveau. Elle constitue, chez qui s'y attache, une preuve d'éducation artistique très avancée. C'est à un long apprentissage qu'un homme doit de pouvoir reproduire fidèlement les objets qu'il a sous les yeux.

Lorsque les enfants, intéressés par les mille choses qui les entourent, éprouvent le besoin de dessiner, ils ne prennent pas la peine d'examiner attentivement l'objet par lequel leur esprit se trouve captivé. Ils géométrisent les silhouettes, ils font des schémas. Il faut qu'on leur apprenne à voir, il leur faut s'instruire pour comprendre les formes des êtres, pour bien saisir les lignes et les proportions des choses.

Placé en face du monde vivant, l'homme qui cherche à le reproduire ne pense pas tout d'abord à se livrer à un examen approfondi, à une analyse consciencieuse. Il tend naturellement à l'interpréter ; il cherche, d'une façon ou d'une autre, à le synthétiser.

Très peu d'artistes ont réagi contre cette tendance et observé le plus objectivement possible la nature. Au premier rang de ces artistes rares il faut placer, dans la haute antiquité, les Crétois, et, plus récemment, les Japonais et les représentants d'un bon nombre de nos écoles d'art moderne.

Les Japonais, comme nos contemporains, ont osé voir la vie telle qu'elle est, s'intéresser à toutes ses manifestations, n'en pas mépriser les plus vilains aspects. Ils ont cherché, dans leurs œuvres, à donner aux êtres leur véritable physionomie, leur caractère particulier.

Sans doute eux aussi ont interprété la nature (sans quoi ils n'auraient pas été des artistes), mais ils l'ont interprétée en se préoccupant avant tout de ce qui caractérise l'individu.

Les Grecs ne se sont pas astreints à envisager l'individu, à tenir compte des détails de sa structure personnelle.

Grands artistes et humbles industriels ont considéré les espèces et se sont efforcés d'en reproduire les traits généraux. Ils ont fait en sorte que la nature se plie aux exigences de leur cerveau d'artistes. Ils ont banni de leurs compositions la plupart des petits animaux qui, par leurs dimensions minuscules, éveillent peu l'attention.

Les insectes notamment les ont laissés quelque peu indifférents.

Cela tient à ce qu'ils ne s'intéressaient pas aux êtres qui n'interviennent pas dans les préoccupations humaines par leur importance ou leur utilité.

Si la céramique grecque a donné à l'art industriel un essor extraordinaire, si elle l'a élevé à un niveau très supérieur à celui qu'il occupait avant les Euphronios et les Douris, elle n'a pas pu combler à elle seule toutes les lacunes qu'il présentait avant qu'elle atteignît à son apogée. Il faut tout au moins savoir reconnaître quels merveilleux résultats elle a produits dans le domaine des arts mineurs. Il est indispensable de tenir compte des enseignements qu'elle a fournis à l'humanité.

Maintes créations de l'art moderne se sont inspirées d'elle, lui doivent leur existence, leur belle tenue, l'harmonie de leur ornementation.

Les produits des potiers grecs ne peuvent sans doute pas être mis en parallèle avec les grandes œuvres de la peinture et de la sculpture du temps de Phidias ou de Polygnote.

Ces potiers, nous serions heureux de l'avoir prouvé, sont néanmoins des artistes toujours intéressants, souvent même admirables.

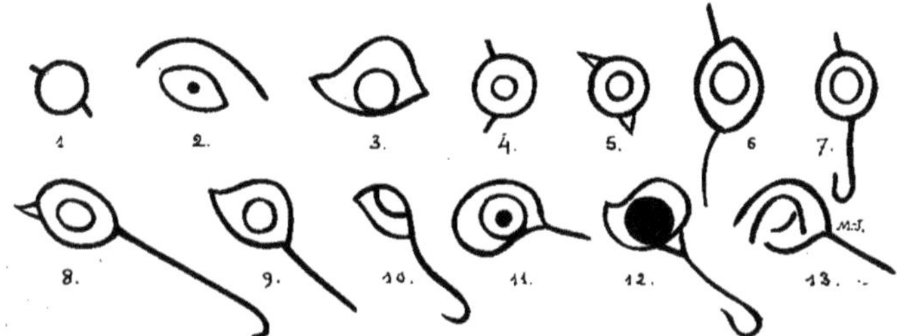

**Dessin de l'œil du cheval** (d'après les vases du Louvre).

1. E. 630. CORINTHE. — 2. E. 646. CORINTHE AVEC INFLUENCE DE L'IONIE. — 3. E. 697. HYDRIE DE CAERE. 4. E. 811. CHALCIS. — 5. E. 847. ATTICO-CORINTHIEN. — 6. F. 10. ÉCOLE ATTIQUE ARCHAIQUE ANTÉRIEURE A EXÉKIAS. — 7. F. 39. HYDRIE DE TIMAGORAS. — 8. F. 47. STYLE ATTIQUE ARCHAIQUE (groupe Tychios-Charitaios). — 9. F. 261. STYLE ATTIQUE A FIGURES NOIRES CONTEMPORAINES DE LA FIGURE ROUGE. — 10. F. 367. FIGURES NOIRES DE STYLE TARDIF ET DÉCADENT. — 11. G. 44. STYLE ATTIQUE A FIGURES ROUGES DU STYLE D'EUTHYMIDÈS. — 12. G. 162. STYLE ATTIQUE (au temps de Brygos). — 13. K. 429. DÉCADENCE (Italie méridionale).

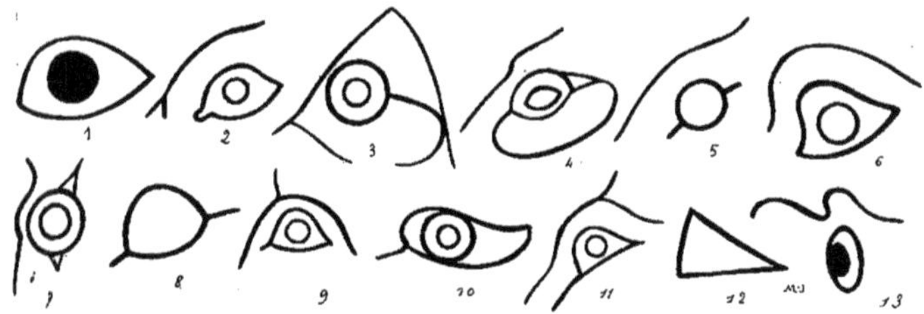

**Dessin de l'œil du lion.**

1. STYLE ARCHAIQUE (VIIe s. av. J.-C.). *Cabinet des médailles*, n° 26. — 2. CORINTHIEN. *Louvre*. Salle E. n° 566. — 3. CORINTHIEN. *Louvre E.*, 574. — 4. CORINTHIEN. *Coll. Morin*. 2775. — 5. CYRÉNÉEN. *Louvre E.*, 662. — 6. HYDRIE DE CAERE. *Louvre E.* — 698. 7. ATTICO-BÉOTIEN. *Louvre E.*, 817. —, 8. BÉOTIEN. *Louvre L.* (C.-A., 823). — 9. ATTIQUE ARCHAIQUE. *Louvre F.*, 37. — 10. ATTIQUE IONISANT. *Petit Palais, Coll. Dutuit*, n° 322. — 11. ATTIQUE DE STYLE LIBRE. *Louvre F.*, 349. — 12. DÉCADENCE (Italie méridionale). *Louvre K.*, 362. — 13. DÉCADENCE. *Musée de Compiègne* (Oise).

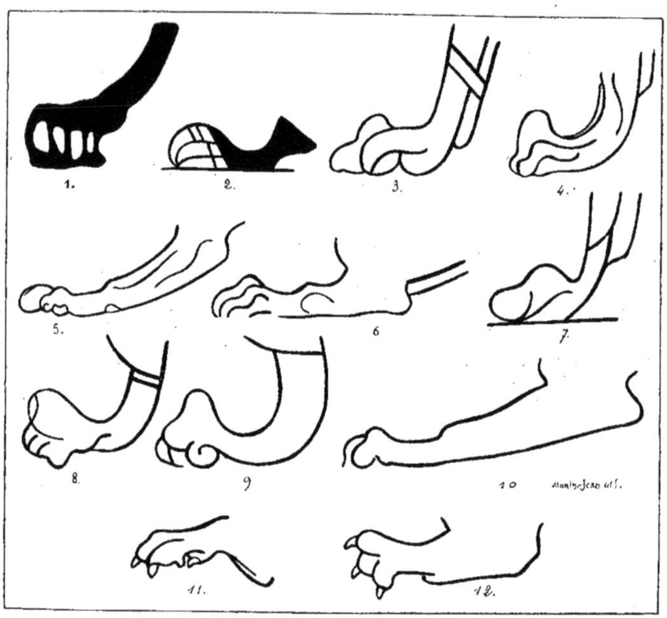


**Dessin de la patte du fauve.**

1. STYLE GÉOMÉTRIQUE DÉVELOPPÉ. Cratère 1351. *Musée de Munich.* — 2. STYLE GÉOMÉTRIQUE DÉVELOPPÉ. *Cabinet des médailles.* — 3. STYLE RHODIEN. *Louvre E.*, n° 658. — 4. STYLE CORINTHIEN. *Louvre E.*, 574. — 5. STYLE DES HYDRIES DITES DE CAERE. *Louvre E.*, n° 701. — 6. STYLE DIT CYRÉNÉEN. *Louvre E.*, n° 662. — 7. STYLE ÉTRUSCO-IONIEN. *Louvre.* Salle C., n° 566. — 8. STYLE BÉOTIEN. *Louvre*, Salle L., n° C. A. 823. — 9. STYLE ATTICO-BÉOTIEN. *Louvre E.*, 817. — 10. STYLE ATTIQUE. *Louvre.* Salle F., n° 349. — 11. STYLE DE LA DÉCADENCE (Italie méridionale). *Louvre K.*, n° 362. — 12. CARREAU EN FAIENCE (*fin du* XVIII^e *s.*). Fabrique espagnole d'Alcora. *Collection Morin*, n° 2 528.

## TABLEAU RÉCAPITULATIF DES DIFFÉRENTS STYLES DANS LE DESSIN DU CHEVAL

|  |  |  |
| --- | --- | --- |
| I. STYLE GÉOMÉTRIQUE. | *Type Dipylon.* — Canon de l'ombre portée. Corps étroit. Cou allongé. Jambes minces et longues. Raideur. — Style rectiligne. | |
| II. STYLE DES SARCOPHAGES DE CLAZOMÈNE. | *Type égyptien.* — Cou élevé et très arrondi — Dos creux. Croupe rebondie et saillante. Le cou de type égyptien se rencontre aussi sur les vases de la fin du VIIe siècle, trouvés dans les comptoirs grecs d'Égypte, sur des cratères corinthiens (Louvre, E. 621) et sur des poteries du groupe VI (Louvre, E. 845-862). | |
| III. STYLE CORINTHIEN. | *A. Type continental.* Style raide. Corps long et étroit. Jambes trop longues. (Descend du type Dipylon.) | *B. Type ionisant.* — Style plus souple. Canon plus naturaliste. (Corps un peu trop long.) |
| IV. STYLE DES HYDRIES DE CAERE. | *Type asiatique.* — Canon naturaliste. Race chevaline de l'Asie Mineure. | |
| V. STYLE CHALCIDIEN. | *A. Type trapu*, gras. Jambes postérieures très en dessous du ventre. Muscles contractés. | *B. Type élancé.* Corps plus long. Jambes sèches et maigres. Jambes postérieures moins en dessous. (Peut descendre du type B, groupe III, et avoir été influencé par l'école attique archaïque.) |
| VI. STYLE ATTICO-CORINTHIEN. | *A. Type raide.* — Corps long. Jambes raides et sèches. Tête courte. Descend du type A, groupe III (et par conséquent du Dipylon) mais avec jambes plus courtes. — Influence ionienne dans le style des détails. | *B. Type plus souple.* — (Louvre, E. 852.) Jambes postérieures très en dessous du ventre. (Se rattache au type B, groupe III.) |
| VII. STYLE ATTIQUE. — STYLE ARCHAÏQUE. | *A. Type hiératique.* — Traditions dipyloniennes. Sécheresse. Minutie. Influence ionienne dans l'étude des détails. (Évolution des types A, groupes III et VI.) | *B. Type souple.* — Évolution du type B, groupe VI. Traité ordinairement en petit dans les parties peu importantes du vase. |
| VII. STYLE ATTIQUE. — STYLE LIBRE. | *Type d'Andokidès.* — Retour à l'étude de la nature se greffant sur le canon à jambes en dessous du ventre du type B, groupe VII, Muscles rebondis. — Jambes délicates. (Disparition du type hiératique.) | |
| | *Type d'Euthymidès.* — Canon naturaliste. Pureté de la ligne. — Sobriété dans les détails. | |
| VIII. STYLE DE LA DÉCADENCE. | *Type de la décadence.* — Dessin rond et mou. Négligences dans l'exécution. — Empâtements. — Progrès dans la science du dessin. Maniérisme. — Répétitions machinales de modèles d'ateliers. | |

## TABLEAU RÉCAPITULATIF GÉNÉRAL DES ÉCOLES ET DES INFLUENCES

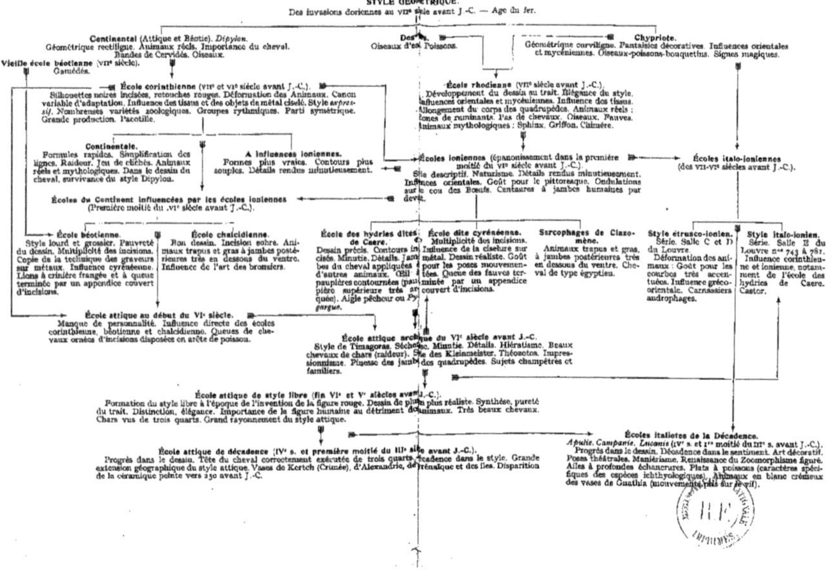

# INDEX ALPHABÉTIQUE





32*

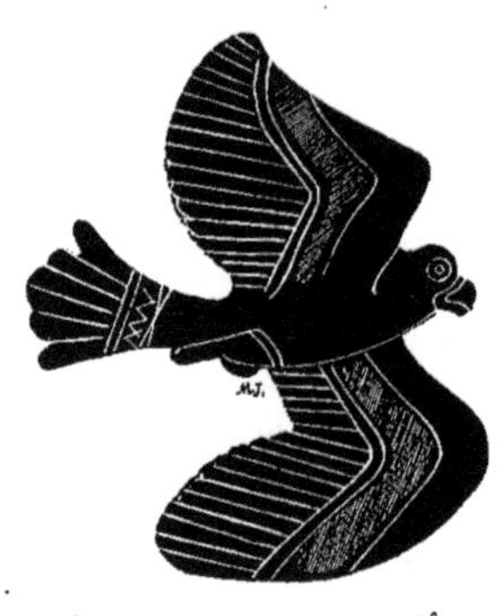

AIGLE CORINTHIEN. — Décor d'un bobylios de la *Collection Morin*, n° 2508.

261

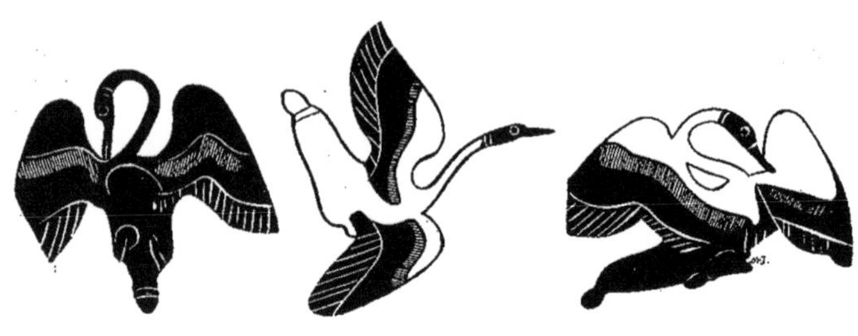

LES OISEAUX DU LAC STYMPHALE. — D'après l'amphore 420 du *Musée de Boulogne-sur-Mer.*

# TABLE DES MATIÈRES

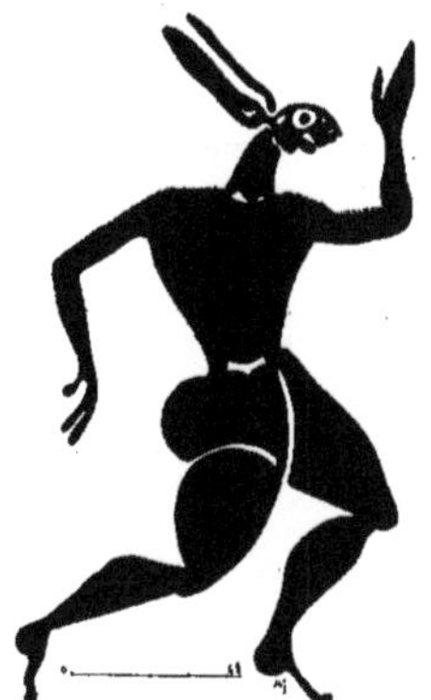

HOMME A TÊTE DE LIÈVRE. — Décor d'une amphore de style rhodien
*Louvre.* Salle A, n° 330.

CORBEIL. — IMPRIMERIE CRÉTÉ

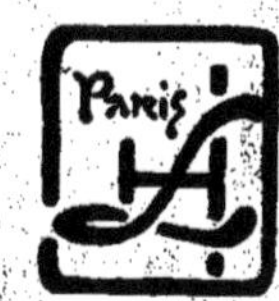

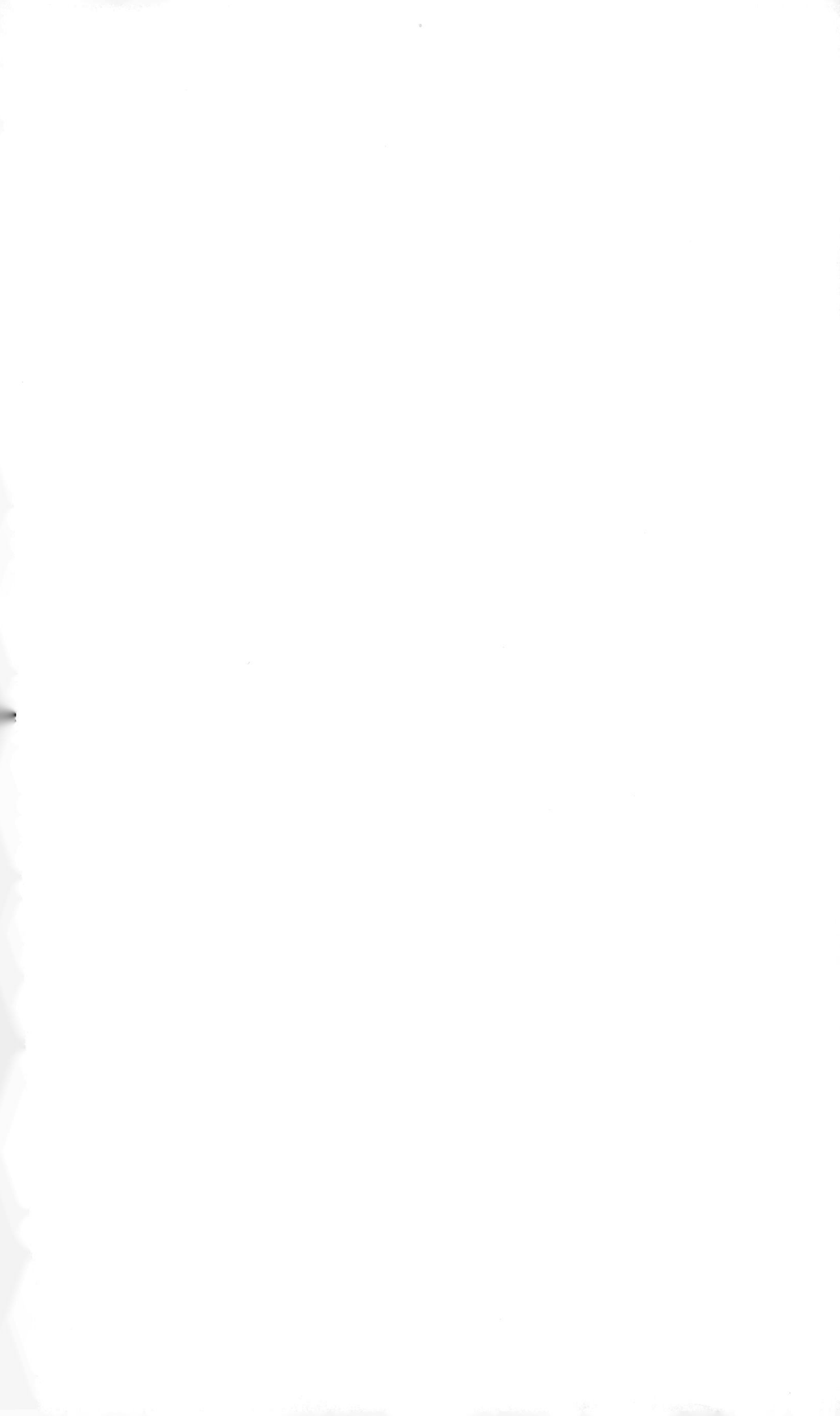

www.ingramcontent.com/pod-product-compliance
Ingram Content Group UK Ltd.
Pitfield, Milton Keynes, MK11 3LW, UK
UKHW020444200726
13857UKWH00002B/562